Uwe Grinzinger · Gerald Radinger

Obersteiermark

mit angrenzendem Oberösterreich

50 Skitouren zwischen Sölktal und Eisenerz

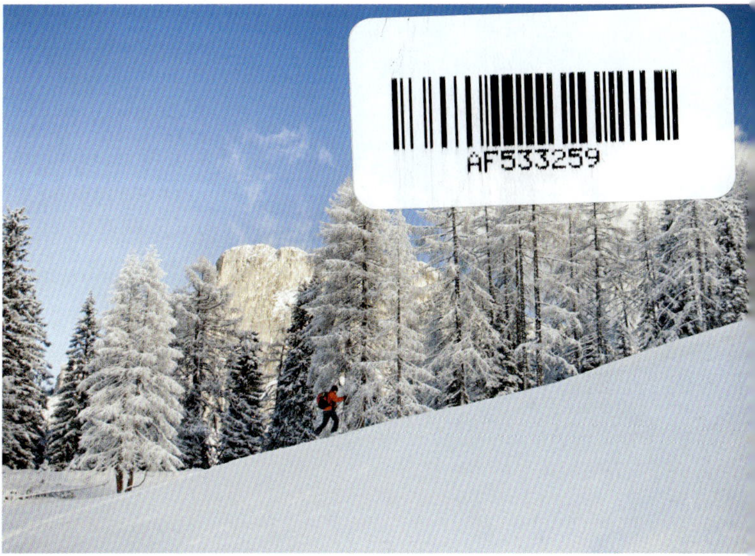

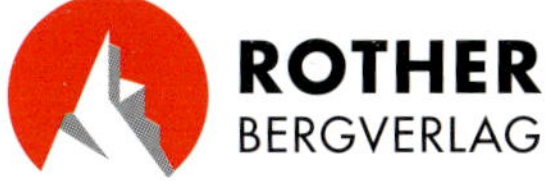

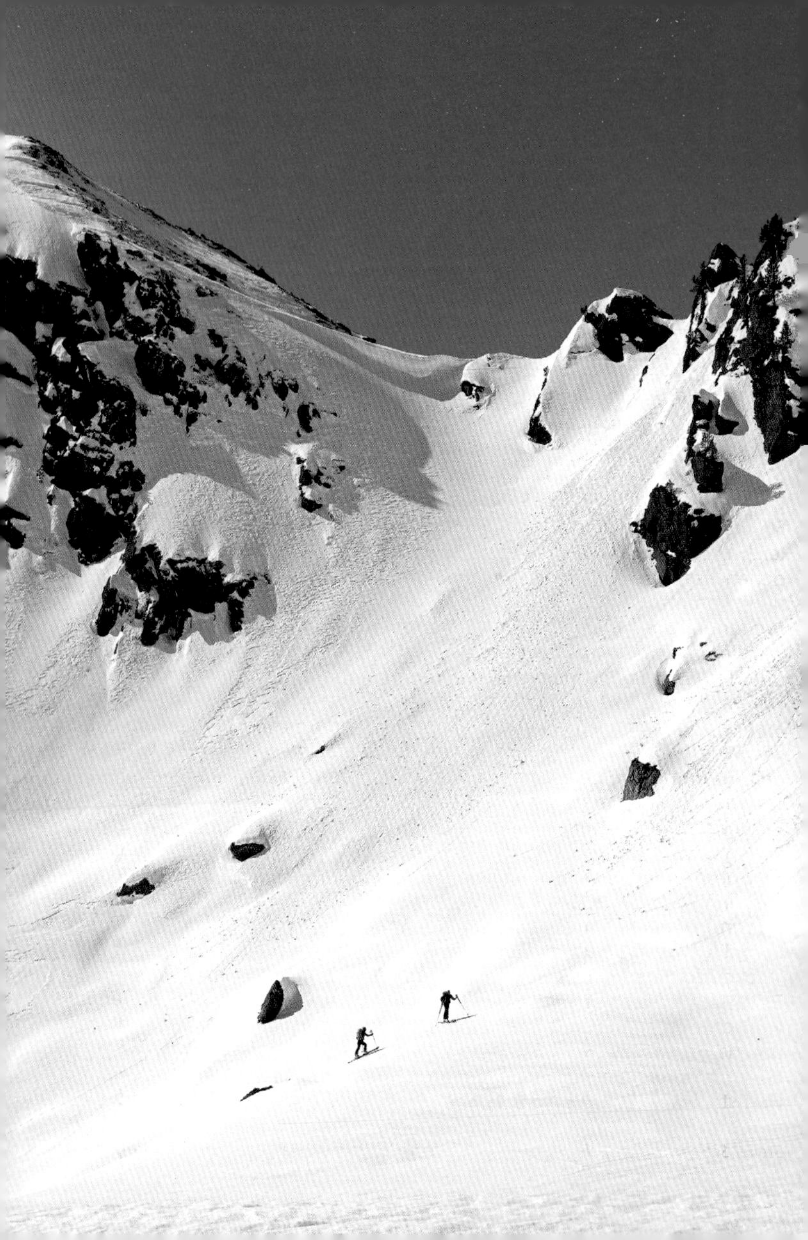

VORWORT

Der »Skitourenführer Obersteiermark« umfasst das Gebiet der nördlichen Obersteiermark und das südöstliche Oberösterreich. Diese Region ist voller Gegensätze und verwöhnt jeden Tourengeher mit einer breiten Palette an Tourenmöglichkeiten: Von den sanften Kuppen der Oberösterreichischen Voralpen bis zu den teils mächtigen Kalkburgen des Toten Gebirges, des Sengsengebirges, der Ennstaler Alpen (Haller Mauern, Gesäuse, Eisenerzer Alpen), die oftmals schneidige Abfahrten bieten. Südlich des Ennstals, in den Niederen Tauern (Triebener, Rottenmanner und Wölzer Tauern), wartet ebenso eine Fülle an schönen und landschaftlich reizvollen Touren mit sagenhaften Abfahrten.

Das Beste daran: Durch ihre zentrale Lage sind die Tourenziele dieses Führers auch im Rahmen von Tagesausflügen aus Linz, Graz oder Salzburg mit vergleichsweise wenig Aufwand erreichbar – manche sogar aus Wien oder Niederösterreich.

Aus dem großen Gebiet mit einer fast unüberschaubaren Fülle an Tourenmöglichkeiten haben wir für Sie eine abwechslungsreiche Mischung aus 50 besonders lohnenden Skitouren zusammengestellt. Es finden sich hier leichte, gemütliche Einsteigertouren ebenso wie anspruchsvolle Ziele, bei denen auch der routinierte und konditionsstarke Alpinist auf seine Rechnung kommt.

Nicht nur bei Schwierigkeit und Länge, auch beim Bekanntheitsgrad bilden wir die gesamte Bandbreite ab: In den vorliegenden Führer wurden einerseits Touren aufgenommen, die zu Recht als Klassiker gelten. Andererseits stellen wir auch Geheimtipps vor, die in bisherigen Tourenführern maximal als kurze Randnotizen erwähnt oder unseres Wissens überhaupt noch nicht in Buchform präsentiert worden sind. Bei manchen gut besuchten Klassikern weisen wir zudem auf weniger bekannte – aber umso lohnendere! – Varianten für Aufstieg oder Abfahrt hin.

Schließlich decken die ausgewählten Touren den gesamten Winter ab: Von typischen Pulverschneetouren für den Hochwinter bis zu Frühjahrs-Firntouren reicht das vielfältige Angebot. So ist gewährleistet, dass unsere Leserinnen und Leser im Verlauf des Winters immer wieder neue Ziele ansteuern können. Für die vorliegende 3. Auflage wurden der Skitourenführer komplett überarbeitet, bestehende Touren umfassend aktualisiert und zusätzlich acht neue Ziele aufgenommen.

Beim Entdecken der herrlichen Bergwelt zwischen Sölktal und Eisenerz wünschen wir Ihnen viel Spaß und schöne, intensive Skitourenerlebnisse – und natürlich, dass Sie gesund und sicher wieder nach Hause kommen!

Herbst 2023 — Uwe Grinzinger, Gerald Radinger

Steiler Schnee, steiler Fels: Am Weg zum Hochwart ist die Obersteiermark recht alpin.

INHALTSVERZEICHNIS

Totes Gebirge

Oberösterreichische Voralpen

Ennstaler Alpen – Haller Mauern

Ennstaler Alpen – Gesäuse

Ennstaler Alpen – Eisenerzer Alpen

S. 8/9: Ein perfekter Wintertag beim Aufstieg zum Rosskogel (Tour 27).

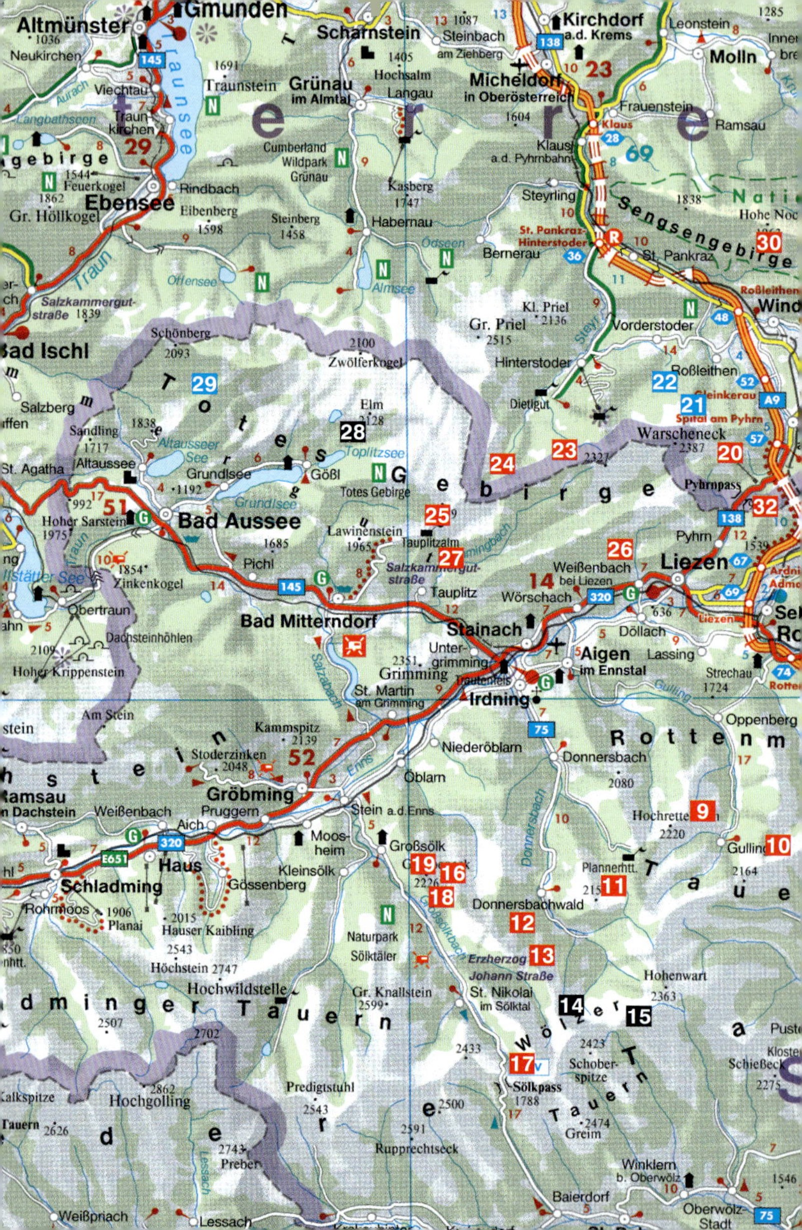

Gmunden
Altmünster
Neukirchen
Traunsee
Viechtau
Traunkirchen
Langbathseen
Traunstein
Grünau im Almtal
Scharnstein
Steinbach am Ziehberg
Hochsalm
Langau
Kirchdorf a.d. Krems
Micheldorf in Oberösterreich
Leonstein
Molln
Frauenstein
Ramsau
Klaus
Klaus a.d. Pyhrnbahn
Cumberland Wildpark Grünau
Kasberg
Feuerkogel
Ebensee
Gr. Höllkogel
Rindbach
Eibenberg
Steinberg
Habernau
Steyrling
Sengsengebirge
St. Pankraz-Hinterstoder
St. Pankraz
Hohe Nock
Berneran
Ödseen
Offensee
Almsee
Traun
Salzkammergut-straße
Bad Ischl
Schönberg
Zwölferkogel
Kl. Priel
Gr. Priel
Vorderstoder
Hinterstoder
Roßleithen
Dietlgut
Warscheneck
Spital am Pyhrn
Pyhrnpass
Salzberg
Sandling
Altaussee
Altausseer See
Grundlsee
Gößl
Toplitzsee
Elm
Totes Gebirge
St. Agatha
Hoher Sarstein
Bad Aussee
Lawinenstein
Tauplitzalm
Salzkammergut-straße
Pyhrn
Weißenbach bei Liezen
Liezen
Hallstätter See
Zinkenkogel
Pichl
Tauplitz
Wörschach
Obertraun
Dachsteinhöhlen
Bad Mitterndorf
Stainach
Döllach
Lassing
Hoher Krippenstein
Unter-grimming
Grimming
Trautenfels
Aigen im Ennstal
Strechau
St. Martin am Grimming
Irdning
Salzabach
Oppenberg
Am Stein
Kammspitz
Niederöblarn
Rottenm
Stoderzinken
Donnersbach
Ramsau am Dachstein
Gröbming
Öblarn
Enns
Weißenbach
Pruggern
Stein a.d.Enns
Hochrettel
Aich
Moosheim
Großsölk
Gulling
Haus
Schladming
Kleinsölk
Gössenberg
Plannerhtt.
Rohrmoos
Planai
Hauser Kaibling
Donnersbachwald
Naturpark Sölktäler
Höchstein
Erzherzog Johann Straße
Hohenwart
Hochwildstelle
Gr. Knallstein
St. Nikolai im Sölktal
Schladminger Tauern
Wölzer Tauern
Schoberspitze
Schießeck
Sölkpass
Predigtstuhl
Hochgolling
Greim
Rupprechtseck
Preber
Lessach
Winklern b. Oberwölz
Baierdorf
Oberwölz Stadt
Weißpriach

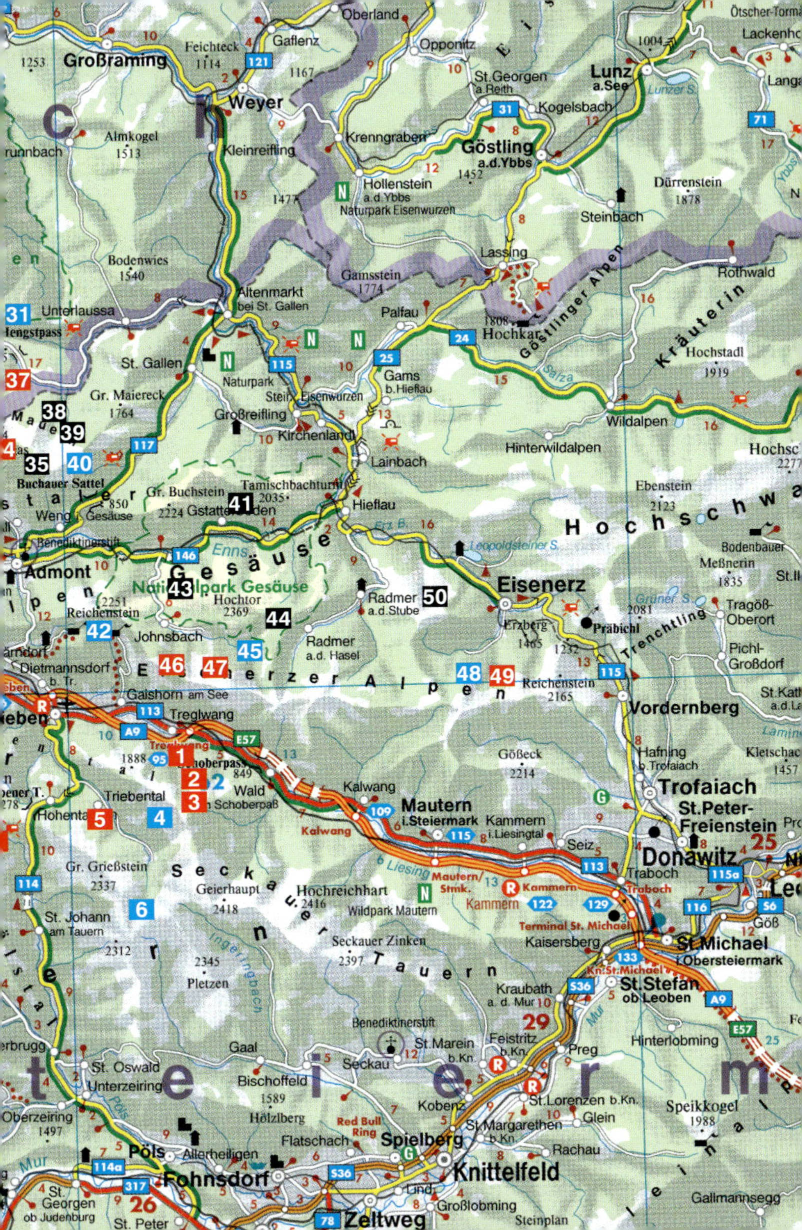

Oberland
Großraming
Feichteck
1114
Gaflenz
Opponitz
1253
1167
Lunz a.See
Lunzer S.
1004
Ötscher-Torm.
Lackenho
Langa
St.Georgen a.Reith
Weyer
Kogelsbach
Krenngraben
Göstling a.d.Ybbs
Almkogel
1513
Kleinreifling
runnbach
Hollenstein a.d.Ybbs
Naturpark Eisenwurzen
1452
Dürrenstein
1878
Steinbach
1477
Lassing
Bodenwies
1540
Gamsstein
1774
Rothwald
Altenmarkt bei St. Gallen
Unterlaussa
Palfau
1808
Hochkar
Göstlinger Alpen
Kräuterin
Hochstadl
1919
St. Gallen
Naturpark
Gams b.Hieflau
Salza
Steir. Eisenwurzen
Gr. Maiereck
1764
Großreifling
Wildalpen
Kirchenlandl
Lainbach
Hinterwildalpen
Hochsc
Buchauer Sattel
Tamischbachturm
2035
Gr. Buchstein
2224
Gstatterboden
850
Weng i. Gesäuse
Hieflau
Ebenstein
2123
Hochschwa
Erzb. B.
Benediktinerstift
Leopoldsteiner S.
Bodenbauer
Meßnerin
1835
Enns
Gesäuse
Admont
Nationalpark Gesäuse
Hochtor
2369
Radmer a.d.Stube
Eisenerz
Grüner S.
2081
Tragöß-Oberort
2251
Reichenstein
Prabichl
Erzberg
1465
1232
Trenchtling
Johnsbach
Radmer a.d. Hasel
Pichl-Großdorf
Dietmannsdorf b. Tr.
Eisenerzer Alpen
Reichenstein
2165
Gaishorn am See
Vordernberg
St.Kath a.d.La
Treglwang
Hafning b.Trofaiach
Kletschac
1457
1888
Schoberpass
849
Wald am Schoberpaß
Gößeck
2214
Triebental
Kalwang
Mautern i.Steiermark
Trofaiach
St.Peter-Freienstein
Kammern i.Liesingtal
Seiz
Donawitz
Traboch
Gr. Grießstein
2337
Liesing
Mautern/Stmk.
Kammern
Geierhaupt
2418
Hochreichhart
2416
Wildpark Mautern
Terminal St. Michael
Göß
St. Johann am Tauern
Seckauer Tauern
Kaisersberg
St.Michael i.Obersteiermark
2312
Seckauer Zinken
2397
Kn.St.Michael
2345
Pletzen
Ingeringbach
St.Stefan ob Leoben
Kraubath a. d. Mur
Benediktinerstift
Hinterlobming
Gaal
St.Marein b.Kn.
Feistritz b.Kn.
Preg
St. Oswald
Unterzeiring
Seckau
Bischoffeld
1589
Steiermark
St.Lorenzen b.Kn.
Speikkogel
1988
Oberzeiring
1497
Hölzlbeig
Kobenz
Glein
Red Bull Ring
St.Margarethen b.Kn.
Flatschach
Spielberg
Rachau
Pöls
Allerheiligen
Mur
Fohnsdorf
Knittelfeld
St. Georgen ob Judenburg
St. Peter
Lind
Zeltweg
Großlobming
Steinplan
Gallmannsegg

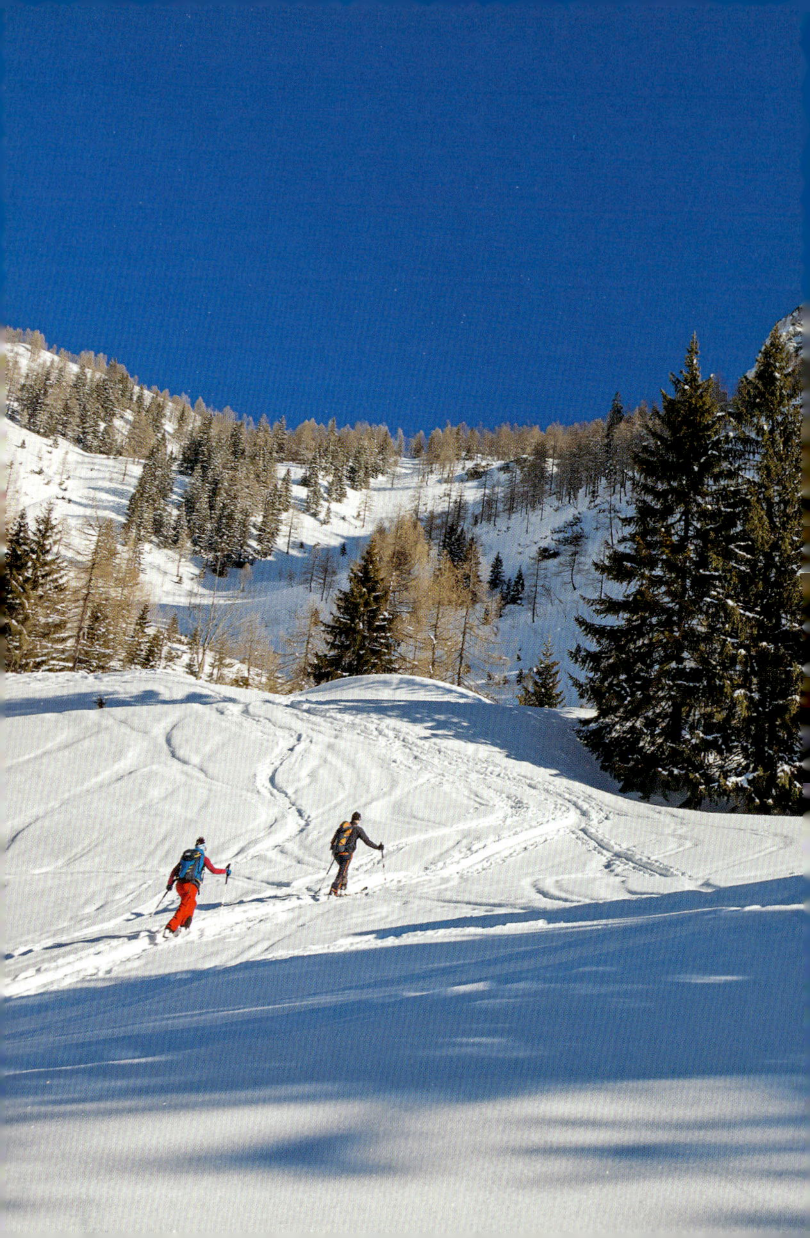

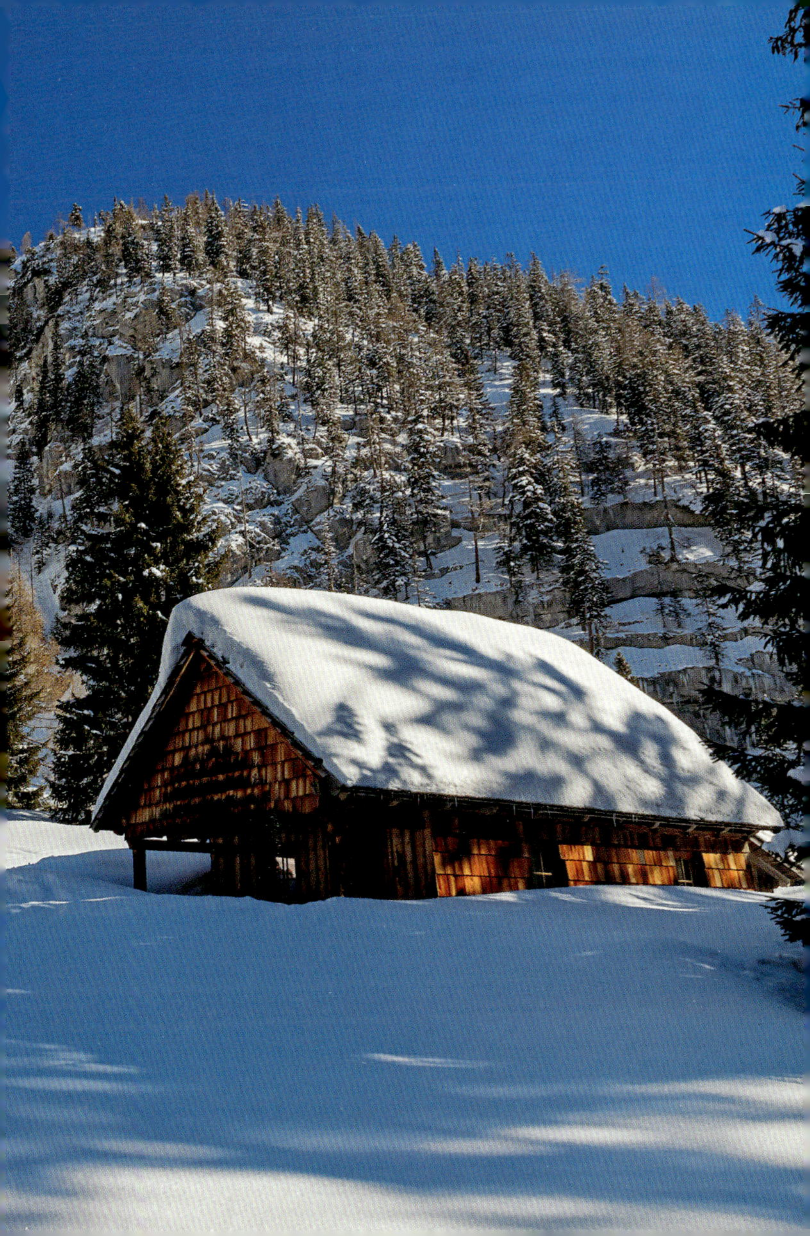

EINSTEIGER-TOUREN

Triebenfeldkogel, 1884 m
Sympathisches, stilles Hochwinterziel im Triebental. Moderater Höhenunterschied und einfaches Gelände machen den Triebenfeldkogel zum idealen Berg für Skitouren-Einsteiger und Genießer *(Tour 4, 2½ Std. Aufstieg, 700 Hm).*

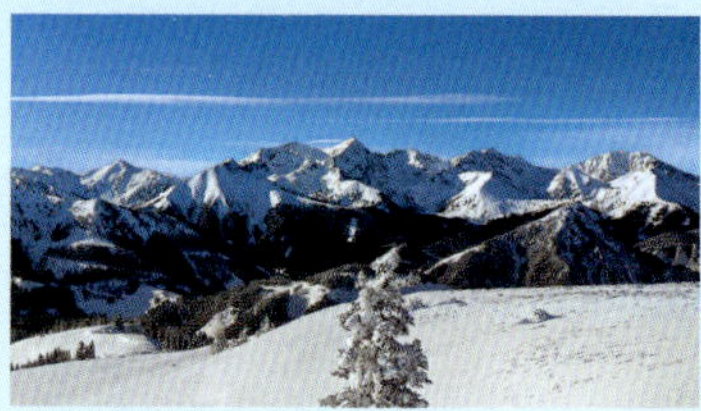

Krugkoppe, 2042 m
Gutmütige Skitour im hintersten Triebental durch ein landschaftlich reizvolles Kar, das sogenannte »Paradies« – nomen est omen ... *(Tour 6, 3 Std. Aufstieg, 850 Hm).*

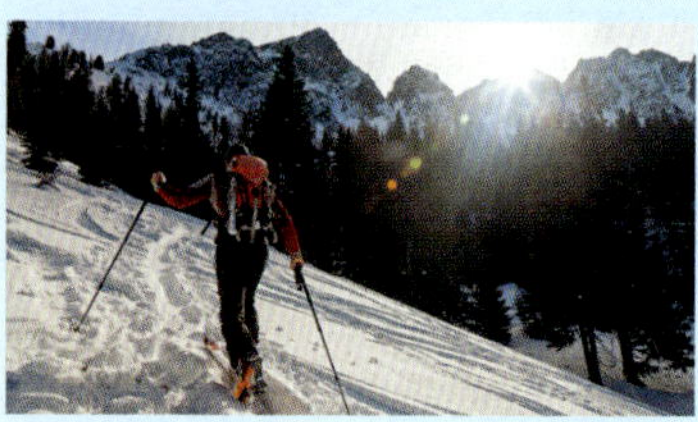

Wasserklotz, 1505 m
Traumhafte Panoramatour im Reichraminger Hintergebirge für Genussgeher mit lohnender Waldabfahrt vom Gipfel *(Tour 31, 2¼ Std. Aufstieg, 540 Hm).*

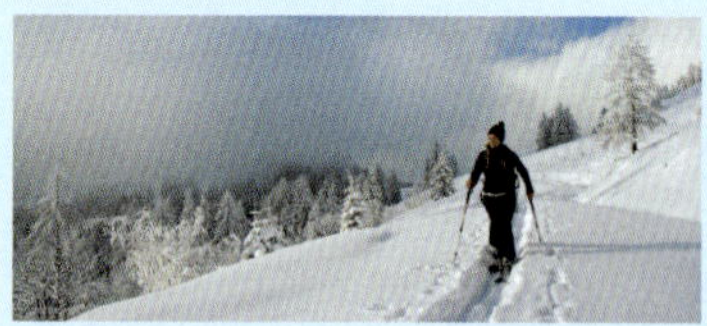

Lahngangkogel, 1778 m
Gemütliche Überschreitung auf einem Panorama-Laufsteg, direkt vor den imposanten Felswänden von Kalbling, Sparafeld und Reichenstein. Ideal für den Saisonstart *(Tour 42, 3 Std. Aufstieg, 690 Hm).*

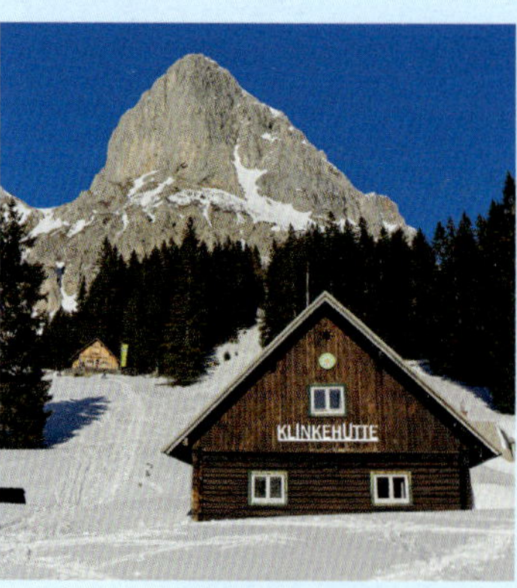

Gscheideggkogel, 1788 m
Genussreiche Tour inmitten der prachtvollen Gesäuseberge mit eindrucksvoller Gipfelschau für Einsteiger und Genießer, die bei (fast) jedem Wetter ein Erlebnis für sich ist *(Tour 45, 2½ Std. Aufstieg, 720 Hm).*

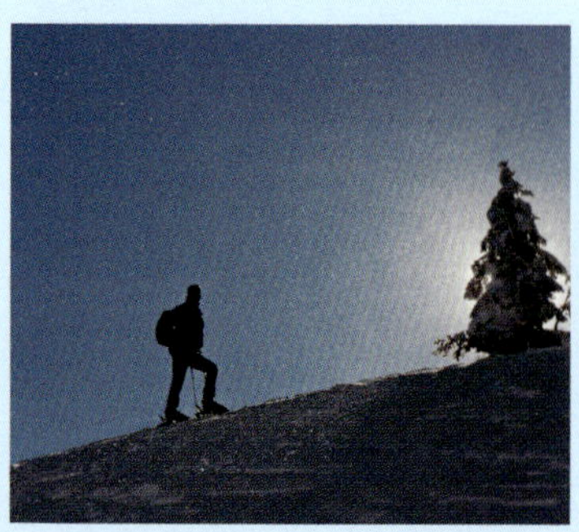

TOP-TOUREN

Hochwart, 2301 m
Etwas versteckte Tour für Routiniers mit rassigem Finale. Landschaftlich tolle Umgebung und ideale, steile Abfahrtshänge *(Tour 14, 4¼ Std. Aufstieg, 1250 Hm).*

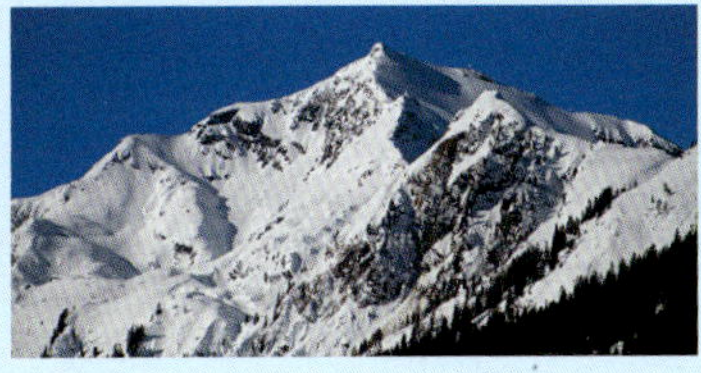

Elm, 2128 m
Eine Grundlseer Top-Skitourenadresse, die man sich meist nur mit wenig Gleichgesinnten teilen muss. Frühaufsteher mit Durchhaltevermögen schwingen nach langem Zustieg über Traumfirn (hoffentlich!) vom Gipfel *(Tour 28, 4¾ Std. Aufstieg, 1550 Hm).*

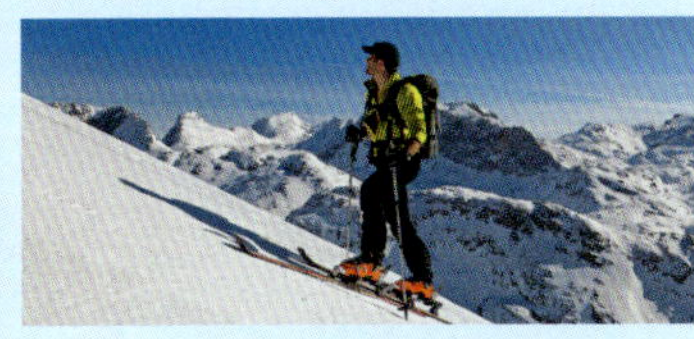

Kreuzmauer
Firnschmankerl auf der Sonnenseite der Haller Mauern mit schneidigem Gipfelfinale für den kompletten Skibergsteiger. *(Tour 35, 4¼ Std. Aufstieg, 1350 Hm).*

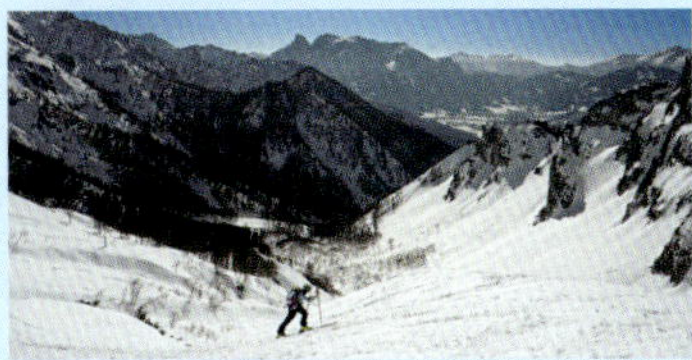

Festkogel
Ein Johnsbacher Frühjahrshit für konditionsstarke und trittsichere Skitourengeher führt auf einen Felsgiganten der Gesäuse-Südseite. *(Tour 43, 4½ Std. Aufstieg, 1410 Hm).*

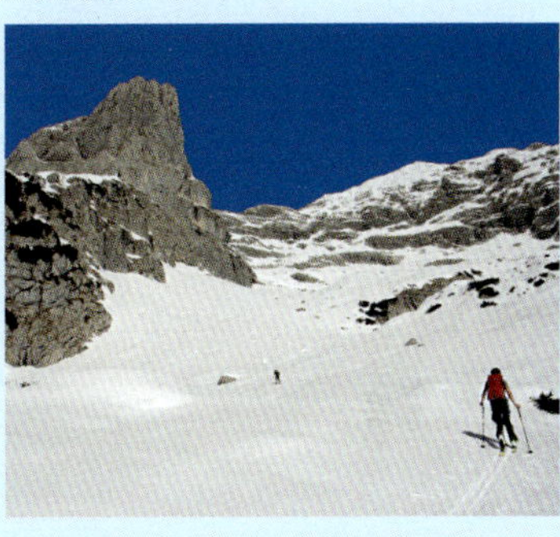

Lugauer
Eine der bekanntesten und wohl schönsten Abfahrten in diesem Buch, wenn nicht sogar der gesamten Steiermark, ist die Fahrt über die einmalige »Lugauerplan« *(Tour 44, 5¾ Std. Aufstieg, 1910 Hm).*

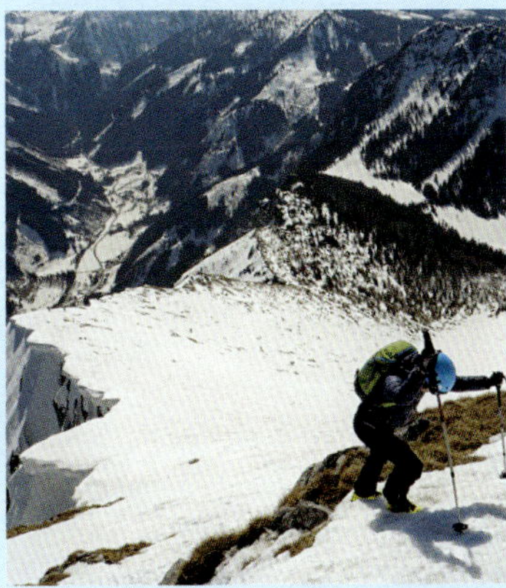

WICHTIGE HINWEISE FÜR UNTERWEGS

Anforderungen und Schwierigkeitsbewertung

Hier wird erläutert, welche Anforderungen die jeweilige Tour z.B. hinsichtlich der Kondition, Geh- und Skitechnik, Orientierung, Spuranlage oder des lawinenkundlichen Beurteilungsvermögens stellt. Bitte beachten Sie, dass insbesondere bei Schlechtwetter oder nach Neuschneefällen die sonst meist vorhandenen Aufstiegs- und Abfahrtsspuren evtl. nicht mehr erkennbar sind. Gleiches gilt für etwaige Sommermarkierungen. Aber auch bei Schönwetter ist ein solides Orientierungsvermögen im Gelände absolut notwendig, ebenso eine intensive Auseinandersetzung mit der Tour durch Karten- und Routenstudium im Vorfeld. Bitte schätzen Sie bei der Tourenauswahl sorgfältig ab, ob Ihr geplantes Ziel zum momentanen Lawinenlagebericht passt. Die Lawinenlage kann sich von einem Tag auf den anderen drastisch ändern!

Zur einigermaßen einheitlichen und vergleichbaren Darstellung des Schwierigkeitsgrades wurden die Touren mit einer Farbskala ausgestattet. Die Grenzen zwischen den drei Schwierigkeitsstufen sind allerdings fließend. Zudem gehen in der Praxis auch andere Faktoren als die rein technischen Schwierigkeiten in die Bewertung ein, wie etwa die benötigten Orientierungskenntnisse. Es ist somit nicht immer eindeutig möglich, Touren allein aufgrund der Hangneigung einem ganz bestimmten Schwierigkeitsgrad zuzuordnen. Um Ihnen ein konkreteres Bild zu vermitteln, sind Art und Ausmaß der Anforderungen daher im jeweiligen Tourensteckbrief noch näher erläutert.

Kletterpartie – im oberen Teil der Gipfelrinne zum Kleinen Pyhrgas (Tour 36).

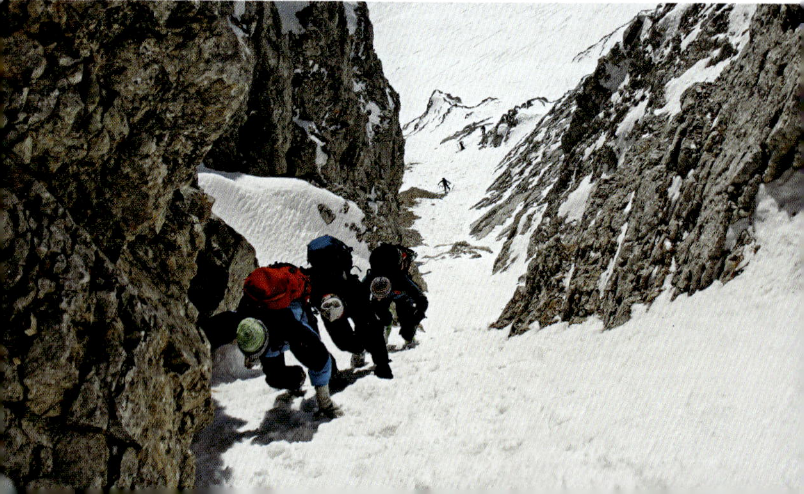

SCHWIERIGKEITSKATEGORIEN

■ = Leicht

Eher einfache Touren, die eine Geländeneigung von 25 Grad nicht (oder nur für kurze Zeit) überschreiten. Eine besondere Kenntnis von speziellen Aufstiegstechniken wie zum Beispiel die Anwendung von Spitzkehren ist erst ab einer Hangneigung von ca. 28 Grad notwendig. Durch das vergleichsweise gemäßigte Aufstiegs- und Abfahrtsgelände sind diese Touren besonders für Einsteiger geeignet, sofern diese den konditionellen Anforderungen gewachsen sind.

■ = Mittel

Die rot gekennzeichneten Touren sind mittelschwierig und überschreiten eine Geländeneigung von 30 Grad nicht oder nur kurz. Das Beherrschen der Spitzkehrentechnik ist Voraussetzung.

■ = Schwierig

Die Steilheit des Geländes liegt zumindest zeitweise bei 35 Grad oder darüber. Routinierte und solide Aufstiegs- und Abfahrtstechnik sind zwingend nötig. Besonders zu berücksichtigen ist die erhöhte Lawinengefahr in steilerem Gelände.

Höhenunterschied, Aufstiegszeit und Tourlänge

In der Kopfzeile jeder Tourenbeschreibung werden die Aufstiegs-Höhenmeter angegeben, die zu bewältigen sind. Sofern Gegenanstiege vorkommen, sind diese bereits eingerechnet. Die Gehzeit wurde anhand durchschnittlicher Erfahrungswerte (ca. 300 Hm/Std.) großzügig bemessen. Es empfiehlt sich trotzdem, immer zusätzliche Reservezeit für die Tour einzuplanen. Angegeben ist immer die reine Aufstiegszeit bei günstigen Bedingungen, also ohne Pausen. Auf eine Angabe der Abfahrtszeit wurde bewusst verzichtet. Die in der Kopfzeile angegebenen Kilometer beziehen sich dagegen auf die gesamte Tourlänge, also Aufstieg und Abfahrt.

Hangrichtung

Der kleine Kompass im Tourenkopf gibt Auskunft über die vorwiegende Ausrichtung der Aufstiegs- und Abfahrtsroute (hellblaues Segment). Der weiße Pfeil entspricht der Haupthangrichtung. Bei einigen wenigen Touren ist aufgrund der unterschiedlichen Expositionen keine Haupthangrichtung angegeben. Für eine optimale und sichere Tourenwahl sollten die im örtlichen Lawinenlage- und Wetterbericht als günstig angegebenen Expositionen mit den Ausrichtungen der Route übereinstimmen (Kapitel »Sicher auf Tour«, Seite 18). Zudem lässt die Hangrichtung zu gewissen Zeiten grobe Rückschlüsse auf die Schneequalität zu (z. B. Pulver, Bruchharsch).

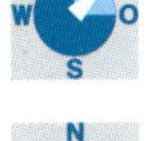

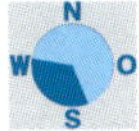

Talort und Ausgangspunkt

Hier wird kurz auf den Ausgangspunkt der Tour (inkl. nächstgelegenem Ort im Tal) eingegangen, ebenso auf die Erreichbarkeit des Ausgangspunktes mittels Pkw. Falls nicht anders angegeben, ist der Ausgangspunkt jeder Tour gleichzeitig die örtliche Parkmöglichkeit. Im Allgemeinen sind die einzelnen Touren eher schlecht mit öffentlichen Verkehrsmitteln erreichbar, speziell am Wochenende. Siehe dazu auch die Kapitel »Die Tourenregion« (Seite 26) sowie »Telefonnummern & Websites« (Seite 27).

Einkehr

Für die gemütliche Einkehr auf oder nach der Tour werden im jeweiligen Infoblock Hütten und Gasthäuser angeführt. In der Tabelle rechts eine Auswahl empfehlenswerter Stützpunkte, die am Ausgangspunkt oder entlang der jeweiligen Tour liegen und auch während der Skitourensaison geöffnet sind – wenn auch nicht täglich. Konkrete Öffnungszeiten vorab checken!

Lawinengefährdung

Die bei jeder Tour angegebene Einschätzung der Lawinengefahr ist lediglich als grober Anhaltspunkt zu verstehen. Da die momentane Gefährdung je nach Schnee- und Wetterverhältnissen stark schwanken kann, empfehlen wir dringend, zur aktuellen und umfassenden Beurteilung den aktuellen Lawinenlagebericht einzuholen (Kapitel »Sicher auf Tour«, Seite 18). Auch auf regionale Unterschiede in der Lawinengefährdung muss geachtet werden – bei Tourenplanung und auch bei der Durchführung vor Ort.

Auch bei verlockendem Traumpulver sollte man die aktuelle Lawinensituation stets kritisch beurteilen (Tour 4).

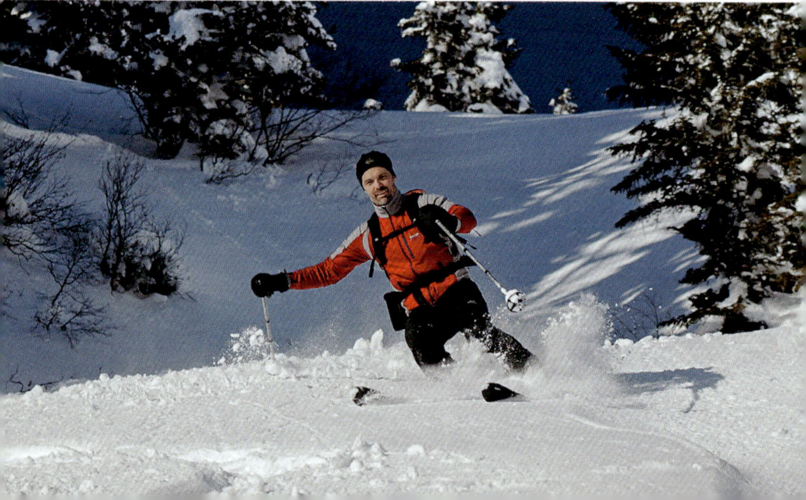

EINKEHR UNTERWEGS

Stützpunkt	Talort	Tour
Treglwangerhof, Tel. +43/3617/2253, www.treglwangerhof.at	Treglwang	1–3
Bergerhube, Tel. +43/3618/382, www.bergerhube.at	Trieben	4, 6
Gasthof Braun, Tel. +43/3618/269, www.gasthofbraun.at	Trieben	4–6
Almwirt Mario Schrattenthaler, Tel. +43/664/131 41 97, www.almwirt.com	Oppenberg	9–10
Sportpension Reiter, Tel. +43/3683/8130, www.sportpension-reiter.at	Donnersbach	11
Mörsbachwirt, Tel. +43/3680/211, www.moersbachwirt.at	Donnersbachwald	12
Rossstallbar, Tel. +43/676/7076073 www.schaupphof.com	Donnersbachwald	13
Ödwirt, Tel. +43/3689/ 240	Sölktal / Fleiß	18
Schönwetterhütte, Tel. +43/3684/31038, www.schoenwetterhuette.at	Großsölk	19
Reischls Sport- & Wanderhotel, Tel. +43/3688/2306, www.sporthotel-kirchenwirt.at	Tauplitz	25
Hochmölbinghütte, Tel. +43/676/9003909, www.hochmoelbinghuette.at	Wörschach	26
Gasthof Kemmetmüller, Tel. +43/7562/20066, www.kemmet.at	Windischgarsten	30, 31, 36–39
Hotel Freunde der Natur, Tel. +43/7563/681, www.naturfreundehotel.at	Spital/Pyhrn	32, 33
JUFA-Hotel in Spital am Pyhrn, Tel. +43/5/7083800, www.jufahotels.com/hotel/pyhrn-priel	Spital/Pyhrn	32, 33, 36
Grabneralm, Tel. +43/664/8615474 www.grabneralm.at	Weng	40
Panoramarest. Kaiserau, Tel. +43/3613/28242 www.panorama-restaurant-kaiserau.at	Admont, Trieben	42
Gasthof Kölblwirt, Tel. +43/3611/216, www.koelblwirt.at	Johnsbach	43–47

Günstige Zeit

Auch die günstigste Jahreszeit für die jeweilige Tour ist nur ein grober Richtwert, da sich die Verhältnisse witterungsbedingt (»Sicher auf Tour«, Seite 18) schnell ändern können. Mitunter wird bei den Touren zusätzlich auf Details und Besonderheiten zur besten Jahreszeit hingewiesen.

Variante, Tipp

Wo es sinnvoll erscheint, wird auf Aufstiegs- oder Abfahrtsvarianten im Nahbereich der beschriebenen Routen kurz eingegangen. Ebenso sollen spezielle praktische Tipps den Genussfaktor auf Tour weiter erhöhen.

Hinweis

Unter diesem Stichwort ersuchen die Autoren um die Einhaltung bestimmter Verhaltensregeln bzw. um die möglichst natur- und sozialverträgliche Durchführung einer Tour. Entsprechendes Verhalten soll also Schäden an der Natur vermeiden und das konfliktfreie Zusammenleben mit anderen Nutzergruppen (z. B. Grundbesitzer, Jäger, Förster, Rodler, Pistenskifahrer) fördern (siehe dazu auch Kapitel »Natur- und sozialverträglich unterwegs«, Seite 22). Zudem finden sich hier Hinweise auf besondere Gefahren, Straßenzustand u. Ä.

Routenbeschreibungen

Bei jeder Tour erleichtert eine detaillierte Beschreibung des Wegverlaufs die Routenfindung im Gelände. Sie ist so kurz wie möglich und so ausführlich wie nötig gehalten. Zusätzlich zu Angaben wie »links« oder »rechts« (aus der Sicht des Tourengehers gesehen) werden in der Wegbeschreibung meist auch Himmelsrichtungen benutzt, um Richtungen eindeutig festzulegen. Der Begriff »orografisch links bzw. rechts« bezieht sich auf die Richtung des fließenden Wassers (also mit Blickrichtung von der Quelle zur Mündung).
Zusätzlich zur Wegbeschreibung erleichtern gute topografische Karten die Orientierung vor Ort, ebenso die GPS-Tracks, die für alle 50 Touren zum Download bereitstehen.

GPS-TRACKS UND KOORDINATEN DER AUSGANGSPUNKTE

Auf **gps.rother.de** stehen zu diesem Wanderführer GPS-Tracks und die Koordinaten der Ausgangspunkte zum kostenlosen Download bereit. Dieser QR-Code führt direkt zum Download.

3. Auflage, Passwort: **592903zLr**
Die GPS-Tracks können in die **Rother App** importiert werden. In der App kann man unterwegs stets sehen, wo man gerade ist und wo es langgeht.
Anleitungen dazu: rother.de/gps
Trotz sorgfältiger Prüfung können wir Fehler und zwischenzeitliche Veränderungen nicht ausschließen. Verlassen Sie sich für die Orientierung niemals einzig und allein auf die GPS-Daten, sondern beurteilen Sie die Verhältnisse vor Ort.

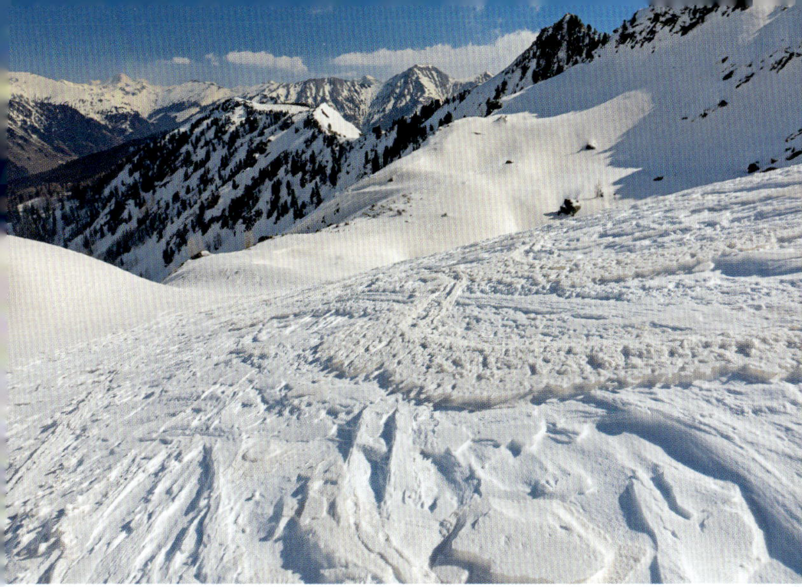

Gruß aus der Wüste: Saharastaub färbt den Schnee am Hochwart rötlich (Tour 14).

Karten

Die Autoren empfehlen für den Überblick die touristischen Wander- und Skitourenkarten von Freytag & Berndt im Maßstab 1:50.000. Zur genaueren Planung sei auf die Österreichische Karte (ÖK) des Bundesamtes für Eich- und Vermessungswesen und, soweit erhältlich, auf die Alpenvereinskarten verwiesen. Beide sind meist im detaillierteren Maßstab 1:25.000 erhältlich – als Print- oder elektronische Version (bestellbar über den Buchhandel oder direkt bei den Verlagen).

- Alpenvereinskarten: Weg-, Ski- oder Kombikarten (1:25.000) 15/1 Totes Gebirge West, 15/2 Totes Gebirge Mitte, 15/3 Totes Gebirge Ost, 16 Ennstaler Alpen/Gesäuse, 45/2 und 45/3 Niedere Tauern II bzw. III (1:50.000).
- Freytag & Berndt-Karten: Wander-, Rad- und Freizeitkarten mit Skiroutenmarkierung (1:50.000): WK 051 Eisenwurzen – Steyr – Waidhofen/Ybbs – Hochkar, WK 0062 Gesäuse, WK 0081 Pyhrn-Priel , WK 0082 Totes Gebirge, WK 203 Wölzer Tauern – Sölktal – Rottenmanner Tauern, WK 212 Seetaler Alpen – Seckauer Alpen – Judenburg – Knittelfeld.
- Österreichische Karte (1:25.000V oder 1:50.000, ohne Skiroutenmarkierung): Nr. 3212, 3218, 4201, 4202, 4207, 4208, 4209, 4213, 4214, 4215, 4219, 4220.
- Digitale Hangneigungskarten und Planungstools: alpenvereinaktiv.com, skitourenguru.ch, openslopemap.org, fatmap.com.

SICHER AUF TOUR

Die richtige Tourenwahl

Wir empfehlen dringend, das eigene Leistungsniveau hinsichtlich Ski- und Gehtechnik, Kondition oder lawinenkundlichen Beurteilungsvermögens kritisch zu hinterfragen und die Auswahl der Touren darauf abzustimmen! Ebenso sollten nur Touren gewählt werden, die sorgfältig an die aktuell herrschenden Wetter- und Schneeverhältnisse angepasst sind.

Ausrüstung

Zusätzlich zur sonstigen Skitourenausrüstung ist für jede Person die Mitnahme von Lawinenverschüttetensuchgerät (LVS), Sonde, Schaufel, Biwaksack, Verbandszeug, Mobiltelefon und Landkarte zwingend nötig. Auch ein Lawinenairbag, ein Helm, ein Höhenmesser und ein GPS-Gerät werden empfohlen. Es wird darauf hingewiesen, dass der routinierte Umgang mit der Sicherheitsausrüstung laufend geübt werden muss!

Orientierung und Wetter

Sicher wird eine Skitour nur dann ablaufen, wenn sie gewissenhaft auf vergangene und momentane Wetterereignisse abgestimmt ist (Kapitel »Telefonnummern und Websites«, Seite 27). Berücksichtigt werden sollten daher u.a. mögliche Schlechtwettereinbrüche, kritische Neuschneemengen, die tageszeitliche Erwärmung im Frühjahr oder die Konservierung älterer Schwachschichten in der Schneedecke bei bestimmten Wetterlagen und Hangausrichtungen. Bei Schlechtwetter ist die Sicht – und damit die Orientierungsfähigkeit – oft stark eingeschränkt. Eine gute Landkarte bzw. Hangneigungs-App (»Karten«, Seite 17), mit deren Interpretation man vertraut ist, gehört daher sowohl in den Rucksack als auch zu einer ernst

Bei Kaiserwetter fällt die Orientierung einfach (Tour 42).

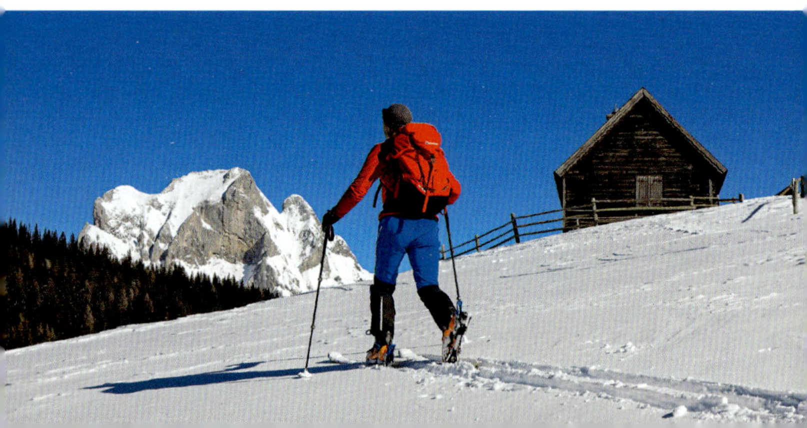

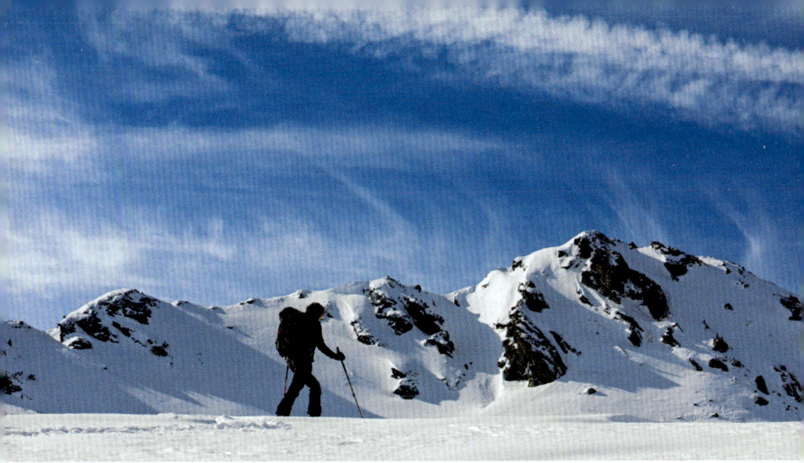

Schleierwolken kündigen einen Wetterumschwung an (Tour 16).

zu nehmenden Tourenplanung (etwa um Hangneigungen abzuschätzen). Auch ein GPS-Gerät hilft vor Ort bei der Orientierung (»GPS-Tracks«, Seite 16). Es sollte aber nicht dazu verleiten, Touren bei Bedingungen »durchzuziehen«, bei denen man ohne GPS-Gerät schon lange umgedreht hätte.

Lawinengefahr und Risikomanagement

Ein effizienter Umgang mit der Lawinengefahr beginnt mit einer gewissenhaften Tourenplanung. Wer Touren hinsichtlich Hangneigung, Exposition, Geländeform u. Ä. genau auf die Empfehlungen des Lawinenlageberichtes abstimmt, reduziert das Risiko schon ganz wesentlich. Unterwegs sind folgende Faktoren von hoher Bedeutung: eine geschickt ans Gelände angepasste Spur, das Erkennen von Gefahrenzeichen, das rechtzeitige Einhalten von Entlastungsabständen in Gruppen, das Überprüfen der Informationen aus dem Lawinenlagebericht sowie das ständige Hinterfragen der eigenen Entscheidungen. Eine bereits vorhandene Spur ist noch kein Garant für Sicherheit! Wer Bereitschaft zum Verzicht oder zum kurzfristigen Umdisponieren zeigt, wird eher alt.

Zu einem verantwortungsvollen Risikomanagement gehören schließlich auch der routinierte Umgang mit der Sicherheitsausrüstung (z. B. LVS-Gerät) und die entsprechenden Rettungs- und Bergetechniken. Es wird dringend empfohlen, die Kenntnisse in Theorie und Praxis regelmäßig aufzufrischen.

Lawinenlagebericht und -warndienste

In der Wintersaison wird von den Lawinenwarndiensten Oberösterreichs und der Steiermark zumindest einmal täglich ein Lawinenlagebericht veröffentlicht (siehe Seite 27). Er stellt die zentrale Entscheidungsgrundlage

EUROPÄISCHE LAWINENGEFAHRENSKALA

Stufe 1, gering:
Allgemein günstige Lawinensituation. Lawinenauslösung ist allgemein nur bei großer Zusatzbelastung vereinzelt im extremen Steilgelände möglich.

Stufe 2, mäßig:
Mehrheitlich günstige Lawinensituation. Lawinenauslösung ist bei großer Zusatzbelastung vor allem an Steilhängen der angegebenen Exposition und Höhenlage möglich. Vorsichtige Routenwahl, unter Berücksichtigung lokaler Gefahrenstellen günstige Tourenverhältnisse.

Stufe 3, erheblich:
Kritische Lawinensituation. Lawinenauslösung ist bereits bei geringer Zusatzbelastung vor allem an Steilhängen der angegebenen Exposition und Höhenlage möglich. Tourenmöglichkeiten eingeschränkt. Optimale Routenwahl und Anwendung risikominimierender Maßnahmen sind nötig. Unerfahrene bleiben besser auf den geöffneten Abfahrten und Routen.

Stufe 4, groß:
Sehr kritische Lawinensituation. Lawinenauslösung ist bereits bei geringer Zusatzbelastung an zahlreichen Steilhängen wahrscheinlich. Fallweise sind viele große, mehrfach auch sehr große spontane Lawinen zu erwarten. Sich auf mäßig steiles Gelände beschränken. Unerfahrene bleiben auf den geöffneten Abfahrten und Routen.

Stufe 5, sehr groß:
Außerordentliche Lawinensituation. Sehr viele große spontane, mehrfach auch extrem große spontane Lawinen sind zu erwarten. Verzicht auf Schneesport abseits geöffneter Abfahrten und Routen empfohlen.

für die Tourenwahl dar. Sämtliche relevanten Faktoren werden in den Lagebericht einbezogen, wie Gefahrenstufe und gefährdete Bereiche (Gelände, Exposition, Steilheit etc.).

Restrisiko

Mit gewissenhafter Tourenplanung und achtsamer, defensiver Durchführung lässt sich die Gefährdung durch Lawinen wesentlich minimieren. Auch die Autoren des vorliegenden Führers versuchen durch sorgfältige Recherche und Aufbereitung ihrer Informationen das Risiko zu verringern. Dennoch wird immer ein Restrisiko bleiben, das vom jeweiligen Tourengeher selbst zu tragen ist. Die Autoren übernehmen dafür keine Verantwortung.

Der Wind als »Baumeister der Lawinen« – nicht immer so offensichtlich wie hier …

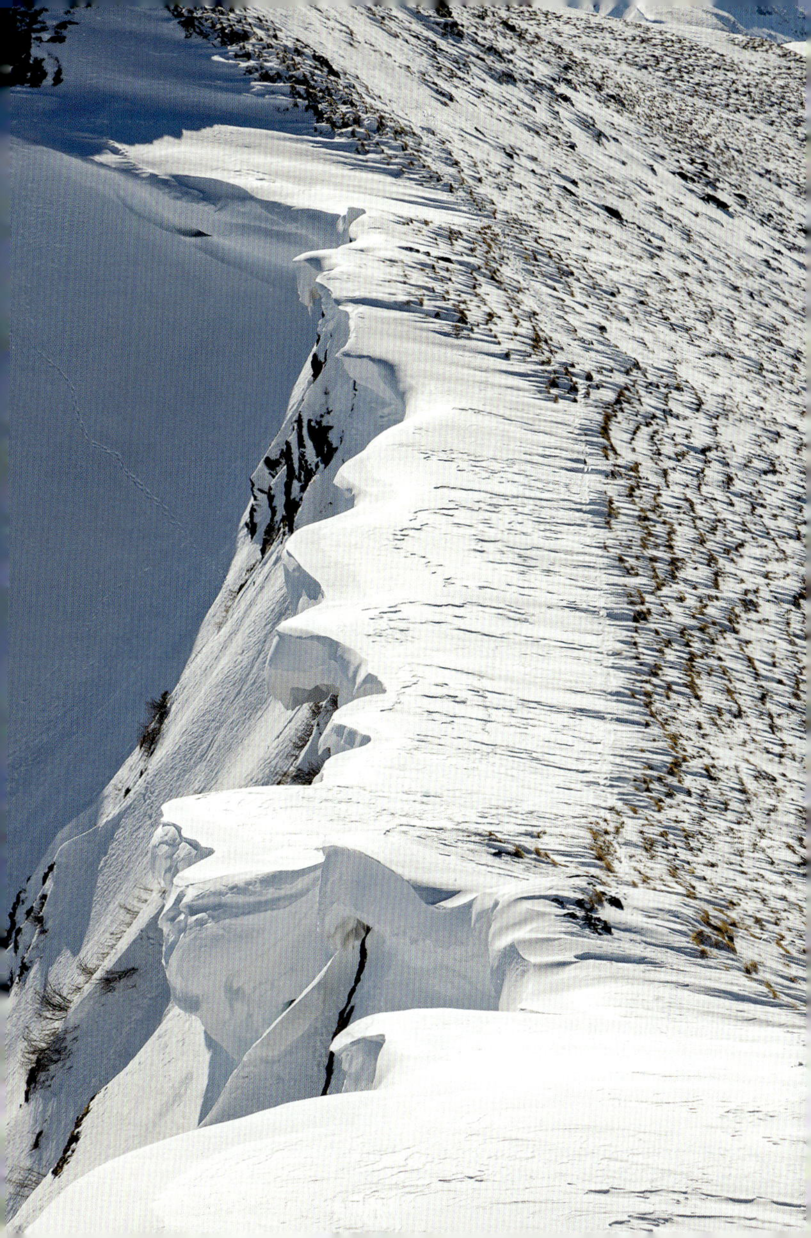

NATUR- UND SOZIALVERTRÄGLICH UNTERWEGS

Rücksicht auf die Natur

Im winterlichen Gebirge bewegen wir uns mitten »im Wohnzimmer« zahlreicher Wildtiere (z. B. Gämse, Reh, Rothirsch, Schneehase, Raufußhuhn). Ihre Rückzugsgebiete und -zeiten schrumpfen durch die sprunghaft gestiegene Zahl von Skitourengehern. Wildtiere müssen im Winter mit ihren Energiereserven sehr haushalten. Werden sie zu oft gestört, z. B. durch Skitourengeher, überleben sie den Winter durch den zusätzlichen Energieverbrauch auf der Flucht nicht.

Daher hier einige Tipps zum **wildverträglichen Skitourengehen:**

- Wildtiere möglichst nicht beunruhigen. Stattdessen ausweichen, Lärm vermeiden und aus der Distanz beobachten.
- Auf den üblichen Skirouten bleiben, Wald möglichst auf Forststraßen oder Wegen durchqueren. Für Wildtiere ist wichtig, dass das menschliche Verhalten vorhersehbar bleibt!
- Den Bereich zwischen Wald- und Baumgrenze auf möglichst kurzen Wegen durchqueren; dort Abstand von Einzelbäumen und Baumgruppen halten.
- Kammlagen im Hochwinter nur zwischen ca. 10 und 16 Uhr begehen.
- Die erste Spur im frischen Schnee ökologisch verantwortungsvoll anlegen – die meisten Skitourenkollegen werden ihr vermutlich folgen.

Außerdem gilt es, **Waldschäden vorzubeugen:**

- Kantenschäden an Bäumen und Sträuchern vermeiden. Bei geringer Schneelage daher lieber früher abschnallen. Aufforstungen und Jungwald (Bewuchs unter drei Meter Höhe) dürfen in Österreich grundsätzlich nicht begangen und befahren werden!
- Wildtiere möglichst nicht beunruhigen (siehe oben), sodass sie im Wald möglichst wenig Verbiss- und Schälschäden verursachen.
- Befristete forstliche Sperrgebiete beachten – auch im Interesse der eigenen Sicherheit (meist bei Waldarbeiten).

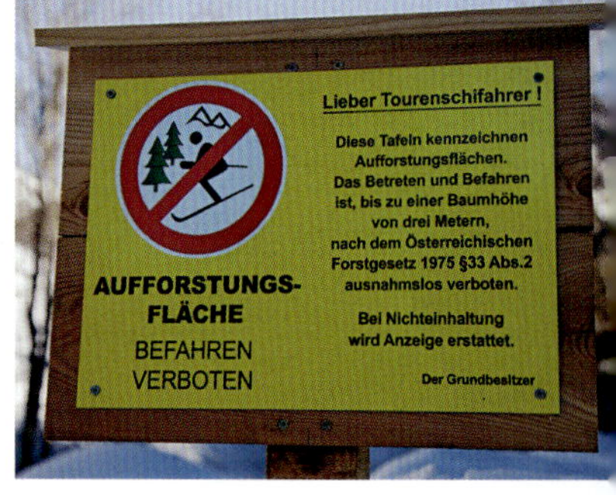

Auch eine möglichst umweltverträgliche Anreise (wenn möglich mit öffentlichen Verkehrsmitteln – siehe die Kapitel »Die Tourenregion«, Seite 26, »Telefonnummern und Websites«, Seite 27 – oder Fahrgemeinschaften) schont die Natur.

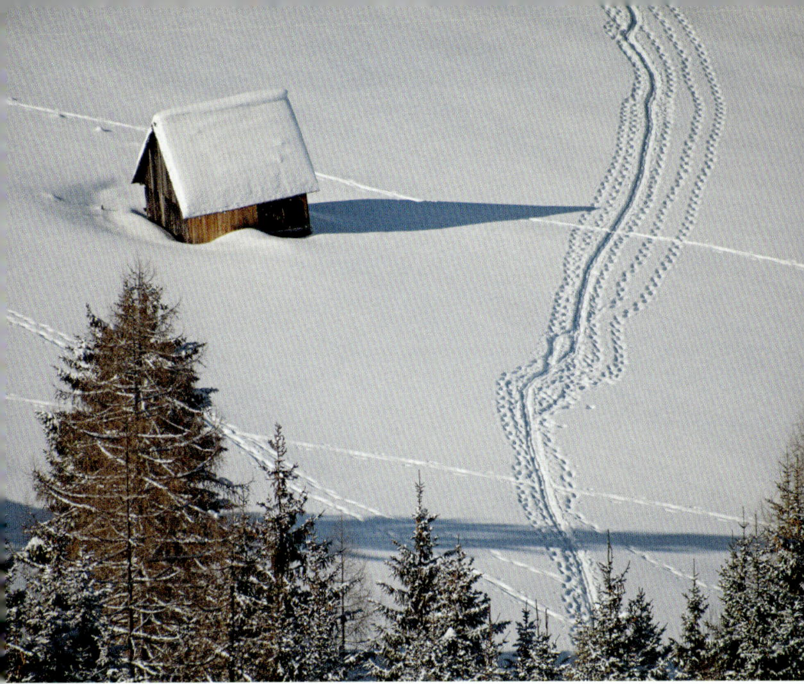

Auch wenn es manchmal so scheint: Im winterlichen Gebirge sind wir nur selten allein.

Rücksicht auf Mitmenschen

Nicht nur wir wollen uns auf Skitouren erholen, auch Grundbesitzer und -bewirtschafter, Jäger, Anrainer oder Liftbetreiber haben berechtigte Interessen in der Natur.

Zum Vorbeugen von Konflikten empfehlen wir daher:

- Ausgewiesene Parkplätze benutzen, etwaige Parkgebühren bezahlen, Fahr- und Parkverbote respektieren, Hofeinfahrten, Holzlagerplätze o.Ä. nicht »zuparken«. Im Zweifelsfall Anrainer um Erlaubnis fragen.
- »Durchs Reden kommen d'Leut' z'samm«: Nicht die Konfrontation mit anderen Interessengruppen suchen, sondern das Gespräch auf Augenhöhe! Respekt, Toleranz und Kooperation bewirken meist mehr als Provokation.
- Beim Skitourengehen auf präparierten Pisten die zehn Pistengeher-Regeln beachten: www.alpenverein.at → Bergsport → SicherAmBerg.

Schutz- und Schongebiete

In Infoblöcken, Tourenbeschreibungen und Kartenausschnitten (grüne Umrandung) wird auf Schutz- und Schongebiete, die den Autoren bekannt

Der Umwelt zuliebe ...

Auch bei Winterwanderungen, Schneeschuh- oder Skitouren hinterlassen wir einen ökologischen Fußabdruck, aber im Einklang mit der Natur unterwegs zu sein, ist gar nicht so schwer!

VORBEREITUNG UND ANFAHRT

- Sich vorab informieren, worauf in Bezug auf Natur und Umwelt im jeweiligen Tourengebiet besonders zu achten ist (saisonale Betretungsverbote).
- Soweit möglich mit Bahn und Bus anreisen.
- Ist eine Anfahrt mit dem Auto nötig, Fahrgemeinschaften bilden.
- Bei weiten Anfahrten ein Quartier vor Ort nehmen und von dort aus mehrere Touren unternehmen.

KLEIDUNG UND AUSRÜSTUNG

- Beim Kauf von Outdoor-Kleidung auf umweltfreundliche und faire Herstellung achten und Kleidungsstücke möglichst viele Jahre nutzen.
- Ausrüstung kann man eventuell auch gebraucht kaufen oder ausleihen.
- Reparieren statt neu kaufen.

VERPFLEGUNG

- Beim Einkauf Bio-Ware und regionale Erzeugnisse bevorzugen.
- Hütten und Gasthäuser auswählen, die regionale Produkte verwenden.
- Auf Einwegflaschen und Plastikverpackungen verzichten, stattdessen wiederverwendbare Trinkflaschen und Brotzeitboxen benutzen.

ÜBERNACHTUNG

- Bei lokalen Anbietern buchen, damit Menschen vor Ort profitieren.
- Auf Hütten und in anderen Unterkünften Strom und Wasser sparen.

UNTERWEGS

- Schutzgebiete und Wildruhezonen nicht betreten und Lärm vermeiden.
- Die üblichen Ski- und Schneeschuhrouten, Forst- und Wanderwege benutzen sowie Markierungen und Hinweistafeln beachten.
- Die Vegetationsdecke schonen (Skitouren nur bei ausreichender Schneelage unternehmen).
- Wildtiere nur aus der Distanz beobachten, von Wildfütterungen fernbleiben.
- Hunde an die Leine nehmen.
- Abseits von Pisten auf Touren in der Dämmerung oder Dunkelheit verzichten.
- Müll wieder mit nach Hause nehmen und dort entsorgen.
- Toilettengänge in freier Natur möglichst vermeiden.

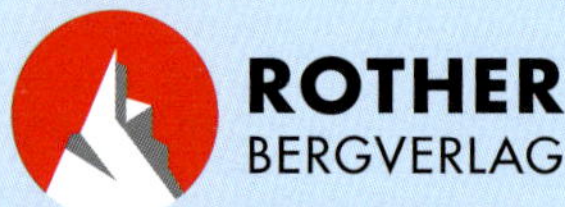

Skitouren führen manchmal mitten durchs »Wohnzimmer« der Wildtiere.

sind, hingewiesen, ebenso auf Maßnahmen zur Besucherlenkung. So existieren Skitourenlenkungskonzepte z. B. fürs Triebental oder den Nationalpark Gesäuse. Dort sind naturverträgliche Touren auch im Gelände ausgeschildert. Wir haben unsere Tourenempfehlungen mit diesen Lenkungskonzepten abgestimmt.

Hinweise zu neuen, geänderten Wildschutzgebieten, Sperren oder aufgetretenen Konflikten nehmen wir gerne entgegen, um sie bei der nächsten Auflage zu berücksichtigen. Schließlich geben wir, wo es uns sinnvoll erscheint, noch weitere Tipps zum naturverträglichen Verhalten sowie zum rücksichtsvollen Miteinander – etwa Möglichkeiten zum geordneten Parken.

Mit etwas Rücksicht sollte ein konfliktfreies Miteinander von Freizeitsportlern und Jagd möglich sein.

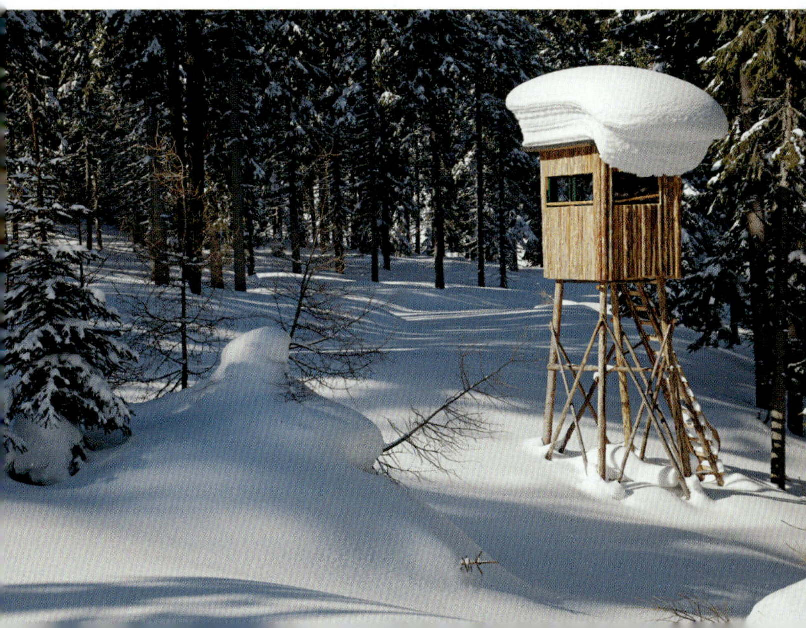

DIE TOURENREGION

Lage und Gebirgsgruppen

Dieser Tourenführer deckt folgende Gebirgsgruppen in der Obersteiermark und im südöstlichen Oberösterreich ab:

- Niedere Tauern – die Bereiche, die vom Hauptkamm nach Norden ziehen:
  - Triebener Tauern (Trieben-, Liesing-, Paltental)
  - Rottenmanner und Wölzer Tauern (Hohentauern, Oppenberg, Planneralm, Donnersbachwald, Sölktal)
- Totes Gebirge (südlicher bis östlicher Teil; Bereich Spital am Pyhrn, Stodertal, Tauplitz, Altaussee-Grundlsee)
- Oberösterreichische Voralpen (Sengsengebirge, Reichraminger Hintergebirge)
- Ennstaler Alpen
  - Haller Mauern
  - Gesäuse
  - Eisenerzer Alpen

Anreise

Durch zentrale Lage mitten in Österreich ist die Tourenregion für Tourengeher aus der Steiermark, aus Ober- und Niederösterreich, Salzburg und evtl. sogar aus Wien rasch erreichbar. Schwieriger als die Erreichbarkeit der Tourenregion selbst ist die Erreichbarkeit einiger Touren-Ausgangspunkte mit öffentlichen Verkehrsmitteln.

- **Mit dem Pkw:** Von Westen über das steirische Ennstal, ebenso über den Pötschenpass ins Ausseerland. – Von Norden über die Pyhrnautobahn (A9), das oberösterreichische Ennstal oder die Hengstpassstraße. – Von Osten über Salzatal, Präbichl oder Semmering-Schnellstraße. – Von Süden über die Pyhrnautobahn ins steirische Ennstal oder über den Triebener Tauern.
- **Mit der Bahn:** Von Süden (Graz, Anschlussmöglichkeit Richtung Wien) über die Pyhrnbahn nach Selzthal. Von dort weiter Richtung Liezen, Stainach-Irdning und Schladming bzw. Bad Aussee. – Von Norden (Wels bzw. Attnang-Puchheim) über Bad Ischl und Bad Aussee nach Stainach-Irdning im Ennstal. Ebenso von Linz mit der Pyhrnbahn nach Windischgarsten, Spital/Pyhrn und Selzthal. – Von Westen (Salzburg bzw. Bischofshofen) über Radstadt und Schladming bis Stainach-Irdning bzw. Selzthal.

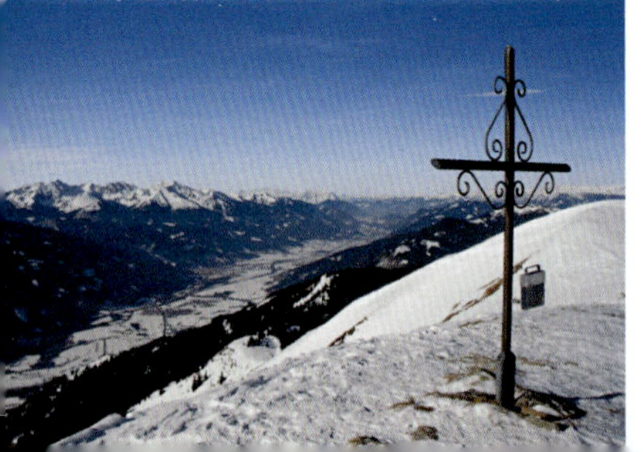

Unten das Paltental, die Rottenmanner Tauern gegenüber und rechts dahinter Dachstein und Grimming (Tour 45).

TELEFONNUMMERN UND WEBSITES

Notrufe (alle ohne SIM-Karte möglich)
- Europäischer Notruf: 112 (für alle Notfälle)
- Österreichische Bergrettung: 140; Rettung: 144; Polizei: 133

Lawineninfos
- Lawinenlagebericht Oberösterreich: oberoesterreich.avalanche-warnings.eu
- Lawinenlagebericht Steiermark: www.lawine-steiermark.at
- ORF-Teletext: Lawinenlageberichte auf Seite 615 (alle Bundesländer)
- Weiterführende Infos & Glossar: www.avalanches.org
- Aktuelle Lawinenereignisse, Schneeprofile und Wetterdaten: www.lawis.at
- Mobile Lawineninformation (App): snowsafe.at

Wetterberichte
- Zentralanstalt für Meteorologie und Geodynamik: www.zamg.ac.at
- ORF-Wetter: wetter.orf.at; ORF-Teletext ab Seite 600
- Wetterberichte des Österreichischen Alpenvereins: 0900/91 15 66 80 (Tonband Alpenwetter gesamt); 0900/91 15 66 81 (Tonband Regionalwetter) (beide nur aus Österreich erreichbar); www.alpenverein.at/portal/wetter

Alpine Auskünfte
- Österreichischer Alpenverein: +43/512/595 47; www.alpenverein.at
- Naturfreunde Österreich, +43/1/892 35 34 0; www.naturfreunde.at

Allgemeine touristische Auskünfte
- Oberösterreich Tourismus: +43/732/22 10 22; www.oberoesterreich.at
- Steiermark Tourismus: +43/316/4003 0, www.steiermark.com

Öffentliche Verkehrsmittel
- Oberösterreichischer Verkehrsverbund: +43/732/66101066; www.ooevv.at
- Verbund Linie (Steiermark): +43/50/67 89 10; www.verbundlinie.at
- Österreichische Bundesbahnen: +43/5/1717; www.oebb.at
- ÖBB-Postbus: +43/5/1717; www.postbus.at

Einkehr unterwegs
- Siehe Kasten auf Seite 15 sowie im Infoblock der einzelnen Touren.

Folgende Doppelseite: Im oberen Teil des Aufstiegs zum Leobner (Tour 47) öffnet sich der Blick hinüber zum Lugauer (Tour 44). Das »steirische Matterhorn«, wie der Lugauer auch genannt wird, ragt aus den Nebelschwaden in den blauen Himmel.

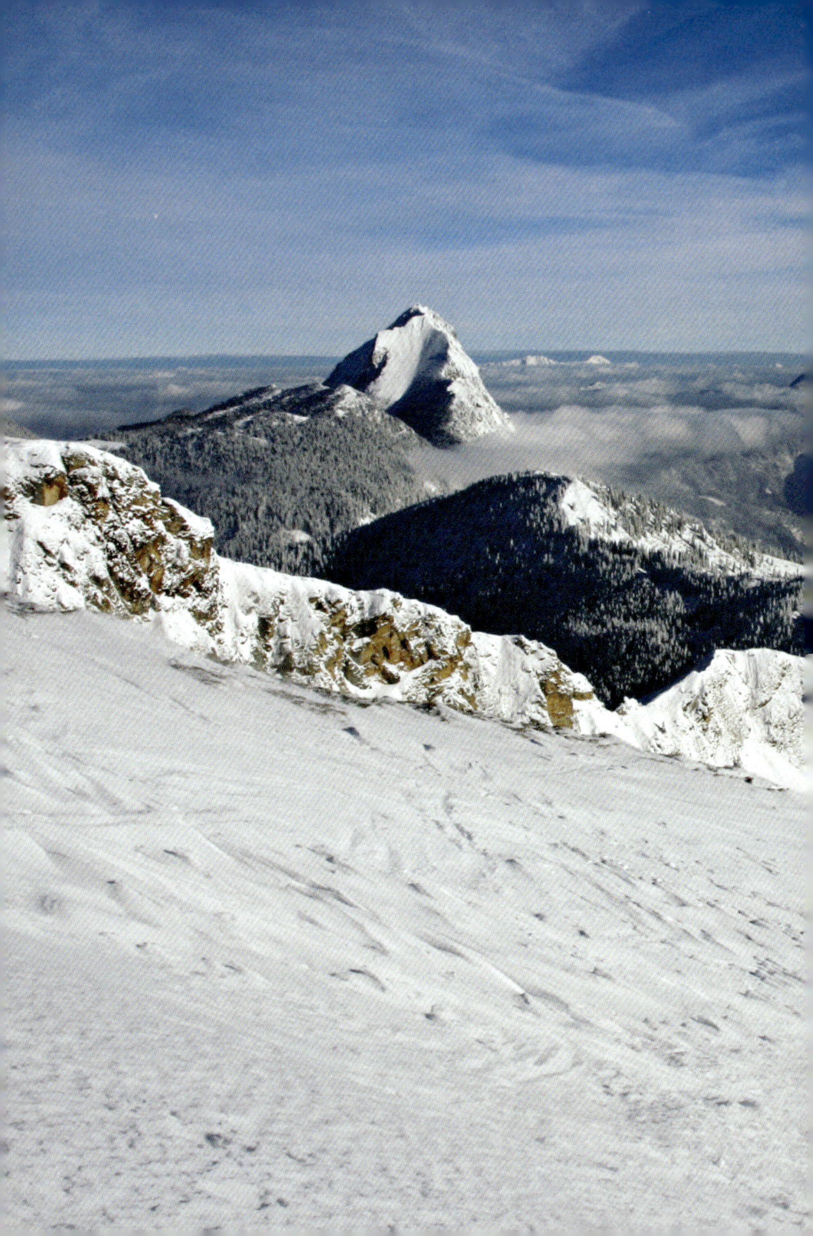

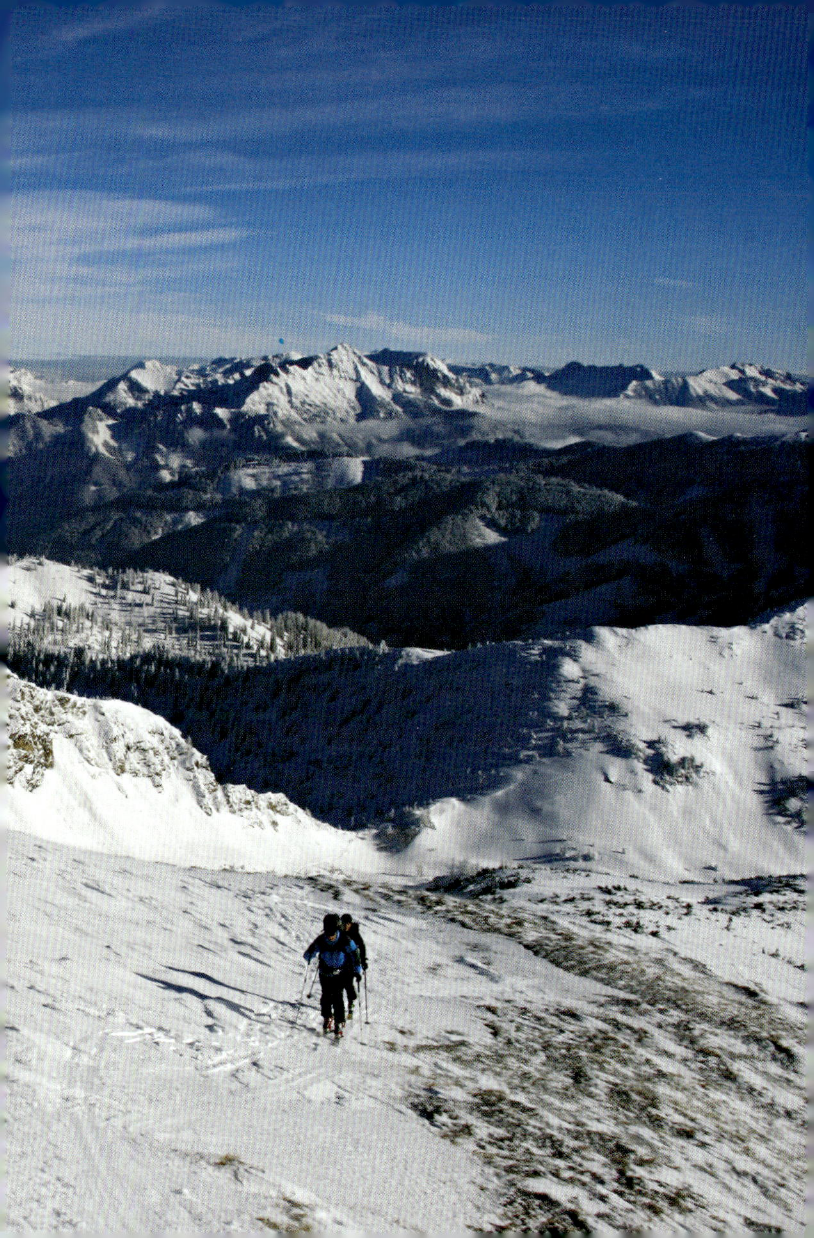

↗ 1200 m | ↘ 1200 m | 15 km

1 Vöttleck, 1888 m

4.00 h

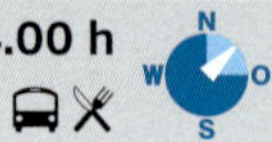

Die stille Seite eines ohnehin stillen Berges

Willkommen in der Stille – trotz Autobahnanschluss! Wer unter der Autobahnbrücke in Treglwang zum Vöttleck startet, wird wenig Gleichgesinnte treffen. Vielleicht, weil unten im lang gezogenen Forststraßengewirr etwas Orientierungsvermögen und Gleichmut nicht schaden. Wer sich davon nicht abschrecken lässt, kommt jedoch in den Genuss einer überraschend schönen Tour – und kann auf idealen Abfahrtshängen den Pulver so richtig stauben lassen! Durch die nordseitige Ausrichtung wird er an kalten Tagen recht lange konserviert.

Schneebrettfabrik – die Vöttleck-Südostflanke (Bildmitte), gesehen vom Himmeleck (Tour 3); hinten Warscheneck (rechts) und Mölbinge (links). Über den Rücken von rechts erfolgt der Aufstieg von Treglwang.

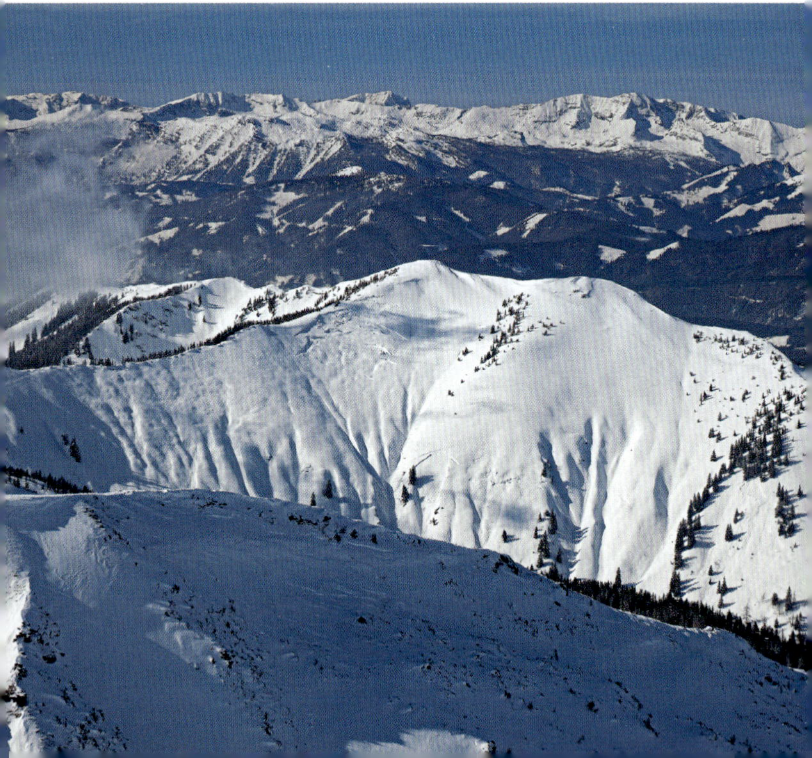

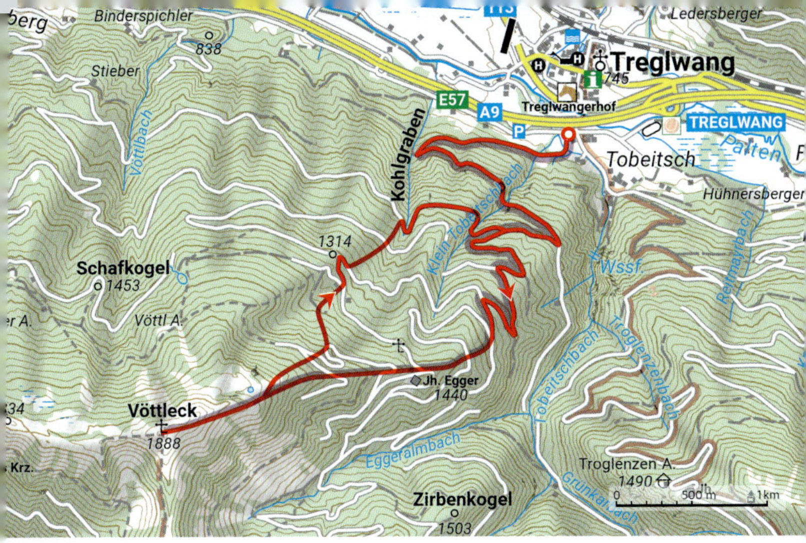

Talort: Treglwang (ca. 745 m).
Ausgangspunkt: Treglwang, Ortsteil Tobeitsch (ca. 730 m). Pyhrnautobahn (A 9), Abfahrt Treglwang, nach Treglwang, ca. 100 m nach dem Rüsthaus links (südlich) abbiegen (grünes Schild »Ferienwohnung Gierl« – schlecht sichtbar!), durch zwei Unterführungen zum Ortsteil Tobeitsch. Parken kurz nach der Autobahnunterführung oder zwischen den beiden Unterführungen (Altstoffsammelzentrum, Eisstockbahn) – je nach Schneeräumung.
Öffentlich: Mit der Bahn von Selzthal oder Leoben nach Treglwang. Von dort ca. 500 m zum Ausgangspunkt.
Aufstiegszeiten: Tobeitsch – Egger-Jagdhütte 2½ Std., Egger-Jagdhütte – Vöttleck 1½ Std.
Anforderungen: Technisch weitgehend leichte, aber lange Skitour (gute Kondition!). Im unteren Teil Orientierungskenntnisse (Kartenlesen), um sich auf den Forststraßen zurechtzufinden!
Hangrichtung: Nord bis Ost.
Lawinengefährdung: Im unteren Teil gering. Vorsicht am obersten Nordostrücken (Wechten; nicht in die steile Südostflanke queren!) bzw. bei der Abfahrt über steile Schläge nach Norden!
Günstige Zeit: Hochwinter. In schneearmen Wintern kann man sich auf Forststraßen ganz gut nach oben »schummeln«, wenn im Wald zu wenig Schnee liegt.
Einkehr: Treglwangerhof in Treglwang, Tel. +43/3617/2253, www.treglwangerhof.at.
Hinweise: Die Abfahrt über den Aufstiegsweg ist meist nicht berauschend. Daher bei sicheren Verhältnissen besser wie beschrieben über die steilen Schläge nach Norden abfahren!
Bitte Aufforstungen und Jungwald großräumig umfahren!

Aufstieg: Nach der Autobahnunterführung in **Tobeitsch** gleich sich rechts haltend auf eine Straße, rechts an einem Holzhaus vorbei und auf einer Brücke über den Tobeitschbach. Danach auf der Forststraße schräg rechts (westlich) aufwärts bis zur **Kohlgrabenkehre** (ca. 845 m). Dort bei einer

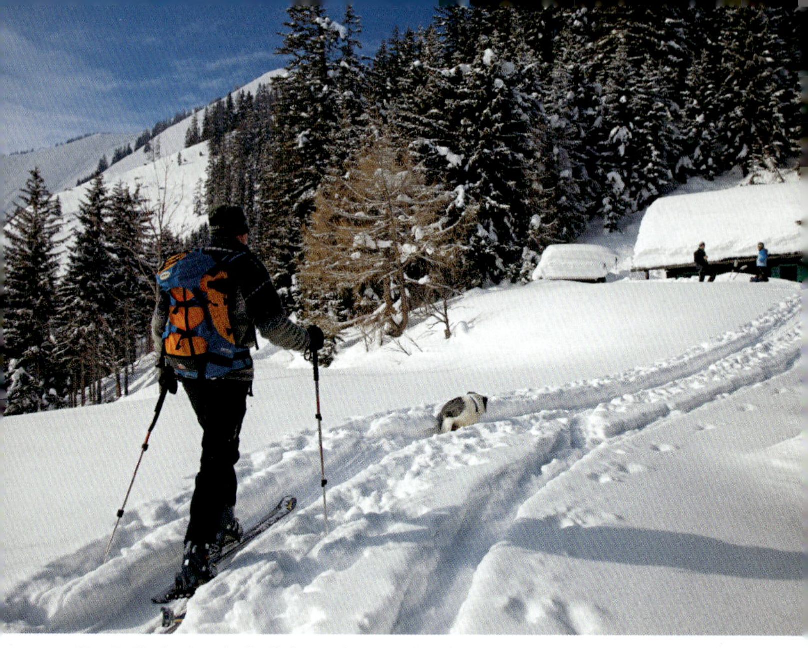

Oberhalb der Autobahn kehrt Ruhe ein – bei der Egger-Jagdhütte.

Forststraßenkreuzung scharf links (östlich). Nun folgen zahlreiche Forststraßenserpentinen, bei denen die Kehre immer ausgegangen wird. Das heißt, von den Kehren nach außen wegführende Straßen werden stets ignoriert. Auf ca. 1275 m die Rechtskehre der Forststraße noch ausgehen (nicht geradeaus weiter ins Tal des Eggeralmbaches!), unmittelbar nach der Kehre aber die Straße nach links (südwestlich) aufwärts in den Wald verlassen. Gerade nach Westen zu einer freien Fläche. Auf ihr in halber Höhe nach links (Südwesten) hinausqueren in den Wald. Dort ziemlich steil nach Westen hinauf, bis man auf ca. 1360 m wieder eine Forststraße erreicht. Diese überqueren und weiter steil im Wald westlich aufwärts bis zur Zufahrtsstraße zur Egger-Jagdhütte, die genau auf einem ausgeprägten Rücken eine markante Kehre macht. Vor der Kehre auf der Straße ca. 30 m leicht bergab nach rechts, dann links ziemlich eben zur **Egger-Jagdhütte** (1440 m).

Unmittelbar hinter der älteren Hütte steil bergauf in den Wald. Man erreicht den **Vöttleck-Nordostrücken**. Diesem durch lichter werdenden Wald immer weiter folgen (noch zwei Forststraßenquerungen), zuletzt recht steil auf den östlichen Vorgipfel. Von dort über eine Senke (ca. 15–20 m Höhenverlust) in Kürze zum **Hauptgipfel**.

Abfahrt: Zuerst ähnlich wie beim Aufstieg zurück Richtung Jagdhütte. Auf ca. 1700 m kann man in einem kleinen Graben, der sich knapp nördlich vom Aufstiegsrücken befindet, abfahren (oder auf einem Rücken nördlich dieses Grabens). Dann immer nordöstlich halten, zwischen 1560 m und 1500 m einige Forststraßenkehren überqueren. Von diesen Kehren hält man sich ziemlich genau nach Norden und erreicht eine große freie Fläche (in der ÖK nicht eingezeichnet). Über sie nach Norden abfahren, bis man bei **P. 1314** wieder mehrere Forststraßen erreicht.
Weiter nördlich bis nordöstlich (immer in Abfahrtsrichtung links des Kohlgrabens) über eine große Schlagfläche (ebenfalls nicht in der ÖK eingezeichnet). Eine Forststraße auf ca. 1200 m überqueren. Bei der nächsten Forststraße, die auf ca. 1100 m den Hang quert, **nicht (!)** mehr weiter nach Norden hinunter, sondern auf ihr nach rechts (Osten) über den Kohlgraben. Auf der Straße leicht fallend nach Osten, an einem Jagdhaus vorbei und über den Graben des Kleinen Tobeitschbaches. Dahinter kurze Gegensteigung, bis man bei der Straßenkreuzung mit der Tafel »Hausbergweg« wieder die Anstiegsroute erreicht. Entlang des Aufstiegsweges zum **Ausgangspunkt**.

Triebschneefalle – die Gefährlichkeit der verfrachteten Vöttleck-Südostflanke ist nicht zu übersehen.

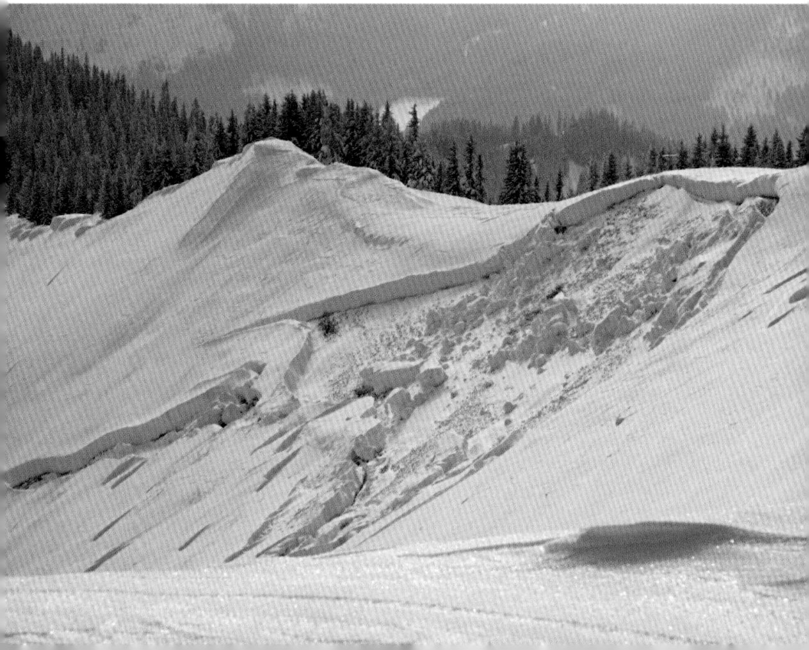

↗ 840 m | ↘ 840 m | 10,4 km

2 Silberling, ca. 1920 m

3.00 h

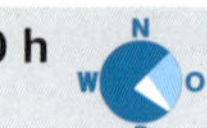

Unspektakuläre Genusstour im Liesingtal

Der Silberling lockt Einsteiger und Genussspechte: moderater Höhenunterschied, technisch großteils einfach, nette Abfahrten. So soll ein ideales Hochwinterziel aussehen, bei dem man nicht zu sehr ins Schwitzen kommt.

Talort: Wald am Schoberpass (841 m).
Ausgangspunkt: Parkplatz im Liesingtal, vor dem Gehöft Reichenstaller (ca. 1080 m). Von Wald am Schoberpass (A 9) Richtung Kalwang bis in den Ortsteil Unterwald, dort rechts abbiegen (grünes Schild: »Liesingtal«). Knapp 5 km ins Liesingtal (bei Kreuzungen sich immer rechts halten), bis es bei einer Kreuzung gerade hinauf zum ehemaligen Gasthof Jansenberger ginge. Dort nicht gerade hinauf, sondern rechts noch ca. 500 m zum Parkplatz.
Aufstiegszeiten: Parkplatz – Leistenkarhütte 2 Std., Leistenkarhütte – Silberling 1 Std.
Anforderungen: Technisch weitgehend einfach. Lawinenkundliches Beurteilungsvermögen für den Gipfelhang nötig.
Hangrichtung: Südost bis Nordost.
Lawinengefährdung: Auf der vorgestellten Route im Allgemeinen nicht besonders hoch. Vorsicht ist vor allem am Gipfelhang geboten.
Günstige Zeit: Hochwinter.
Einkehr: Unterwegs keine. Gasthöfe in Wald am Schoberpass; Treglwangerhof in Treglwang, Tel. +43/3617/2253, www.treglwangerhof.at.
Varianten: Großer Schober (1895 m): Vom Anstieg zum Silberling auf ca.

Schüchterner Geselle – neben dem dominierenden Himmeleck (links, Tour 3) erscheint der Silberling (die rechte der beiden weißen Kuppen hinten) ziemlich unauffällig.

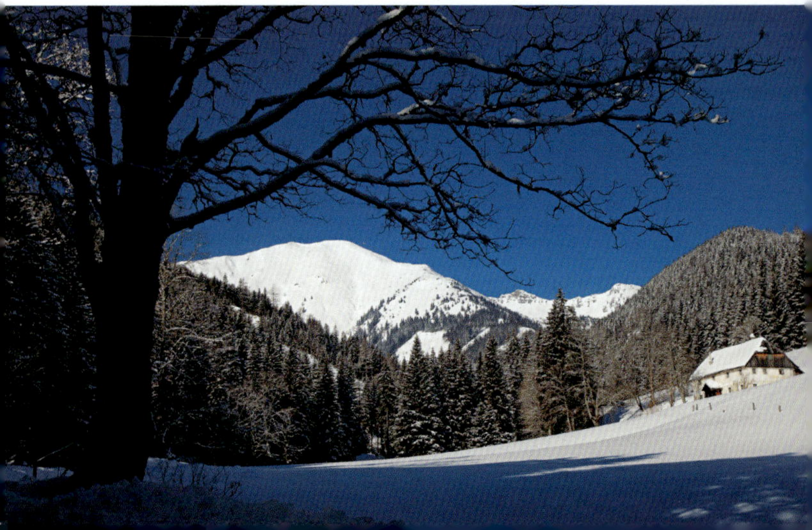

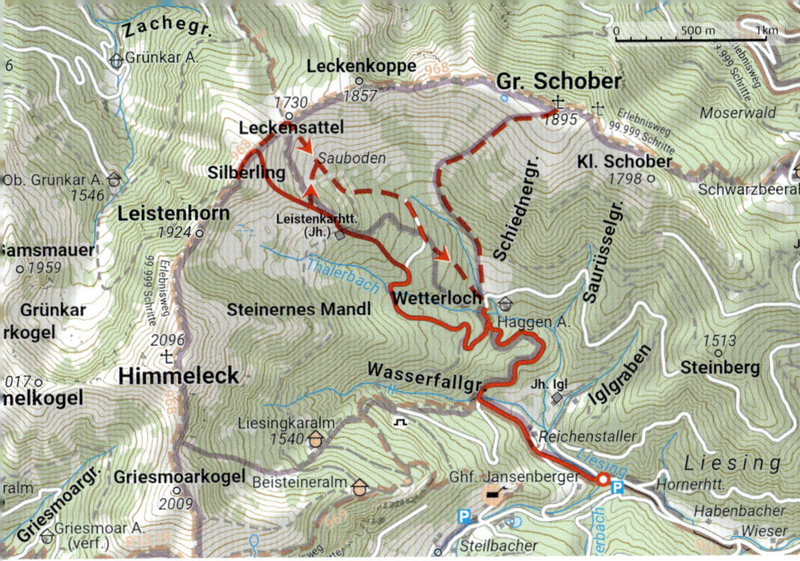

1300 m zur Haggenalm, orografisch links des Baches nach Nordwesten und über die Südwesthänge zum Gipfel; ca. 1¾ Std. ab Haggenalm. – Schöne Abfahrtsvariante über den Sauboden.
Hinweis: Die direkte Abfahrt vom Silberling über die Ostflanke in den Sauboden verlangt stabile Schneeverhältnisse! Bitte zwischen Reichenstaller und Leistenkarhütte auf Abkürzungen zwischen Forststraßenkehren den Jungwald großräumig meiden!

Aufstieg: Unmittelbar nach dem Parkplatz links über den Bach. Orografisch (also in Fließrichtung) rechts der Liesing bis zur großen Wiese beim Gehöft **Reichenstaller**. An diesem vorbei und bei der nächsten Forststraßenkreuzung (ca. 1195 m; Ende der Wiese) rechts (nördlich). Immer der Forststraße folgen (teilweise Abkürzungen zwischen den Kehren möglich). Auf ca. 1300 m bei einer Kreuzung (ca. 50 m vor einem Bach) auf die linke Forststraße (rechts geht's zum Großen Schober, siehe Variante). Auf ca. 1350 m (nach einer scharfen Rechtskurve) geradeaus weiter (der links wegführende Weg bleibt unberücksichtigt).
Die Forststraße erreicht eine Freifläche und verlässt sie in einem Bogen nach rechts (Nordwesten) wieder. Etwas weiter oben dem scharfen Straßenknick nach rechts (Osten) folgen. Nun entweder weiter auf der Straße zur **Leistenkarhütte** (1591 m), oder nach dem Rücken, der von der Leistenkarhütte nach Südosten herunterzieht, nordwestlich direkt durch den Wald zur Hütte (meist Spur vorhanden). Nun nordwestlich auf den **Silberling-Südostrücken**. Von dessen oberen Bereich durch die oberste Ostflanke auf den obersten Nordostrücken queren und über diesen zum **Gipfel**.

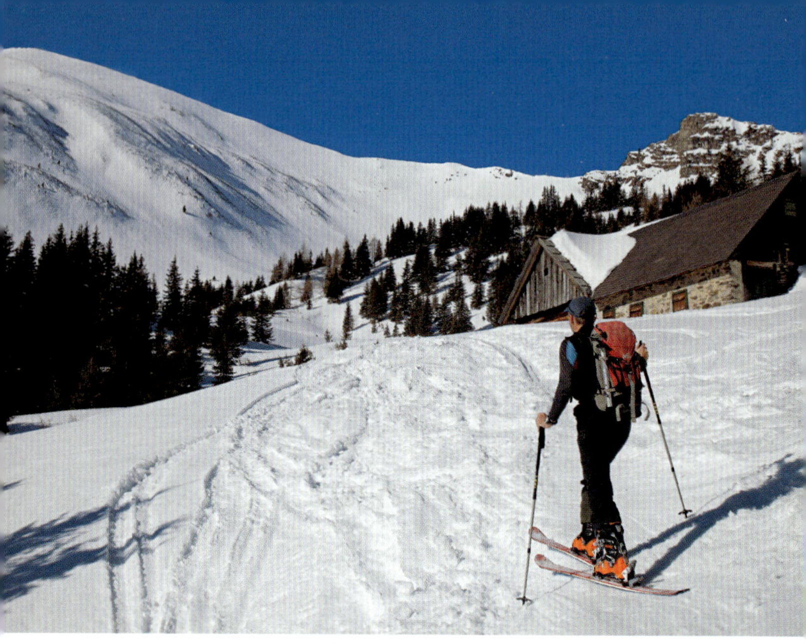

Postkartenwetter – Himmeleck (links, Tour 3) und Leistenhorn (rechts) über der Leistenkarhütte.

Abfahrt wie Aufstieg; oder über den **Sauboden**: Entweder am Nordostrücken zum Leckensattel (1730 m; oft abgeblasen) und von dort nach Südosten zum Sauboden abfahren. Oder – meist besser – auf der Aufstiegsroute ein Stück Richtung Leistenkarhütte hinunter, bis auf den flacheren Abschnitt des Südostrückens, und bei den ersten Bäumen nach Norden zum Sauboden abfahren. Von dort dem Bachgraben nach Südosten folgen. Entweder auf ca. 1550 m (dort, wo der Graben enger wird) oder spätestens auf ca. **1500 m** aus dem Graben auf die orografisch rechte Seite hinausqueren. Dort beginnt eine Forststraße (vom Graben aus kaum sichtbar!), der man rund 300 m nach Südosten folgt. Dort über eine freie Fläche (nicht in der ÖK!) nach Südosten abfahren (nicht zu nahe am Bach nördlich davon halten – steiler Graben!). Durch ein kleines Waldstück auf die nächste freie Fläche. Über diesen Schlag nach Südosten abwärts (unten steil), bis zu seinem unteren Ende. Hier oberhalb des Baches nach Süden queren (meist Spur vorhanden), bis man nahe der Haggenalm auf eine Forststraße trifft. Dort rechts über eine Brücke und ganz kurz bergauf zur **Forststraßenkreuzung** auf ca. 1300 m, die wir schon vom Aufstieg kennen. Hier auf die Forststraße nach links unten (Südosten) und dieser zurück zum **Ausgangspunkt** folgen.

↗ 1180 m | ↘ 1180 m | 10,5 km

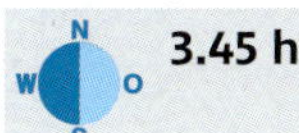

3.45 h

Himmeleck, 2096 m, und Griesmoarkogel, 2009 m

3

Ziemlich himmlisch

Im hintersten Liesingtal versteckt sich ein wahres Touren-Eldorado. Das Himmeleck ist eine der schönsten Liesingtal-Touren. Wer hier die Schneeverhältnisse optimal erwischt, kann auf den beiden Abfahrtsvarianten zur Liesingkaralm wahrhaft himmlische Skifreuden erleben!

Talort: Wald am Schoberpass (841 m).
Ausgangspunkt: Beim Gehöft Reichenstaller (ca. 1080 m), siehe Tour 2.
Aufstiegszeiten: Parkplatz – Beisteineralm 1¾ Std., Beisteineralm – Griesmoarkogel 1¼ Std., Griesmoarkogel – Himmeleck ¾ Std. inkl. Zwischenabfahrt.
Höhenunterschied: Ca. 930 m bis zum Griesmoarkogel, ca. 170 m zusätzlich zum Hauptgipfel (zurück ca. 80 Hm Gegensteigung).
Anforderungen: Mittelschwere Skitour, sowohl was Kondition als auch was Skitechnik betrifft.
Hangrichtung: Bis Griesmoarkogel vor allem Nordost und Ost, Übergang zum Himmeleck Nord und Süd.
Lawinengefährdung: Im Allgemeinen eher moderat, Vorsicht aber am steilen obersten Ostrücken zum Griesmoarkogel sowie beim Übergang zum Himmeleck (Wechten!). Für die Abfahrtsvarianten zur Liesingkaralm sind stabile Schneeverhältnisse nötig!
Günstige Zeit: Hochwinter – zeitiges Frühjahr.
Einkehr: Unterwegs keine. In der Umgebung siehe Tour 2.
Varianten: Zwei lohnende Abfahrtsvarianten über die Liesingkaralm.

Sicherheitsabstand – eine Tourengruppe im Sattel zwischen Griesmoarkogel und Himmeleck hält sich von den Wechten fern, die auf die Ostseite ragen.

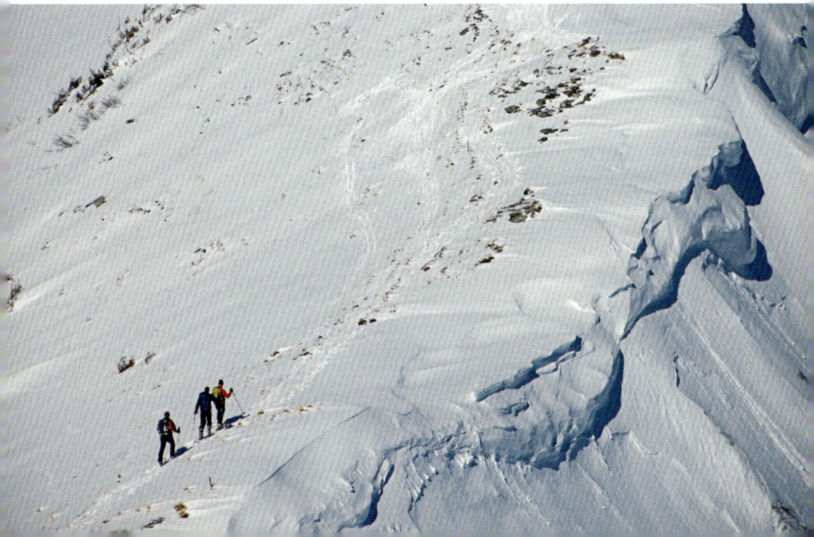

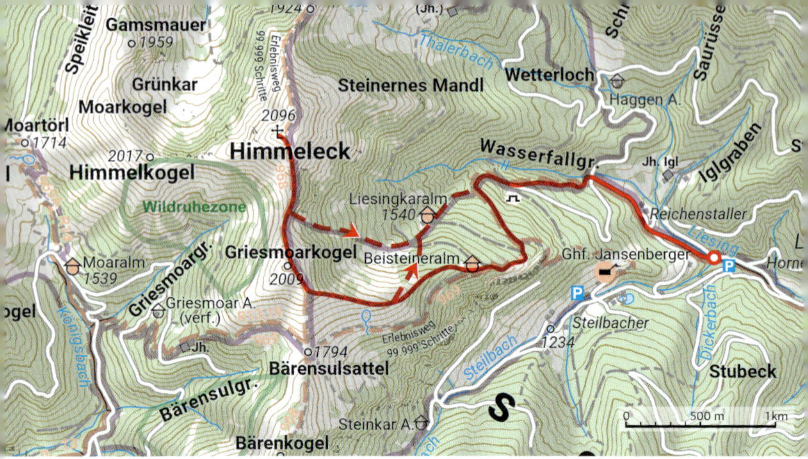

Aufstieg: Unmittelbar nach dem Parkplatz links über den Bach. Orografisch rechts der Liesing bis zu einer großen Wiese. Dort am Gehöft **Reichenstaller** vorbei und bei der nächsten **Forststraßenkreuzung** (ca. 1195 m; Ende der Wiese) links. Noch ca. 50 m weiter auf der Straße, dann rechts (westlich) in den Wald. Der Markierung folgend zum Beginn einer Schlagfläche. Diese

Kurvenschritt – auf der Beisteineralm.

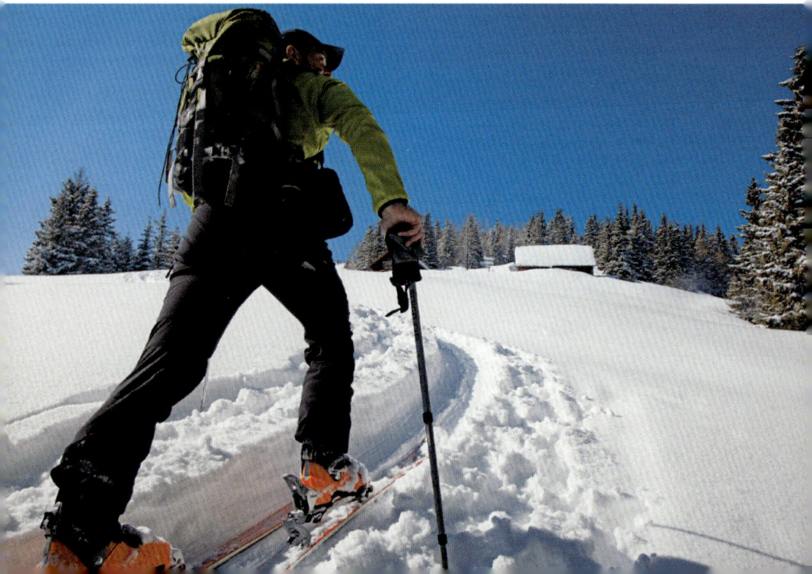

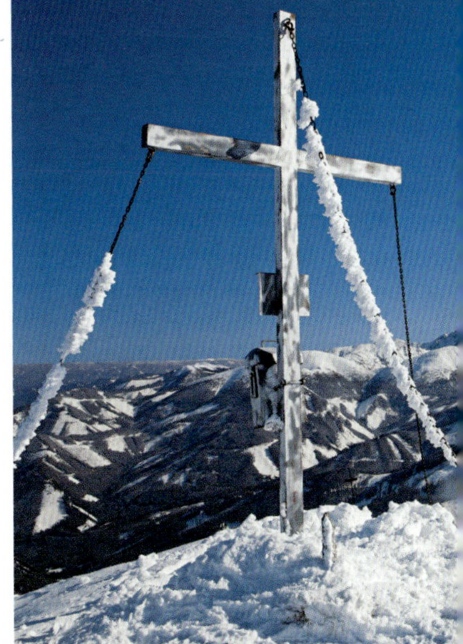

Strahlend blau – Himmeleck-Gipfelkreuz und Seckauer Tauern.

überqueren und gegenüber (Sommermarkierung beachten!) wieder in den Wald (ca. 1285 m; dort mehrere Verbotstafeln). Nach Westen aufwärts, unter einem Steinbruch vorbei und dessen Zufahrtsstraße geradeaus überqueren, sodass man einen Ziehweg erreicht. Auf diesem in gleicher Richtung bergauf, später in einem weiten Linksbogen um das **Steinbruchgelände** herum (in der Kurve münden auf ca. 1410 m die beiden Abfahrtsvarianten über die Liesingkaralm ein). Am oberen Ende des Steinbruches entlang der Markierung nach Südosten aufwärtsqueren (unterhalb stehen Warntafeln »Bergbaugebiet«).

Auf ca. 1510 m (Schilder »Beisteineralm«, »Europaschutzgebiet«) trifft man auf die Markierung, die direkt vom ehemaligen Gasthof Jansenberger heraufführt. Nun in einem Bogen nach Südwesten auf eine Wiese und über diese hinauf auf einen Rücken. Durch ein kleines Waldstück auf die **Beisteineralm** (ca. 1630 m). Zwischen den Hütten hindurch, dahinter gerade aufwärts in den Wald. Ab hier immer am Ostrücken bergauf, zuletzt rund 100 Hm steil zum Gipfel des **Griesmoarkogels** (so weit wie möglich am Rücken bleiben, nicht zu weit in die Hänge auf beiden Seiten queren!). Vom Griesmoarkogel ca. 80 Hm nach Nordnordwest abfahren in einen **Sattel** und über den Südrücken aufs **Himmeleck**.

Die sicherste **Abfahrt** folgt dem Aufstiegsweg (d. h. inklusive Gegenanstieg auf den Griesmoarkogel).

Lohnendere Abfahrten bei sicheren (!) Verhältnissen: Vom Sattel zwischen Himmeleck und Griesmoarkogel nach Osten zur **Liesingkaralm**. Oder vom Griesmoarkogel-Ostrücken auf ca. 1760 m (bei den ersten Bäumen) nach Norden über lichte Waldhänge zur Liesingkaralm (nicht zu weit links halten!). Von der Liesingkaralm kurz (100–200 m) östlich über einen Graben queren. Von dort nach Nordosten abfahren – am besten dort, wo der Wald am lichtesten ist. So erreicht man den Aufstiegs-Ziehweg in der Kurve, die den **Steinbruch** umrundet (ca. 1410 m).

Weitere Abfahrt wie Aufstieg.

↗ 700 m | ↘ 700 m | 10,4 km

4 Triebenfeldkogel, 1884 m

2.30 h

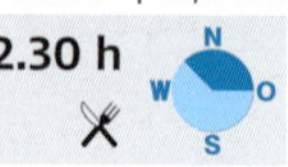

Sympathisches Hochwinterziel

Der Triebenfeldkogel ist eines der stilleren Ziele im Triebental. Der moderate Höhenunterschied und das einfache, nirgends wirklich steile Gelände machen ihn zum idealen Berg für Skitouren-Einsteiger – oder für alle, die es einfach einmal gemächlicher angehen wollen. Was überrascht: Obwohl der Triebenfeldkogel nicht sonderlich hoch ist, verläuft die Hälfte der Tour im baumfreien Gelände. Die Aussicht vom Gipfel ist unerwartet umfangreich.

Talort: Trieben (709 m).
Ausgangspunkt: Bergerhube im hintersten Triebental (1198 m). Von Trieben ca. 6 km Richtung Hohentauern (Triebener Tauern), bis beim Gasthof Brodjäger links die Straße ins Triebental abzweigt. Von dort knapp 7,5 km zur Bergerhube.
Aufstiegszeiten: Bergerhube – Moaralm 1¼ Std., Moaralm – Triebenfeldkogel 1¼ Std.
Anforderungen: Technisch weitgehend einfache Skitour.
Hangrichtung: Südwest bis Nordwest. Ab Moartörl Ost.
Lawinengefährdung: Bei vernünftiger Spuranlage im Allgemeinen recht gering.
Günstige Zeit: Hochwinter.
Einkehr: Bergerhube am Ausgangspunkt, Tel. +43/3618/382, www.bergerhube.at; Gasthof Braun im vorderen Triebental, Tel. +43/3618/269, www.gasthofbraun.at.
Hinweis: Der früher ebenfalls übliche Anstieg von Süden über den Brandnerkogel sollte aus Rücksicht auf Wald und Wild nicht mehr begangen werden!

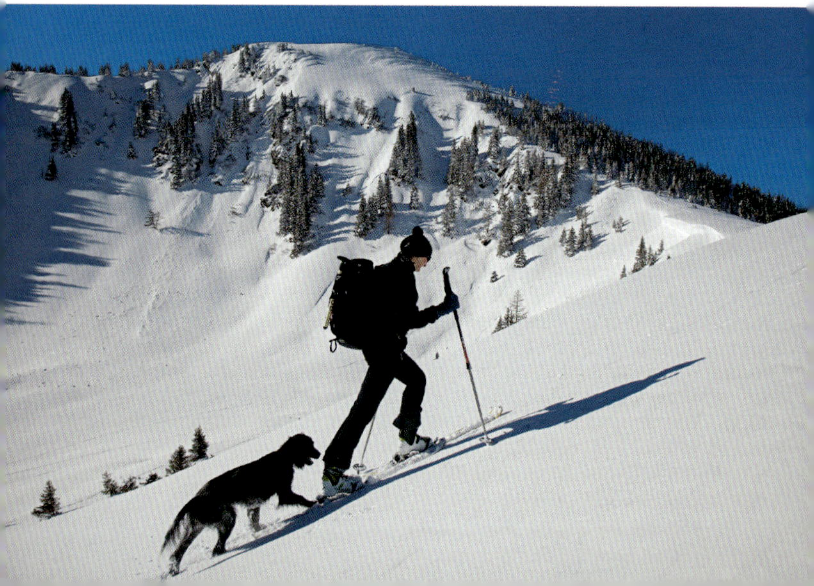

Rechts: Große Aussicht von der kleinen Gipfelkuppe.
Links: Gleichschritt – Hund und Frauerl perfekt synchronisiert. Hinten der Triebenfeldkogel, der über den breiten Rücken von rechts erstiegen wird.

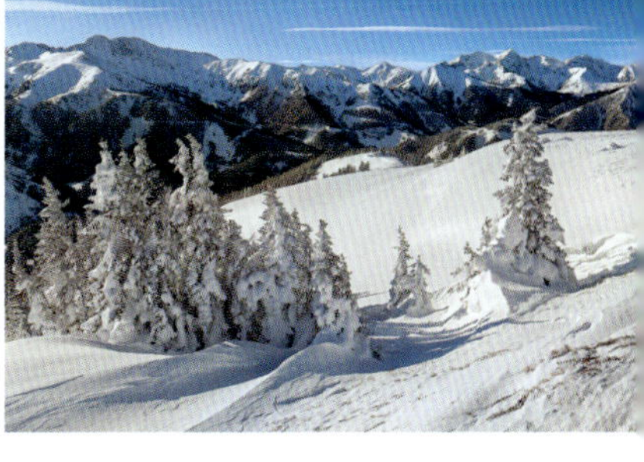

Aufstieg: Von der **Bergerhube**, dem Schild »Moaralm« am Parkplatz folgend, flach nach Südosten über die Wiese, vorbei an der Griesmoarhube. Entlang des Baches auf einem Ziehweg sanft aufwärts. Bei der ersten Kreuzung im Linksbogen nach Norden umschwenken. Bei der nächsten Forststraßenkreuzung geradeaus (rechts geht's zum Kerschkern). Weiter auf der Straße nach Norden. Bei der nächsten Kreuzung (1320 m; kleine Freifläche) geradeaus weiter auf einen Ziehweg (man kann auch rechts der Straße weiter folgen). Auf einer Freifläche geradeaus weiter (immer sanft steigend, der Königsbach bleibt links), bis man oberhalb wieder auf die Straße trifft. Auf ihr im Linksbogen weiter, später gerade nach Norden. Die Forststraße überquert den Bach, der aus dem **Bärensulgraben** kommt (östlich davon Wildschutzgebiet!). Vorbei an einem Kraftwerk und weiter auf der Straße über den Bach, der aus dem Griesmoargraben kommt. Wo sich die Straße wieder vom Königsbach entfernt (Rechtskurve), geradeaus (nordwestlich) weiter auf einen schmalen Ziehweg. Auf diesem bis zur **Moaralm** (1539 m), wo man wieder auf die Straße trifft. Von der Alm immer östlich des Baches nach Norden bis unter das Moartörl. Hier meist nicht direkt in dieses, sondern besser in einer Rechtsschleife auf den Hang östlich davon und dann nach links (nördlich) ins **Moartörl** (1714 m) queren. Vom Törl über die Ostflanke durch lichten Hochwald auf den **Gipfel** (nicht zu nahe an die Südostabstürze kommen!).

Abfahrt wie Aufstieg, evtl. kurz vor Erreichen des Moartörls (bei den letzten Bäumen vor dem Törl) direkt südlich auf einem eingelagerten Rücken steil hinunter (Vorsicht!).

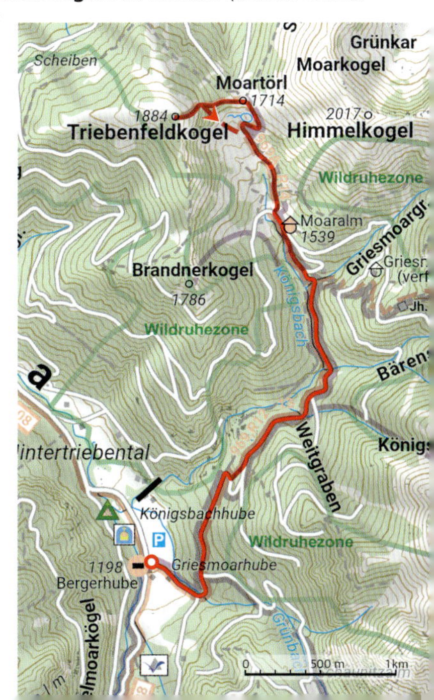

↗ 960 m | ↘ 960 m | 10,4 km

5 Triebenkogel, 2055 m

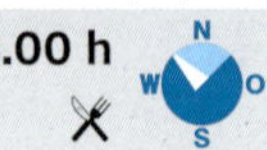

Triebental-Klassiker mit Start beim Gasthof Braun

Geheimtipp ist der Triebenkogel keiner mehr. Das mag am landschaftlich reizvollen Aufstieg, am umfassenden Gipfelpanorama oder an der schönen Abfahrt liegen. Bei all diesen Vorzügen lässt es sich verschmerzen, dass man sich den Triebenkogel im Normalfall mit etlichen Tourengehern »teilen« muss.

Talort: Trieben (709 m).
Ausgangspunkt: Gasthof Braun im Triebental (ca. 1100 m). Von Trieben ca. 6 km Richtung Hohentauern (Triebener Tauern), bis beim Gasthof Brodjäger links die Straße ins Triebental abzweigt. Von dort sind es noch 2,5 km zum Gasthof Braun.
Aufstiegszeiten: Gasthof Braun – Kälberhütte 1¼ Std., Kälberhütte – Triebenkogel 1¾ Std.
Anforderungen: Technisch einfache bis mittelschwere Skitour, die allerdings ein Grundmaß an Kondition erfordert, ebenso lawinenkundliches Beurteilungsvermögen für die Gipfelhänge.
Hangrichtung: Nordwest bis Nordost.
Lawinengefährdung: Bei vernünftiger Spuranlage im Allgemeinen moderat. Vorsicht aber vor allem auf den Gipfelhängen!
Günstige Zeit: Hochwinter.
Einkehr: Gasthof Braun, Tel. +43/3618/269, www.gasthofbraun.at.
Hinweis: Der früher ebenfalls übliche Anstieg über den Nordostrücken (Tanneck) soll aus Wald- und Wildschutzgründen gemieden werden!

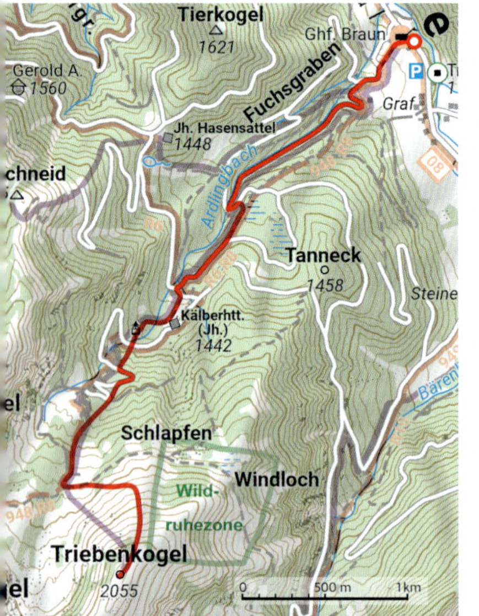

Aufstieg: Vom **Gasthof Braun** südwestlich über die Wiese bis zu einer Straße. Über diese zum Waldrand. Auf der orografisch rechten Seite des **Ardlingbaches** geht man auf einer Forststraße entlang des Baches ins Tal hinein (eine Kehre zu Beginn kann abgekürzt werden). Auf ca. 1310 m (links Jägerstand, rechts Metallkasten zur Restwassermessung) nach links im spitzen Winkel auf eine Forststraße. Auf ihr ca. 200 m nach Nordosten und im Rechtsbogen um einen Bergrücken herum. Gleich hinter diesem trifft man auf den **markierten Sommerweg**, der die Straße quert (gelber Wegweiser). Hier nach rechts auf den Sommerweg abbiegen und auf einem Ziehweg nach Südwesten, bis man beim

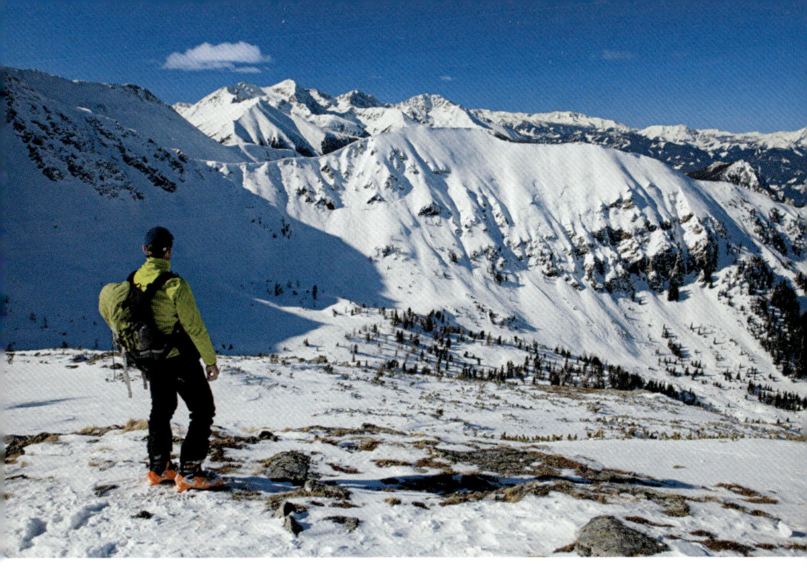

Schaugenuss – Blick vom Triebenkogel-Gipfel auf den Kreuzkogel (Bildmitte). Hinten Bösensteingruppe (links), Warscheneck (rechts der Mitte) und Bosruck (rechts).

Wegweiser »Gasthof Braun« wieder die Straße erreicht. Auf ihr weiter nach Südwesten (kurz leicht fallend), später eine Straßenschleife abkürzend, immer entlang der Markierung zu einer großen Wiese. Diese nach Südwesten überqueren, vorbei an der **Kälberhütte** (1442 m), und am Ende der Wiese wieder in den Wald.

Nun über etwas steilere Hänge südwestlich durch Wald bzw. über Schlagflächen bergauf. Dabei werden mehrere Forststraßenkehren gequert. Auf ca. 1630 m wird das Gelände flacher und man erreicht eine große Wiese. Hier die Straße verlassen und über steilere Hänge südlich auf den Triebenkogel zugehen. Im Idealfall gelingt dies so, dass man nach Durchqueren eines lichten Waldes dort wieder baumfreies Gelände erreicht, wo dieses am weitesten in den Wald hinunterreicht. Durch diese unbewaldete »Zunge« weiter nach Süden bergauf (an ihrem westlichen Rand noch Sommermarkierung auf den Bäumen sichtbar), bis die Hänge zum Triebenkogel hin noch steiler werden.

Hier, auf ca. 1770 m, nach Osten in die Triebenkogel-**Nordflanke** queren. Die Nordflanke weiter empor, dabei am besten etwas nach links (Südosten) ausweichen, wo sie weniger steil ist. So wird auf ca. 2000 m der **Nordostrücken** erreicht (unterhalb der Wildschutzzone). Auf dem oft abgeblasenen Rücken über mehrere kleine Erhebungen zum **Triebenkogel-Gipfel**.

Abfahrt wie Aufstieg.

↗ 850 m | ↘ 850 m | 10 km

6 Krugkoppe, 2042 m

3.00 h

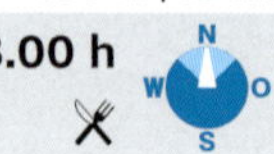

Paradiesische Zustände

Die Krugkoppe ist jene Erhebung westlich des Krugtörls, die in vielen Karten nur mit Höhenangabe versehen, nicht aber benannt ist. Von der Bergerhube im hintersten Triebental führt eine gutmütige Skitour durchs sogenannte »Paradies« auf ihren Gipfel. Und dieses Kar heißt nicht umsonst so …

Talort: Trieben (709 m).
Ausgangspunkt: Bergerhube (1198 m), siehe Tour 4.
Aufstiegszeiten: Bergerhube – Mödringhütte 1 Std., Mödringhütte – Krugkoppe 2 Std.
Anforderungen: Technisch weitgehend einfache Skitour.

Hangrichtung: Nordwest bis Nordost.
Lawinengefährdung: Bei vernünftiger Spuranlage im Allgemeinen nicht besonders hoch.
Günstige Zeit: Hochwinter – zeitiges Frühjahr.
Einkehr: Siehe Tour 4.
Hinweis: Der Gipfelanstieg von Osten (vom Krugtörl, ebenfalls erreichbar vom »Paradies«) ist bei Weitem nicht so empfehlenswert wie der hier vorgestellte über die »Pumucklscharte«!

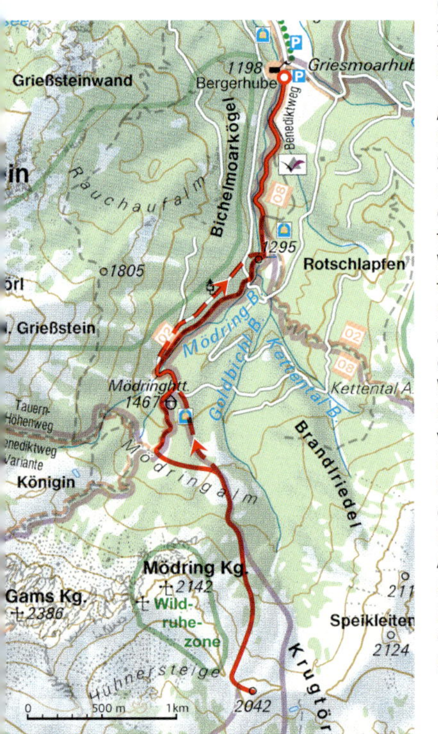

Aufstieg: Von der **Bergerhube** entlang der Sommermarkierung nach Süden ins Tal hinein (in Aufstiegsrichtung immer links vom Bach). Bei einer Weggabelung rechts (Richtung Gamskögel; links zweigt der Weg zum Kettentörl ab). Wenig später über eine Brücke auf die rechte Bachseite (im Aufstiegssinn) und am unteren Ende einer freien Fläche entlang. Dann wieder kurz durch Wald, bis man auf die nächste freie Fläche kommt (rechts oberhalb verläuft eine Straße). Dort weiter in Richtung der markanten Gamskögel, bis die erwähnte Straße dort erreicht wird, wo sie den **Mödringbach** überquert.
Auf ihr kurz nach links (Osten), bis man bei zwei rot-weiß-roten Holzpfeilen die Straße nach rechts (Süden) verlässt. Einige wenige Bäume passierend erreicht man bald die

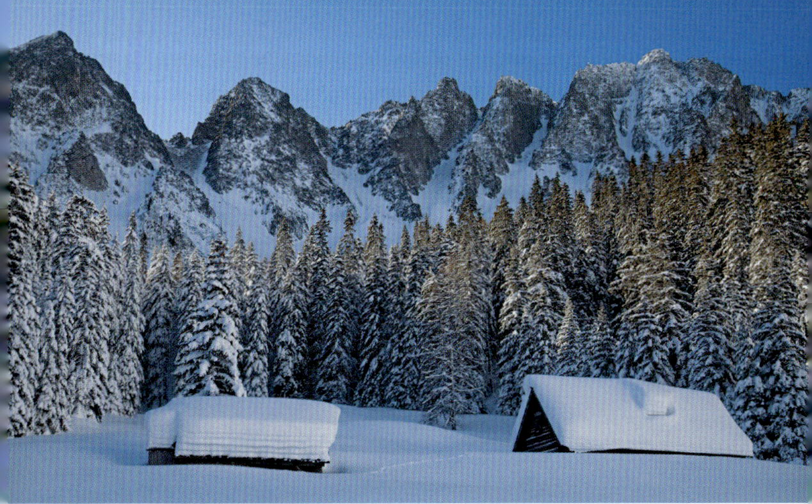

Schattendasein – die Mödringhütten ducken sich unter den Gamskögeln.

Wiese mit den **Mödringhütten** (1467 m). An den Hütten vorbei zum linken, oberen (südöstlichen) Wiesenende.
Nun sich leicht links haltend (südöstlich) aufwärts durch den Wald zur nächsten freien Fläche, die man idealerweise an ihrem nordöstlichen Eck erreicht. Dort ziemlich scharf abbiegen und wenig steigend nach Südosten durch den Wald queren. Man gelangt auf ca. 1560 m zu einem Graben (im oberen Teil unbewaldet), der vom Mödringkogel nach Norden zieht. Diesen überqueren und über einen steileren Hang östlich hinauf auf einen freien, breiten Rücken. Kurz flach auf den Mödringkogel zugehen, dann über einen weiteren etwas steileren Hang. Anschließend immer östlich am Mödringkogel vorbei (nur sanft ansteigend, nicht zu hoch halten!) in das Kar **»Im Paradies«**. In dieses südlich hinein bis vor die Krugkoppe-Nordflanke. Nun wieder steiler in die sogenannte **»Pumucklscharte«** (nordwestlich der Krugkoppe, ca. 1980 m) aufsteigen. Von dort steil nach Südosten auf die **Krugkoppe**.
Abfahrt: Im Wesentlichen wie Aufstieg. Nördlich des Mödringkogels ist es allerdings meist lohnender, den beim Aufstieg erwähnten Graben ab ca. 1560 m gerade nach Norden hinunterzufahren (zuerst freies Gelände, dann lichter Wald). Man gelangt auf eine Freifläche. An ihrem linken (westlichen) Rand hinunter (den Jungwald rechts nicht befahren!) zu einer Forststraße, auf der man nach links (Westen) bald wieder die Aufstiegsroute kurz unterhalb der **Mödringhütte** erreicht. Ab hier entweder **Abfahrt** wie Aufstieg. Oder auf der Straße noch ein Stück weiter nach Norden, bis man nach Osten über lichten Wald zur Aufstiegsroute abfahren kann.

↗ 980 m | ↘ 980 m | 14,3 km

7 Schüttnerkogel, 2170 m

3.30 h

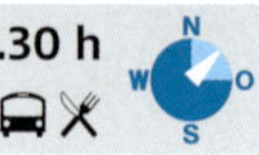

Aussichtsreiche Genusstour mit einsamer Abfahrt

Oftmals nur als Ausweichziel des Bruderkogels angeführt, ist der Schüttnerkogel ein ehrenwerter Geheimtipp. Der Aufstieg im weitläufigen Gelände präsentiert sich gutmütig und die steile Abfahrt ins Gamskar als Leckerbissen. Eine großartige Rundtour mit eindrucksvollem Gipfelpanorama.

Talort: St. Johann am Tauern (1056 m).
Ausgangspunkt: Parkplatz am Beginn der Abzweigung ins Pölsental (ca. 1250 m). Von Trieben (A 9) oder Judenburg (S 36) auf der Triebener Straße (B 114) bis zur Abzweigung ins obere Pölsental, ca. 3,5 km südlich von Hohentauern und ca. 6,5 km nördlich von St. Johann am Tauern (ca. 500 m südlich vom Gasthof Draxlerhaus). Der Forststraße ca. 60 m folgen und bei Erreichen des Waldes rechts zum Parkplatz.
Öffentlich: Mit dem Bus von Judenburg bzw. Thalheim-Pöls oder von Selzthal Bahnhof via Trieben bis zur Haltestelle Pölsen Kainz. Von dort direkt entlang der Straße nach Nordwesten zum Fh. Pölsen und damit zur Route.

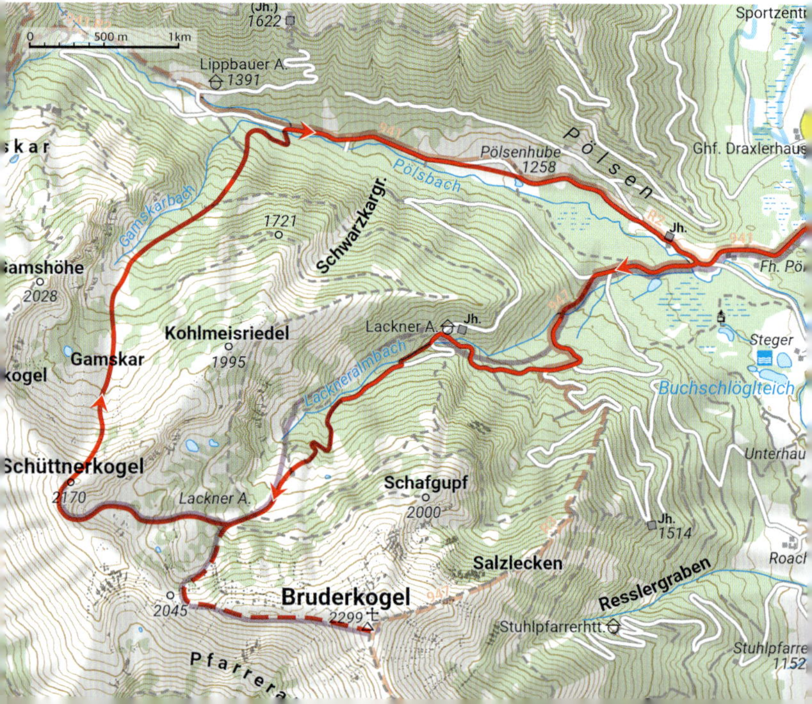

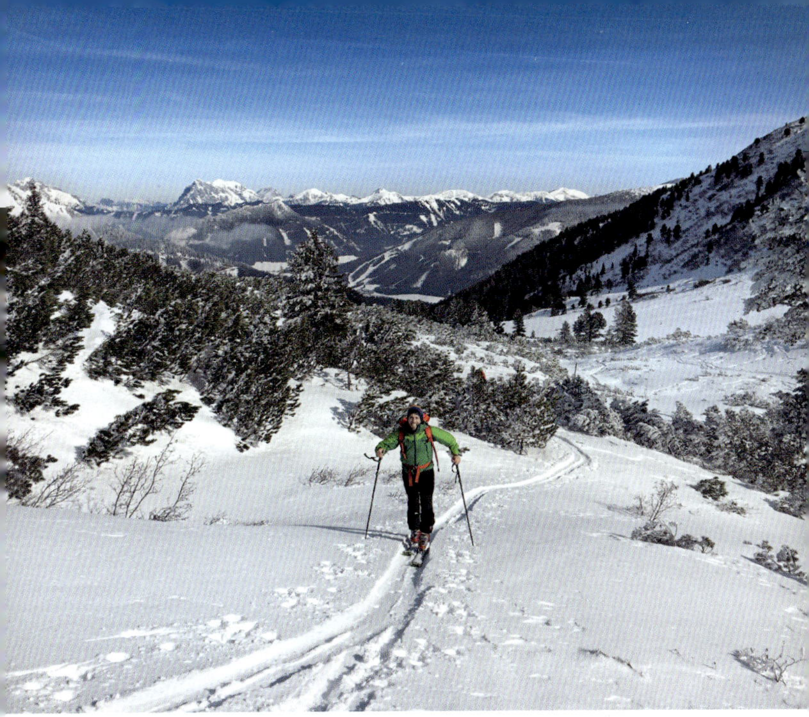

Winterliche Genusstour – auf den flachen Böden der Lackneralm.

Aufstiegszeiten: Parkplatz – Lackneralmhütte 1½ Std., Lackneralmhütte – Schüttnerkogel 2 Std.
Anforderungen: Weitgehend einfache Tour, die aufgrund der Länge jedoch eine gute Kondition verlangt. Für den kurzen Gipfelhang ist eine sichere Spitzkehrentechnik notwendig. Gute Orientierung und eine bewusste Geländewahl ist für die Abfahrt ins Gamskar erforderlich.
Hangrichtung: Nord bis Ost.
Lawinengefährdung: Im Allgemeinen und bei bedachter Geländenutzung bei der Abfahrt mäßig. Vorsicht beim Aufstieg im Einzugsbereich der steilen Westhänge zwischen der unteren und der oberen Lackneralm, am steilen Gipfelhang und bei der Abfahrt ins Gamskar, diese sind kritisch zu beurteilen. Bei der Einfahrt ins Gamskar sind die Wechten zu beachten.
Günstige Zeit: Frühjahr.
Einkehr: Unterwegs keine. Ca. 500 m vom Ausgangspunkt entfernt Gasthof Draxlerhaus, Tel. +43/676/9570424, www.draxlerhaus.at.
Varianten: Bruderkogel (2299 m): Im Anstieg von der oberen Lackneralm auf ca. 1900 m in südlicher Richtung zum Westkamm und weiter zum Gipfel. Die Abfahrt erfolgt entlang des Aufstiegsweges oder bei entsprechenden Bedingungen über die Nordwestflanke zur oberen Lackneralm.
Die Abfahrt vom Schüttnerkogel entlang des Aufstiegsweges ist weniger lohnend.

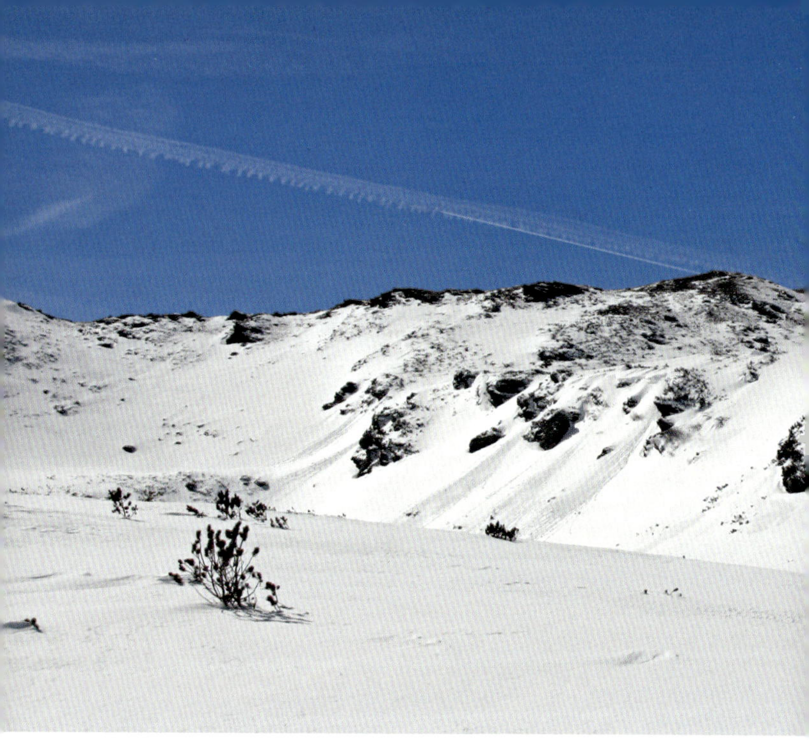

Auf der oberen Lackneralm ist der Gipfelkamm bereits in Reichweite.

Aufstieg: Der Forststraße taleinwärts entlang und leicht bergab bis zu einem Forsthaus. Daran vorbei und bei der nächsten Kreuzung nach rechts zu einer weiteren Straße, die nach ca. 150 m links abzweigt. Dieser über eine Brücke, den Pölsenbach überquerend, folgen. Bei der nächsten Abzweigung sich links haltend entlang der Forststraße und nach ca. 180 m weiter bergauf, orografisch links des Baches bleibend. Nach weiteren ca. 80 m links der Markierung folgen und über den Bach auf die dort beginnende Forststraße. Dieser in einem weiten Bogen folgend, sich stets rechts haltend, zuletzt abermals den Bach überquerend in einem Linksbogen über die Straße zur **unteren Lackneralm**. Ca. 100 Meter nach der Alm wechseln wir wieder die Bachseite. Nach der Brücke entweder direkt nach rechts dem Bachverlauf aufwärts folgen oder bei geringer Schneelage über die Forststraße aufwärts. Ab ca. 1600 m halten wir uns links entlang des ersten Grabens und überqueren diesen jäh nach rechts. Diesem Rücken folgen wir nach Süden auf die Böden der **oberen Lackneralm**. In einem

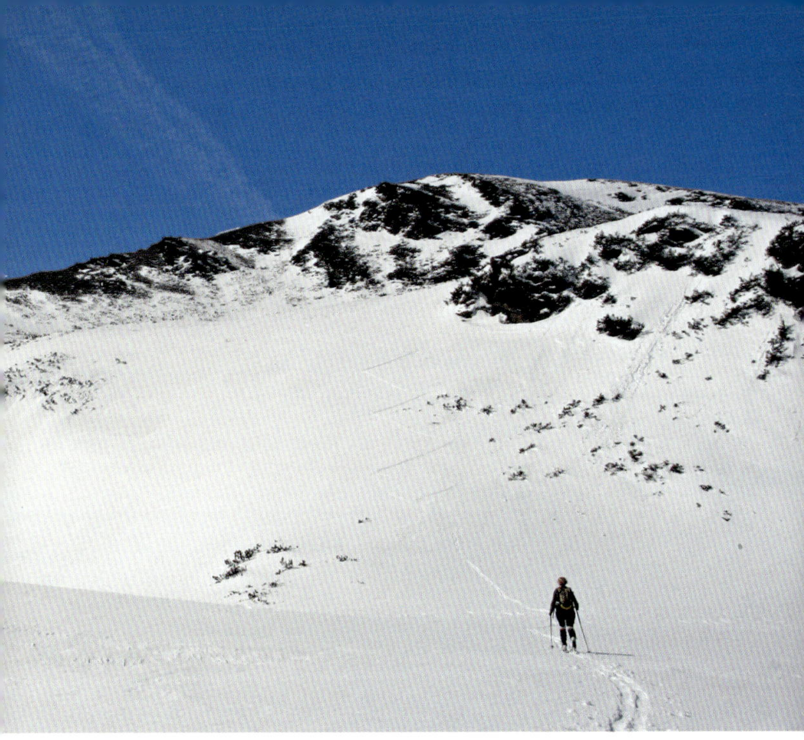

weiten Bogen nach rechts über zwei kurze Steilstufen in das Kar unterhalb des Gipfels. Von dort auf der linken Seite des Kessels über den steilen Gipfelhang und am Kamm nach rechts auf den **höchsten Punkt**.

Abfahrt: Vom meist abgeblasenen Gipfel wenige Meter zu Fuß nach Norden, bis in das Gamskar eingesehen werden kann. Bei der Einfahrt (Wechten!) sich rechts am Rand halten und links an den Blöcken vorbei, hinab bis zu einer sanften Kante. Dort stets dem Verlauf eines sanft ausgeprägten Rückens folgen und gleichmäßig ins **Gamskar**. Im Bereich des Grabens weiter in nördlicher Richtung und vor Erreichen des Gamskarbaches und des Einflussbereichs der steilen Ostflanken auf ca. 1740 m sich rechts halten. Zuerst etwas steiler und dann wieder sanft bergab nach rechts zwei Gräben überqueren. Stets östlich des letzten Grabens bergab und im unteren Teil durch den Wald etwas steiler, bis ein Karrenweg erreicht wird. Diesen überqueren und wieder sanfter auf einen weiteren Weg, der direkt auf die Forststraße führt. Von dort mit kräftigem Stockeinsatz fast eben und zuletzt leicht bergan zurück zum **Ausgangspunkt**.

↗ 1520 m | ↘ 1520 m | 16,4 km

8 Hochhaide, 2363 m

5.00 h

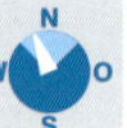

Panoramatour auf den Rottenmanner Hausberg

Wer eine durchgehende Schneedecke vom Parkplatz bis zum Gipfelkreuz erwischt, hat gut geplant und wird mit einem perfekten Skitag belohnt. Denn dann kann man den langen Zustieg über die Straße geschmeidig hinunter wedeln. Die fantastischen Rinnen des Nordwestkars locken aber auch noch später im Frühjahr und stellen eine ausgezeichnete Wahl für konditionsstarke Skitourengeher dar, die sich nicht davor scheuen die vielen Straßenkilometer mit den Skiern am Rücken zurückzulegen.

Talort: Rottenmann (681 m).
Ausgangspunkt: Parkplatz Stadtwaldlift (ca. 840 m). Von der A 9 (Pyhrnautobahn), Abfahrt Rottenmann, den Schildern Richtung Rottenmann (LKH) folgen, nach ca. 1,6 km nach rechts in die Burgtorsiedlung abbiegen. Die zweite Straße nach links führt zuerst leicht,

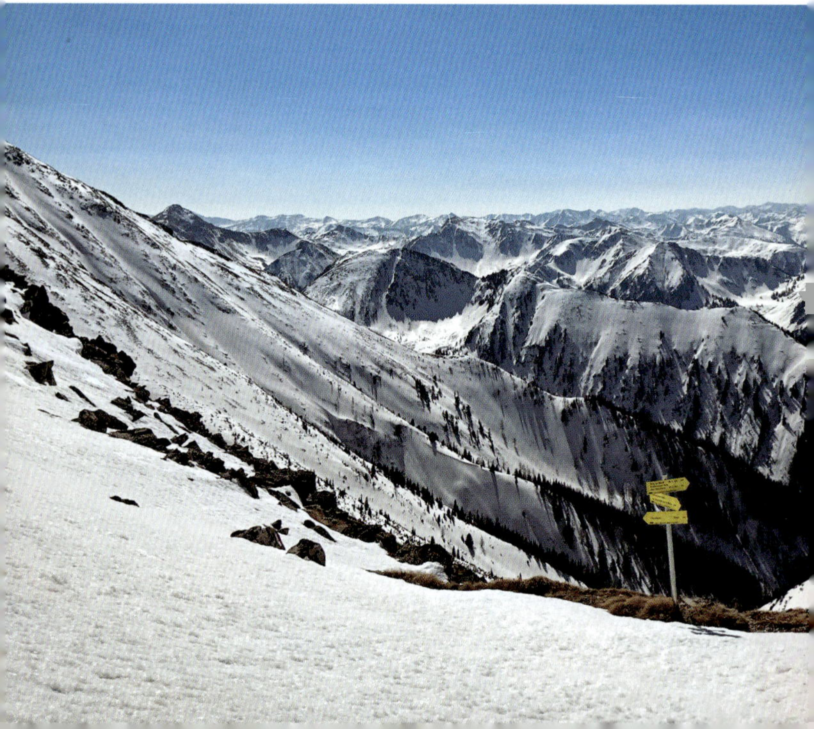

dann steiler bergauf durch die Burgtorsiedlung. Am oberen Ende nach links am Wald entlang, bis man rechts, Richtung Stadtwaldlift, abbiegen kann. Links am Lifthäuschen vorbei und der Piste entlang aufwärts bis zum Parkplatz bei der Schranke.
Aufstiegszeiten: Parkplatz – Singsdorfer Alm 2¾ Std., Singsdorfer Alm – Bachsprengscharte 1¾ Std., Bachsprengscharte – Hochhaide ½ Std.
Anforderungen: Eine Tour für ausdauernde Skitourengeher. Der Gipfelaufbau muss zu Fuß bewältigt werden. Eine kurze Passage über einen Aufschwung und Platten ist seilversichert. Bei Vereisung im Hochwinter evtl. Steigeisen.
Hangrichtung: Bis zum Verlassen der Forststraße allgemein im Nordsektor. Bis zur Singsdorfer Alm Nordost, bis zur Bachsprengscharte und Gipfel Nordwest.
Lawinengefährdung: Im Kar oberhalb der Singsdorfer Alm sowohl in der linken, als auch rechten Rinne. Vor allem aus den extrem steilen Nordostflanken vom Moserspitz können sich Lawinen bis auf die Aufstiegsroute entladen!
Günstige Zeit: Hochwinter bis Frühjahr.
Einkehr: Unterwegs keine. Gasthäuser in Rottenmann.
Hinweis: Ab dort, wo man die Forststraße beim Wegweiser verlässt, markieren rotweiß-rote Schilder die Skiroute bis zur Singsdorfer Alm. Dieser Route folgend, umgeht man Wildfütterungszonen.

In der Bachsprengscharte liegen einem die Wölzer Tauern sprichwörtlich zu Füßen.

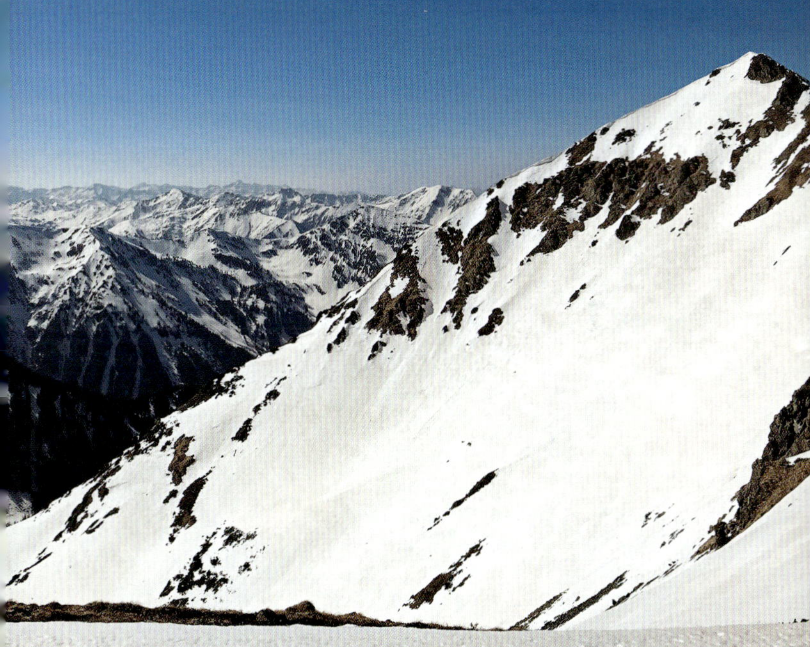

Aufstieg: Vom Parkplatz beim kleinen Stadtwaldlift im Wesentlichen der Straße nach Süden aufwärts und oben über den Bach nach links folgen. Im Hochwinter und bei Schneeauflage wird der Weg mit einer Pistenraupe bis zur Rottenmanner Hütte planiert. Nach ca. 30 Min. kann bei der Weislhube über die Wiese abgekürzt werden. Auf ca. 1100 m passiert man mehrere private Berghütten rechts und links der Straße. Nach einem kleinen Sattel der rechten Straße aufwärts folgen. Auf der Höhe von ca. 1220 m verlässt man die Straße (Wegweiser Winterweg) nach links eben in den Wald hinein bis

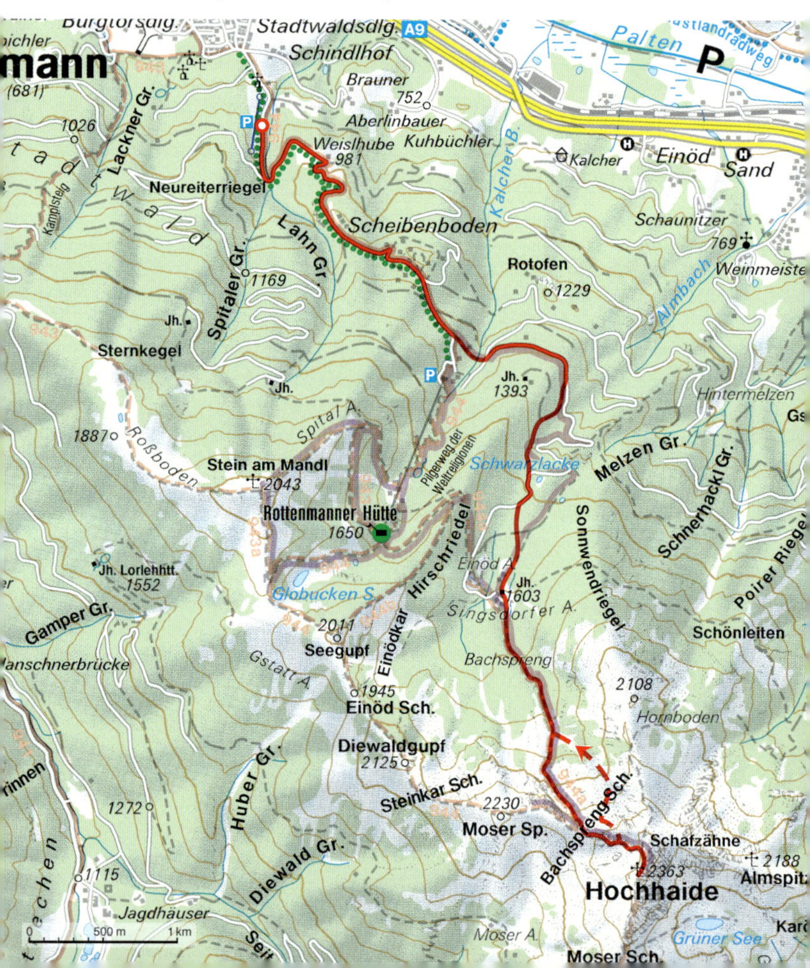

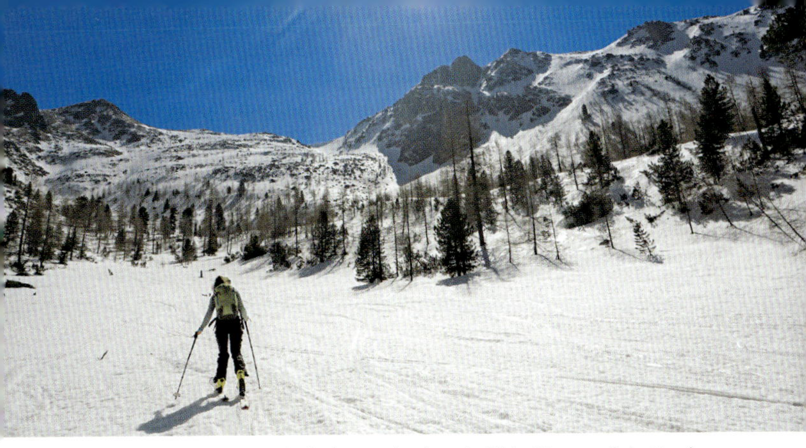

Traumhafter Frühlingstag unterhalb des Nordostkars. In Bildmitte, vom Schatten begrenzt, die Aufstiegsrinne.

zu einem Kraftwerkshäuschen am Kalcherbach. Über einen kleinen Steg auf die andere Seite des Bachs. Wenige Meter hinauf auf einen Fahrweg. Nach links und bei der Kehre der nach rechts und bergauf führenden Straße folgen und in östlicher Richtung um den Hirschriedel herum. Allmählich wird die Straße flacher, und bevor der nächste Bach überquert wird, zweigt auf der Höhe von ca. 1295 m ein Fußweg nach rechts hinauf in den Wald ab. Der Weg verläuft sehr direkt bergauf und nach einer Steilstufe wird ein Fahrweg erreicht. Diesem aufwärts folgen und bevor die Straße bergab führt, flach nach links in den lichten Wald der Markierung nach bis zur **Singsdorfer Alm** (1603 m). Den Almwiesen aufwärts Richtung Süden und dem deutlich sichtbaren Graben folgen. An dessen Ende öffnet sich das Gelände unterhalb des Nordwestkars. Aufgrund des grobblockigen Mittelteils des Kars bieten sich die linke (östliche) bzw. rechte (westliche) Begrenzungsrinne für Aufstieg bzw. Abfahrt an. Üblicherweise wird entlang der rechten, flacheren Rinne aufgestiegen, wobei genügend Abstand zu den steilen Wänden rechts gehalten und links der Rinne (im Sinne des Aufstiegs) gegangen werden sollte. Am Beginn muss eine kurze, steile Engstelle im Einflussbereich überwunden werden! Ab der **Bachsprengscharte** wieder flacher Richtung Osten und in einem Bogen nach Süden zum Skidepot in der Mulde zwischen Schafzähnen und Hochhaide. Eine leicht exponierte Passage ist mit einem Seil versichert. Die letzten Meter einfach auf den **Gipfel** (2363 m).

Abfahrt: Entweder entlang der Aufstiegsspur oder bei genügender Schneeauflage auf halber Strecke zwischen Skidepot und Bachsprengscharte nach rechts ins blockige Kar. Auf einer Höhe von 2020 m nach rechts in die östliche Rinne und auf den Karboden abfahren und weiter im Sinne des Aufstiegs zurück zum Parkplatz.

↗ 1140 m | ↘ 1060 m | 11,5 km

9 Seekoppe, 2150 m

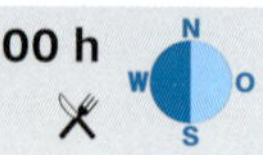

Genussvolle Überschreitung: zwei Seiten einer Medaille

Die Überschreitung der Seekoppe offenbart deren zwei Gesichter: Auf einen schattigen Aufstieg durchs Riednertal folgen legendäre, hindernislose Abfahrtshänge nach Süden. Sie erlauben bei Firn ein begeisterndes Schwingen! Nach dem Firnrausch kann auch der Wermutstropfen, dass Ausgangs- und Endpunkt unterschiedlich sind, den positiven Gesamteindruck der Tour nicht mehr trüben.

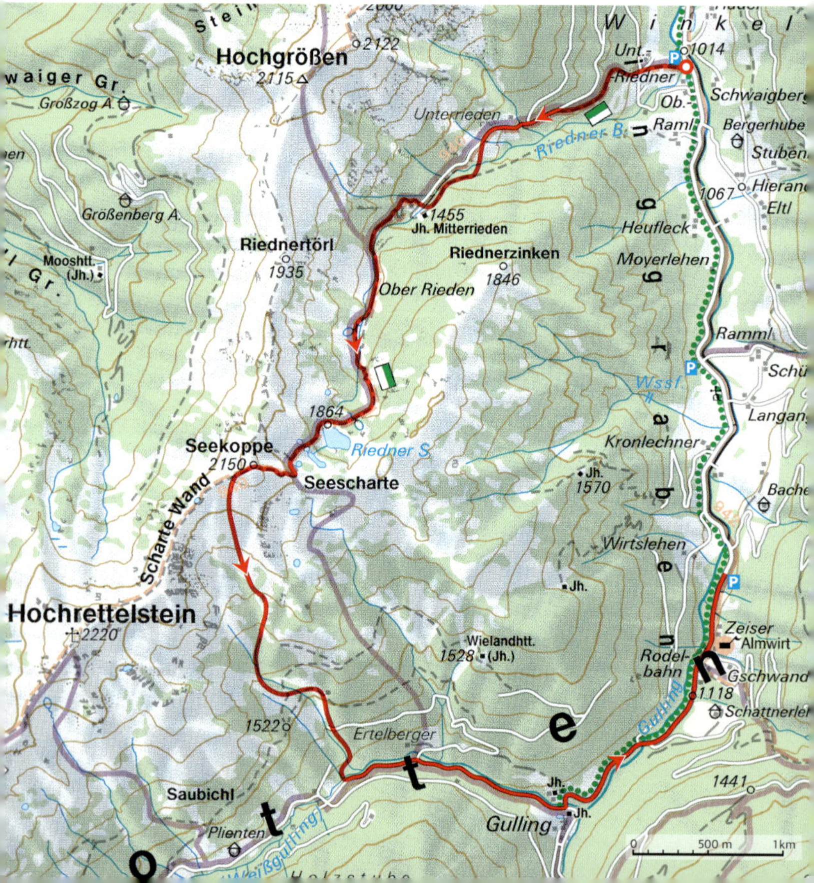

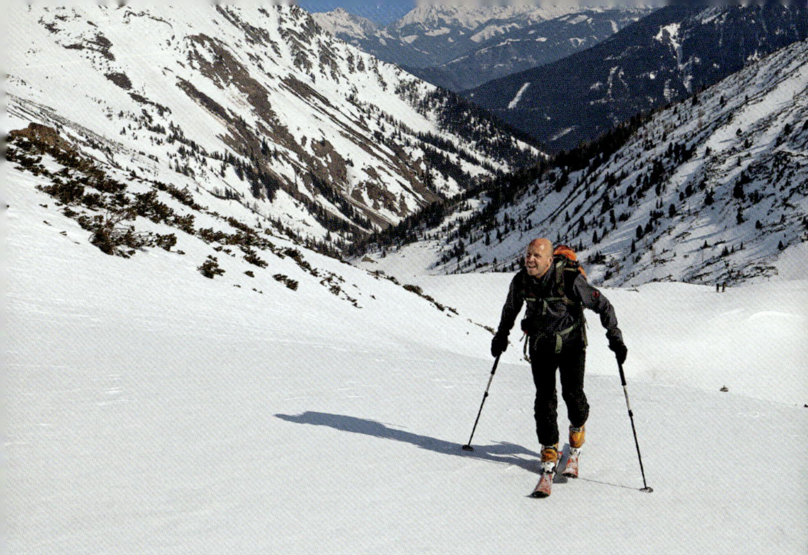

Die lawinengefährdete Querung unter dem Hochgrößen liegt hinter uns. Jetzt geht's Richtung Seekoppe-Gipfel.

Talort: Oppenberg (1006 m).
Ausgangspunkt: Parkplatz am Eingang ins Riednertal (ca. 1015 m). Von der A 9 (Pyhrnautobahn), Abfahrt Rottenmann, ca. 7 km nach Oppenberg. Dort durch den Ort und anfangs leicht bergab nach Süden ins Gullingtal hinein. Wo die Straße das erste Mal auf die westliche Bachseite wechselt, befindet sich unmittelbar nach einer Brücke auf der linken Straßenseite ein kleiner Parkplatz (3,4 km vom Kirchenwirt in Oppenberg; gegenüber gelbe Wegtafeln Richtung Seekoppe).
Aufstiegszeiten: Parkplatz – Mitterriedenhütte 1½ Std., Mitterriedenhütte – Riednersee 1½ Std., Riednersee – Seekoppe 1 Std.
Anforderungen: Sichere Skitechnik für Aufstieg und Abfahrt, rechtzeitiger Aufbruch für die Südabfahrt (firnt früh auf).
Hangrichtung: Aufstieg Nord bis Südost, Abfahrt vorwiegend Süd bis Südost.
Lawinengefährdung: Vor allem im Steilstück zum Riednersee, am Gipfelhang sowie auf der gesamten Südabfahrt. Für Letztere unbedingt Firnbedingungen nötig! Im Riednertal den Einzugsbereich aus den steilen Seitenhängen (vor allem zum Hochgrößen) mitberücksichtigen!
Günstige Zeit: Frühjahr. Ideal, wenn im Riednertal aus den Seitenhängen keine Gefahr droht und die Südabfahrt zumindest noch bis zum Jagdhaus Gulling möglich ist.
Einkehr: Almwirt (nahe Endpunkt, siehe Tour 10).
Variante: Abfahrt am Aufstiegsweg – weniger eindrucksvoll.
Hinweise: Am letzten Parkplatz Richtung Gulling (von Oppenberg kommend vor Fahrverbotstafel) ein zweites Auto abstellen. Sonst drohen mehrere Kilometer Fußmarsch zurück zum Ausgangspunkt!
Bitte die Wildschutz- und Parkregelungen zwischen Oppenberg und Gulling respektieren!

Aufstieg: Entlang der Markierung auf einem Ziehweg zwischen zwei Wiesen bergauf. Nach einer Straßenquerung zum oberen Wiesenende. Dort bei einer Abzweigung sich nach rechts oben halten (links Aufforstung!) und kurz danach nordwestlich in den Wald. Im Bogen auf einem Ziehweg (anfangs etwas verwachsen), später (ab ca. 1260 m) auf einer Straße ins Riednertal hinein bis zu einer Almwiese (Unterrieden). Diese überqueren und zur **Mitterriedenhütte** (Achtung auf die beiderseits steilen Seitenhänge, evtl. auf die südliche Bachseite ausweichen!).
Nun kurz etwas steiler entlang der Sommermarkierung durch Wald, dann die Südosthänge des Hochgrößens sanft ansteigend ins Tal hineinqueren. Auf ca. 1580 m über den Riednerbach und östlich von ihm in den Talschluss. Hier links von einer Steilstufe im freien Gelände steil bergan und nach rechts (Südwesten) hinaus zum **Riednersee** (1864 m) queren. Von dessen Westufer nach Südwesten auf den Ostkamm der Seekoppe. Über diesen (bzw. in die linke Flanke ausweichend) recht steil zum **Gipfel**.
Abfahrt: Kurz am Südwestrücken, dann immer südlich über freie, steile Hänge ins Südkar hinunter. Ab ca. 1600 m (dort, wo der Südanstieg zum Hochrettelstein nach Westen in ein Seitental abzweigt) sich auf den freien Flächen nach Südosten halten. Auf die orografisch linke Bachseite wechseln und über einen steilen Schlag nach unten. An einem Graben entlang, der zum **Plietenbach** (Weißgulling) führt. Diesen bei einem Kraftwerk überqueren (in der ÖK etwas nordöstlich der Brücke auf 1294 m). Auf der Forststraße talauswärts bis zum **Jagdhaus Gulling**. Kurz geradeaus weiter auf der Straße, dann links auf einer Fußgängerbrücke über den Bach und zur Zufahrtsstraße zum Jagdhaus Gulling. Auf dieser, meist die Ski tragend, talauswärts bis zum letzten **Tourengeher-Parkplatz** im Talschluss.

Rechts: Endspurt – auf den letzten Metern zum Seekoppe-Gipfel; hinten die Bösensteingruppe (Rottenmanner Tauern).
Unten: Butterfirn – traumhafte Firnhänge warten bei der Abfahrt von der Seekoppe nach Süden.

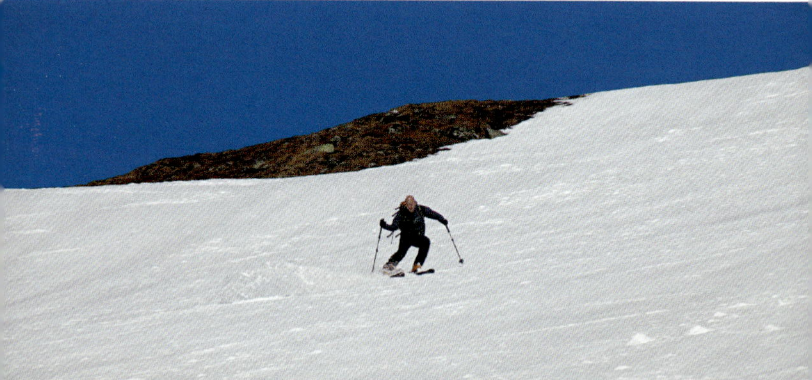

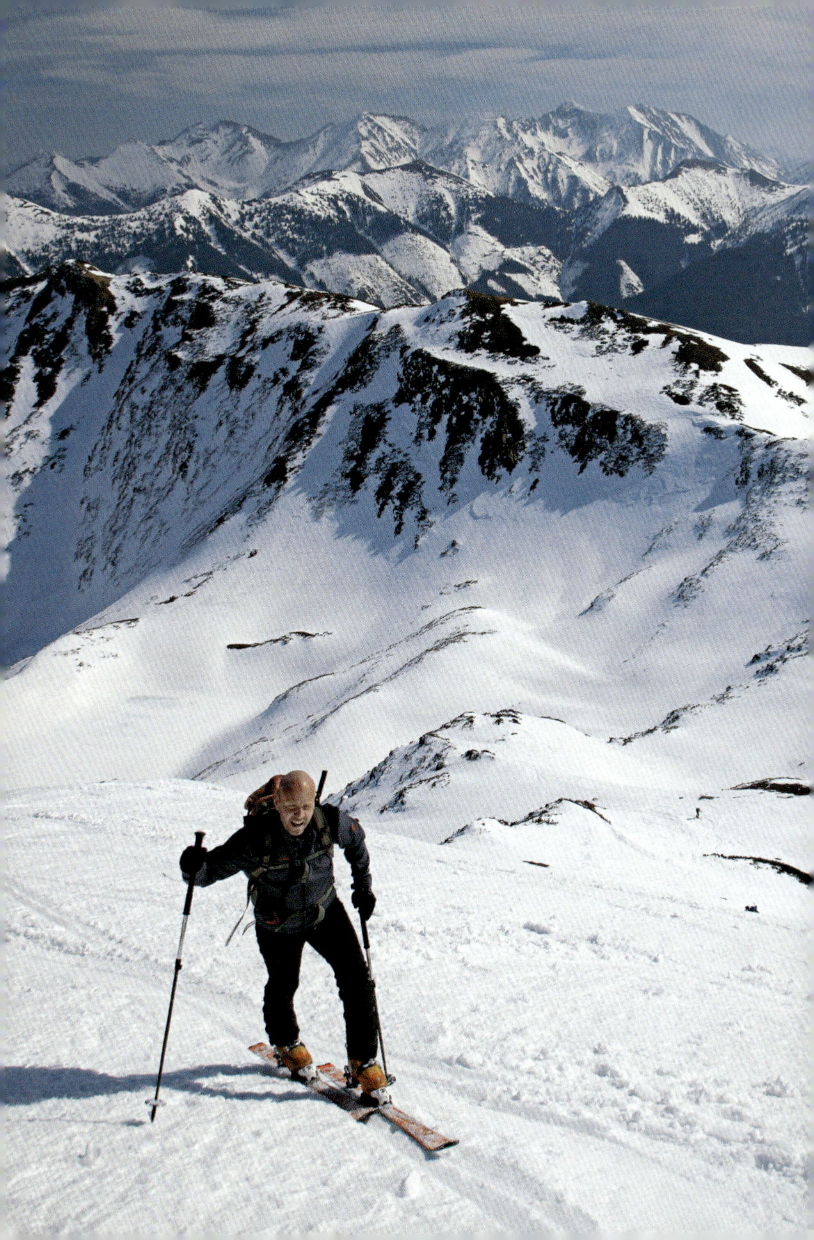

↗ 1440 m | ↘ 1440 m | 14,3 km

10 Hochschwung, 2196 m, und Schattnerzinken, 2156 m

5.00 h

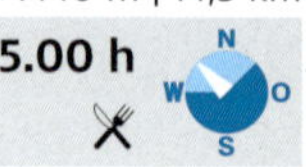

Gipfelduo mit Schwung

Für Einsteiger offenbart sich an den sanften Hängen des Paradeskibergs des Gullingtales eine gute Gelegenheit, um Höhenluft zu schnuppern. Will man die durchaus populäre Spur verlassen, lockt der Schattnerzinken mit Einsamkeit und einer ansprechenden Abfahrt ins Schattnerkar.

Talort: Oppenberg (1006 m).
Ausgangspunkt: Skitourengeherparkplatz (ca. 1100 m) im Gullingtal. Anfahrt nach Oppenberg siehe Tour 9, dann im Ortszentrum nach links weiter ins Gullingtal bis zum Skitourengeherparkplatz (ca. 7 km – Beginn Fahrverbot).
Aufstiegszeiten: Parkplatz – Almwirt ¼ Std., Almwirt – Hochschwung 3½ Std., Hochschwung – Schattnerzinken – 1¼ Std.
Höhenunterschied: 1120 Hm bis zum Hochschwung, bis zum Schattnerzinken 320 Hm zusätzlich, variiert je nach abgefahrenen Höhenmetern.
Anforderungen: Die Tour auf den Hochschwung ist weitgehend einfach und auch für Anfänger geeignet. Für den Aufstieg zum Schattnerzinken und die folgende Abfahrt ins Schattnerkar wird Geschick in der Orientierung und der Wahl einer bewussten Abfahrtsspur sowie entsprechend mehr Ausdauer verlangt.
Hangrichtung: West bis Nordost.
Lawinengefährdung: Allgemein bei bedachter Geländewahl geringe Gefahr.

Wolkenspiel – gemächlich geht es dem Gipfel entgegen.

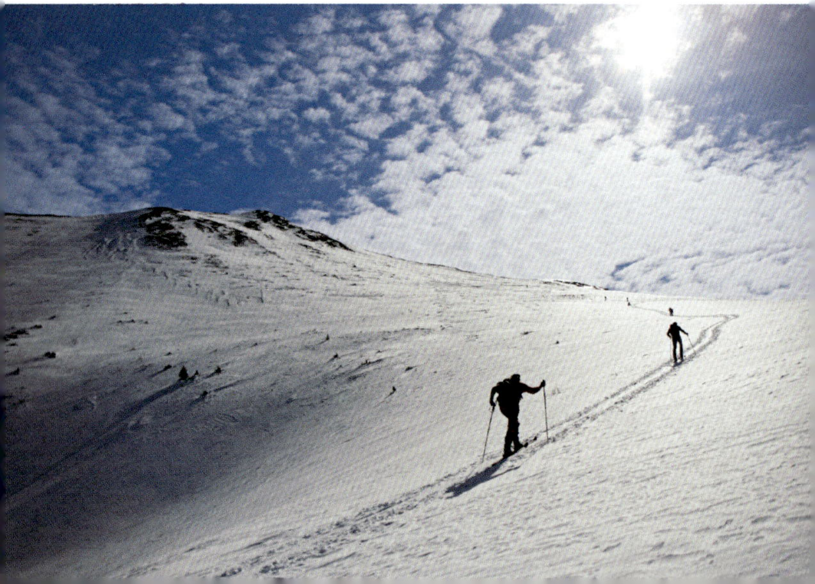

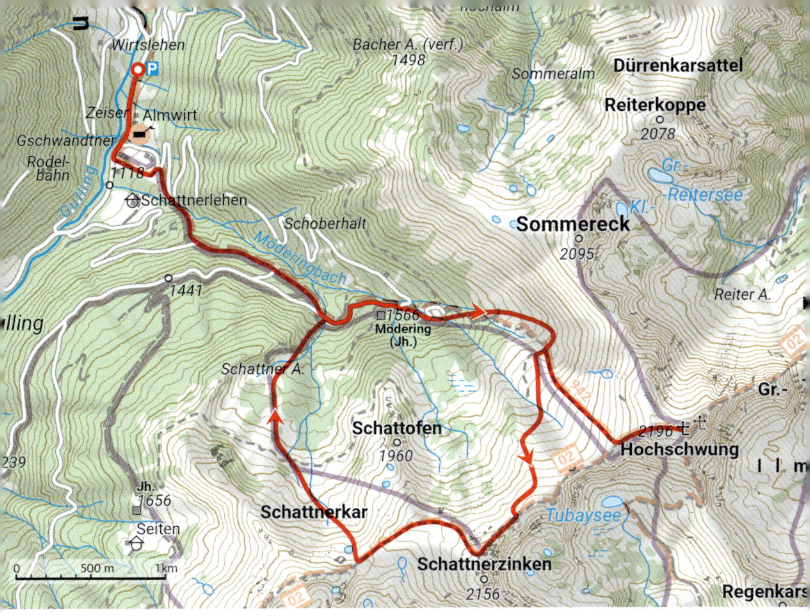

Vorsicht bei den Steilstufen im unteren Bereich. Die Abfahrt ins Schattnerkar setzt eine stabile Schneedecke voraus.
Günstige Zeit: Hochwinter – Frühjahr.
Einkehr: Kurz nach dem Ausgangspunkt Almwirt Mario Schrattenthaler, Tel. +43/664/1314197, www.almwirt.com; Alpengasthof Grobbauer in Oppenberg, Tel. +43/3619/213, www.alpengasthof-grobbauer.at.
Varianten: Abfahrt vom Hochschwung wie Aufstieg. – Abfahrt vom Schattnerzinken entlang des Aufstiegsweges.
Hinweis: Sollte im unteren Bereich nicht über die Schneise zum Möderingbach (ca. 1340 m, siehe Aufstieg) abgefahren werden können, benutzt man am besten den markierten Weg südlich des Baches abwärts bis zu einer Kehre (ca. 1190 m), wo nach Norden der Bach in flacherem Gelände überquert werden kann. Abkürzungen durch die Aufforstungsgebiete zum Bachgraben hin vermeiden!

Aufstieg: Vom **Parkplatz** der Straße noch ca. 600 m taleinwärts folgen und nach einer Brücke nach links zum **Almwirt** (Schild). Daran vorbei und auf der Straße über die freie Fläche nach Südosten leicht bergauf bis zu einer Kehre. Am Nordufer entlang des Bachs in den Graben und nach wenigen Metern an einer günstigen Stelle den Bach überqueren. Nach ca. 150 m dann nach rechts im Wald steil bergan durch eine Schneise (Skimarkierung) östlich des kleinen Seitengrabens auf den markierten Weg. Nach links weiter leicht bergan bis zur Einmündung auf eine Straße.
Dieser weiter nach links folgen und nördlich an der **Mödering-Jagdhütte** vorbei. Nach ca. 300 m in der Kehre in direkter Linie weiter ins freie Kar.

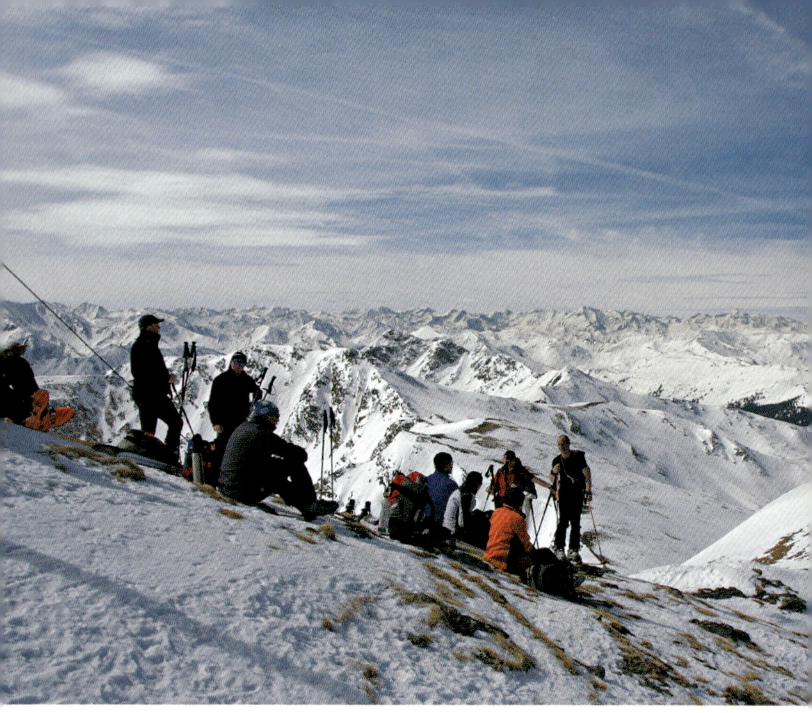

Gipfeljause bei fantastischem Ausblick bis hin zum Dachstein (ganz hinten rechts).

In einem Rechtsbogen auf einen breiten Rücken (ca. 1810 m) und diesem folgen, bis er sich verliert, danach in Serpentinen die Westflanke hinauf bis zum Grat. Von dort auf den Vorgipfel und über den – meist abgeblasenen – Verbindungsgrat etwas luftiger, jedoch relativ einfach auf den Hauptgipfel des **Hochschwungs**.

Abfahrt: Entlang der Aufstiegsspur bis zu jenem Punkt, wo der Rücken beim Aufstieg erreicht wurde (ca. 1810 m). Von dort kann die Abfahrt zurück zum Ausgangspunkt entlang der Aufstiegsspur weiterverfolgt werden. Bei lohnenden Bedingungen empfiehlt sich jedoch der **Aufstieg** zum Schattnerzinken und die Abfahrt durchs Schattnerkar. Nach erneutem Anfellen der Ski wenden wir uns nach Süden und überqueren aufmerksam einen schmalen Graben (ca. 1900 m). Etwas rechts halten und zuletzt über den sanften Rücken in eine kleine Einsattelung am **Verbindungsgrat** zwischen Hochschwung und Schattnerzinken.

Von dort nach rechts den Aufbau des **Schattnerzinkens** in einem Bogen umgehen und zuletzt sanft auf den **Gipfel**. Wenn etwas alpinistisches

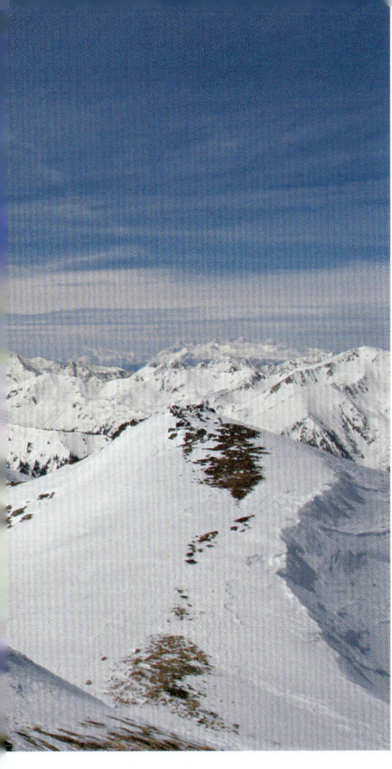

Flair gewünscht wird, kann der Schattnerzinken aus der Einsattelung auch direkt, allerdings zu Fuß, über den Nordostgrat erstiegen werden.

Vom Gipfel zuerst nach Norden und in einem weiten Bogen nach Nordwesten, etwas links vom Rücken, relativ flach bis zu einem **Sattel** zwischen Schattnerkar und dem nach Südosten verlaufenden Höllgraben. Von dort nach Nordwesten steil ins Schattnerkar. In flacherem Gelände sich stets links haltend den freien Flächen entlang bis zur verfallenen **Schattneralm** (ca. 20 m Gegenanstieg). Rechts daran vorbei und westlich des Baches im Bereich eines Weges steil bergab durch den Wald bis zum markierten Weg, wo der Aufstiegsweg erreicht wird.

Auf ihm geht es zurück zum **Ausgangspunkt**.

Unten: Hochrettelstein und Seekoppe (Tour 9) jenseits der Gulling.

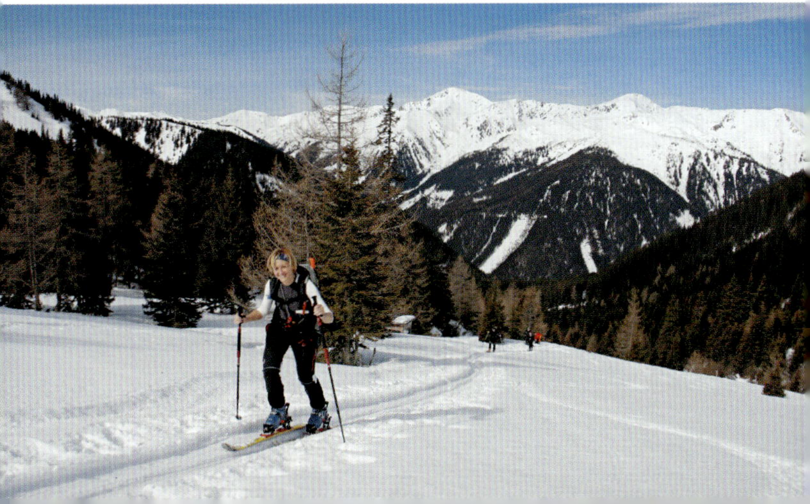

↗ 750 m | ↘ 750 m | 8,7 km

11 Schreinl, 2154 m, und Karlspitze, 2097 m

3.30 h

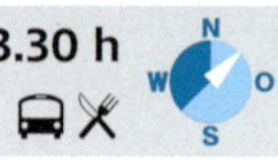

Kurze Rundtour im »Freeride-Himmel«

Die Planneralm gilt seit jeher als schneesicheres Ziel für Skibergsteiger und alpine Skiläufer. Kurze Anstiege und moderate Steigungen ziehen viele Einsteiger und Genießer auf die Gipfel rund um den Plannerkessel. Mit der Karlspitze kann ein einfacher Zweitausender erreicht werden – und kombiniert mit der Besteigung des Schreinls ergibt sich eine landschaftlich reizvolle Rundtour.

Talort: Donnersbach (713 m).
Ausgangspunkt: Parkplatz Skigebiet Planneralm (ca. 1570 m). Von Liezen oder Schladming über die Ennstal-Bundesstraße (B 320), bei Schloss Trautenfels (nahe Stainach) abbiegen und südlich nach Irdning. Vor Erreichen des Ortskerns (beim »Billa«) rechts abbiegen und weiter nach Donnersbach. Im Ortszentrum nach links Richtung Planneralm und der Straße in mehreren Serpentinen bis zu deren Ende beim Skigebiet folgen. Öffentlich: Vom Bahnhof Liezen oder Stainach-Irdning mit dem kostenlosen Skibus. Verkehrt täglich zwischen Weihnachten und Ostern bzw. bei Liftbetrieb.
Aufstiegszeiten: Plannerkessel – Karlspitze 1½ Std., Karlspitze – Schreinl 1 Std., Schreinl – Goldbachscharte 1 Std.
Höhenunterschied: Ca. 670 m bis zum Schreinl. Gegenanstieg in die Goldbachscharte von ca. 80 Hm.
Anforderungen: Einfache Rundtour auch für Anfänger, im Aufstieg sind aber einige Spitzkehren erforderlich. Achtung im Gipfelbereich der Karlspitze! Die letzten Meter sind hier meist abgeblasen bzw. der Weg vereist. Bei mangelnder Kondition kann auf die Besteigung des Schreinls verzichtet werden.
Hangrichtung: Vorwiegend Nord bis Ost. Der Gegenanstieg zur Goldbachscharte ist nach Südwesten exponiert.
Lawinengefährdung: Beim Aufstieg zum Karlspitz-Ostkamm und bei der Abfahrt zum Goldbachsee, sowie beim Gegenanstieg zur und Abfahrt von der Goldbachscharte.
Günstige Zeit: Hochwinter – Frühjahr.
Einkehr: Unterwegs keine. Auf der Planneralm Sportpension Reiter, Tel. +43/3683/8130, www.sportpension-reiter.at sowie zahlreiche weitere Einkehrmöglichkeiten, www.planneralm.at.
Variante: Abfahrt von der Karlspitze entlang der Aufstiegsspur.
Tipp: Es ist durchaus lohnend, im Anschluss an die Skitour das kleine, aber feine Skigebiet mit einer Punktekarte zu frequentieren. Es gibt dabei unzählige Abfahrtsvarianten zu entdecken und man kann sein skifahrerisches Können verbessern bzw. verfestigen.
Hinweise: Vorsicht bei der Rodelbahn und der Langlaufloipe im südwestlichen Bereich oberhalb des Babylifts.
Bei der Auffahrt zur Planneralm evtl. Schneeketten erforderlich.

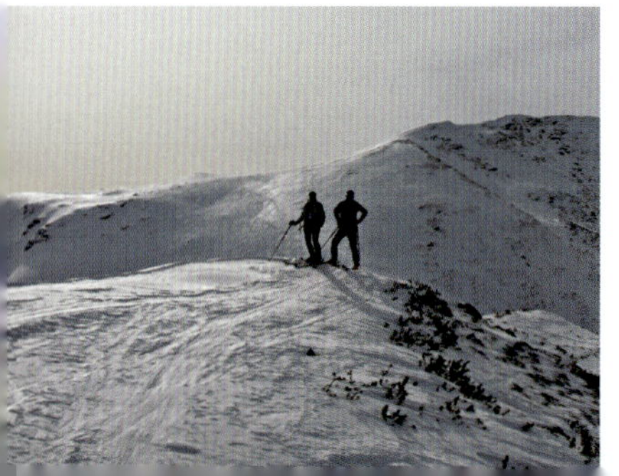

Wolkenschleier überdecken die Sonne am Verbindungsgrat zum Schreinl.

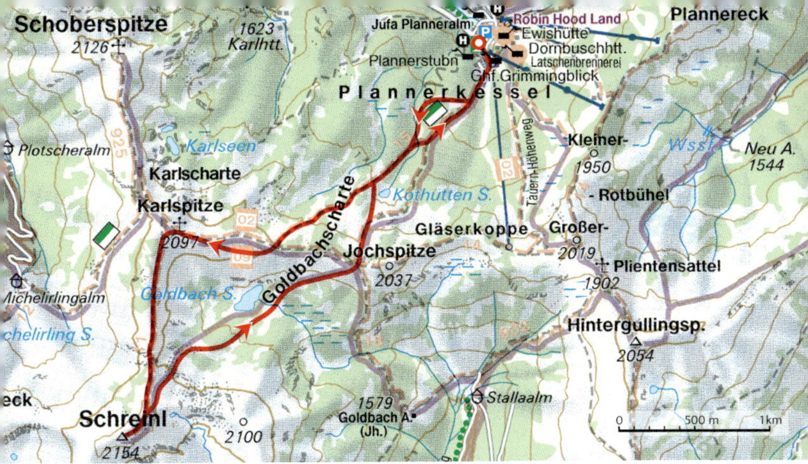

Aufstieg: Vom Parkplatz geht es rechts der Straße entlang bergauf, an der Tageskasse vorbei, bis zur Talstation des **Gläserbodenliftes**. Spätestens dort können meist die Skier angeschnallt werden. Nach rechts zum Babylift und rechts davon leicht bergauf. Im lichten Wald weiter bergan, die Langlaufloipe überquerend, im Rechtsbogen bis zu einer Steilstufe. In einigen kurzen Serpentinen links empor und nach links flach weiter. Nach ca. 200 m nach rechts über einen Graben. Stets in südwestlicher Richtung unterhalb der Goldbachscharte vorbei und bei der nächsten Flanke im Bereich des Sommerweges auf den Ostkamm der Karlspitze (Wegweiser).
Am Kamm rechts (westlich) weiter leicht bergauf, die kleine Kuppe auf der Südseite umgehend, auf den Gipfel der **Karlspitze**. Auf den letzten Metern müssen meist die Skier abgeschnallt werden (Vorsicht bei Vereisung!).
Von der Karlspitze kurz bergab nach Südwesten und weiter dem Kammverlauf nach Süden folgend. Meist rechts vom Kamm werden abgeblasene Stellen umgangen (Vorsicht auf Wechten!). Beim Gipfelaufbau angekommen etwas steiler und zuletzt nach rechts flach zum **Schreinl** (evtl. Skidepot).
Abfahrt: Vom Gipfel wieder etwas zurück und rechts des Aufstiegsweges in die Nordostflanke einfahren. Vorsicht vor Wechten im Kammbereich! Bei der Abfahrt eine Steilstufe (Felsen) links umfahren und unterhalb des Sattels zwischen Schreinl und Karlspitze vorbei. Erst dort (ca. 1980 m) in einem Bogen nach rechts auf den großräumigen Boden südöstlich des Goldbachsees. Nach Erreichen des gegenüberliegenden Hanges erneut die Felle anlegen und westlich, im Bereich des Südrückens der Jochspitze in die **Goldbachscharte**. Von dort nach Norden im Bereich der Rinne bergab und unten im flacheren Gelände sich rechts halten. Über eine Steilstufe nach links orientieren und am **Kothüttensee** vorbei und über den Aufstiegsweg – zuletzt in direkter Linie nach Nordosten – zurück zum **Ausgangspunkt**.

↗ 1150 m | ↘ 1150 m | 14 km

12 Großes Bärneck, 2071 m

4.00 h

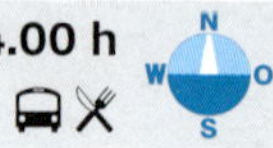

Bäriges Skigelände, bärige Gratüberschreitung

Das Gebiet um die Mörsbachalm ist den ganzen Winter gut besucht. Ein Klassiker führt von dort über sehr schönes Tourengelände nordseitig (Pulver!) auf das Große Bärneck. Wer's gerne etwas stiller hat, steigt dem Bärneck über den aussichtsreichen Nordostrücken aufs Haupt und reiht sich nach dessen Überschreitung erst am westlichen Vorgipfel wieder in die »Massen« ein.

Talort: Donnersbachwald (976 m).
Ausgangspunkt: Parkplatz nahe dem Stegerhof, ca. 960 m. Bis Donnersbach s. Tour 11, im Ort geradeaus weiter und nach Donnersbachwald. Großer Parkplatz gleich hinter dem Stegerhof rechts der Straße (nach der Brücke).
Öffentlich: Bahn von Bad Aussee, Liezen oder Schladming nach Stainach-Irdning. Weiter mit dem Bus nach Donnersbachwald.
Aufstiegszeiten: Donnersbachwald – Mörsbachalm gut 1 Std., Mörsbachalm – Großes Bärneck 2½ Std., Übergang zum Westgipfel 20 Min.
Anforderungen: Genussvolle Skitour mit oft guten Schneeverhältnissen (Nordkar). Gute Kondition und solides lawinenkundliches Beurteilungsvermögen nötig. Für die Überschreitung des Großen Bärnecks sichere Skitechnik erforderlich.
Hangrichtung: Vorwiegend Nordost bis Nordwest.
Lawinengefährdung: Vor allem im Steilanstieg zum Nordostrücken sowie bei der Nordostabfahrt vom Westgipfel. Aufgepasst auf die steilen Seitenhänge beim Zustieg zur Mörsbachalm sowie die steilen Westflanken im Nordkar (Bereich Sonntagkarspitz/Gstemmerscharte)!
Günstige Zeit: Hochwinter – zeitiges Frühjahr.
Einkehr: Mörsbachwirt, Tel. +43/3680/211, www.moersbachwirt.at, Gasthöfe in Donnersbachwald.
Hinweis: Am Weg zur Mörsbachalm bitte auf entgegenkommende Rodler, Spaziergänger und Variantenfahrer achten!

Sicherheitsabstand – am Grat nördlich des Bärnecks lauern bedrohliche Wechten.

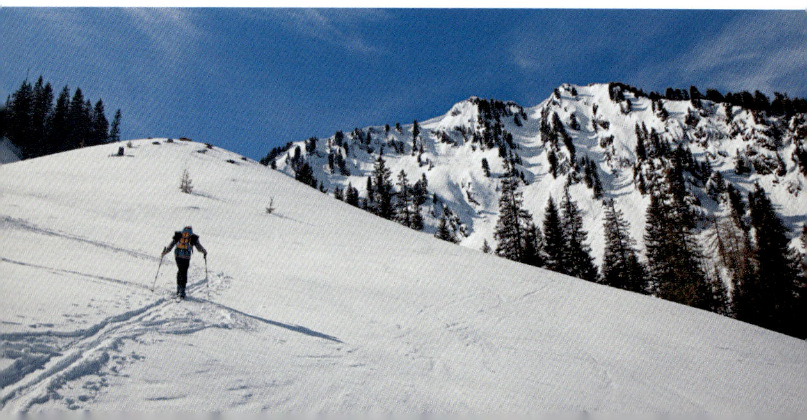

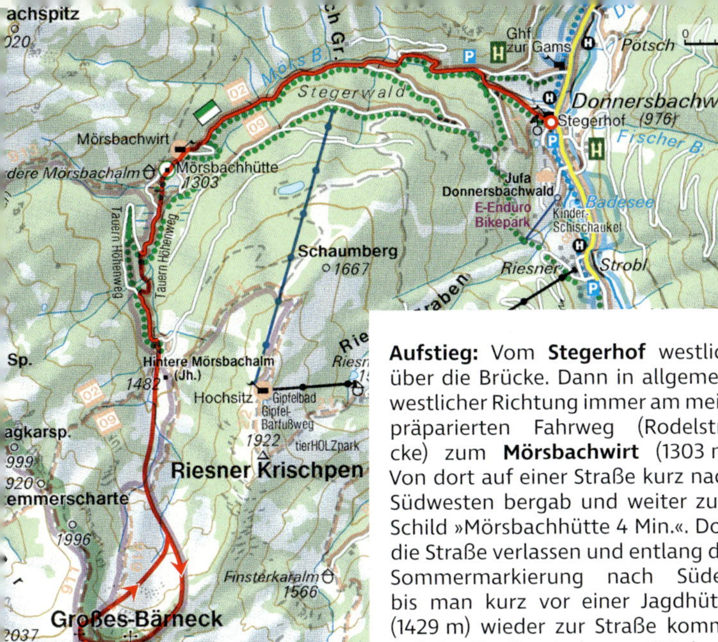

Aufstieg: Vom **Stegerhof** westlich über die Brücke. Dann in allgemein westlicher Richtung immer am meist präparierten Fahrweg (Rodelstrecke) zum **Mörsbachwirt** (1303 m). Von dort auf einer Straße kurz nach Südwesten bergab und weiter zum Schild »Mörsbachhütte 4 Min.«. Dort die Straße verlassen und entlang der Sommermarkierung nach Süden, bis man kurz vor einer Jagdhütte (1429 m) wieder zur Straße kommt. Auf der Straße ein kurzes Stück zur **Hinteren Mörsbachalm** (1482 m). Von dort südlich ins Kar hinein, auf das Große Bärneck zu. Dabei eher in der östlichen Karhälfte bleiben, anstatt der meist ausgeprägteren Spur im Westteil des Kares zu folgen (sie führt direkt zum Westgipfel). Im Kar aus Sicherheitsgründen Abstand zu den Begrenzungshängen links und rechts halten! Auf ca. 1850 m ist es möglich, zwar steil, aber nicht sonderlich schwierig auf den **Nordostrücken** des Großen Bärnecks zu gelangen, und zwar hinter einem kleinen Gratkopf, von dem ein baumbestandener Rücken nördlich ins Kar zieht. Dort wird ein kleines Holzkreuz am Nordostrücken anvisiert (leicht zu übersehen!), das neben dem Latschenkopf steht. Nun flach über den Nordostrücken, am Schluss kurz steiler zum **Gipfel**.

Vom Großen Bärneck kurz nach Westen in eine Scharte abfahren und gleich wieder aufwärts über den Kamm zum **Westgipfel** (ca. 2040 m).

Abfahrt: Vom Westgipfel entweder ein Stück den Nordrücken hinunter und von dort nach rechts (östlich) ins Nordkar des Bärnecks (Vorsicht bei Überwechtung bzw. Einwehungen!).

Oder bei idealen Verhältnissen direkt vom Westgipfel über eine muldenartige Flanke nach Nordosten ins Kar. Von dort beliebig hinaus zum **Mörsbachwirt** und auf der Straße nach **Donnersbachwald**.

↗ 1050 m | ↘ 1050 m | 14,4 km

13 Wolfnalmspitze, 2049 m

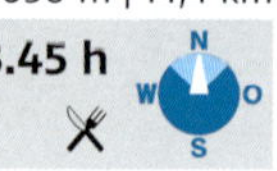

Einsamer Pulvertraum

Die Wolfnalmspitze ist ein verstecktes Juwel, bisher von der Allgemeinheit sträflich vernachlässigt. Allerdings muss man sich dieses Ziel erst einmal verdienen: Meistens durch anstrengendes Spuren, immer auf langwierigen Forststraßenkehren im unteren Teil. Von Donnersbachwald aus würde man kaum vermuten, welch romantisches Kar hinter dem Bergsockel liegt. In ihm erfolgen Aufstieg und Abfahrt – durch die Nordausrichtung oft in feinem Pulver. Die meist geringe Geländeneigung hält die skifahrerische Herausforderung in Grenzen, erlaubt aber, sofern die Spur mit Bedacht angelegt wird, auch einen Besuch bei größeren Neuschneemengen.

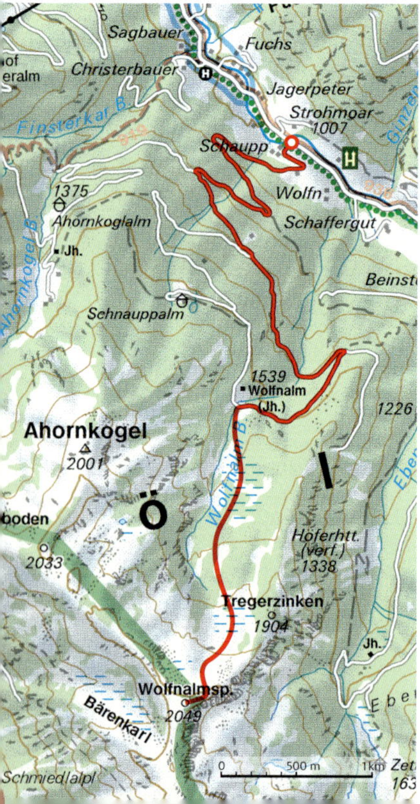

Talort: Donnersbachwald (976 m).
Ausgangspunkt: Gehöft Schaupp (1007 m). Wie bei Tour 12 nach Donnersbachwald und durch den Ort. Von der Ortsende-Tafel noch gut 2 km bis zu einer Brücke – gleich dahinter rechts (Tafel) zum Gehöft Schaupp (Parkplatz).
Aufstiegszeiten: Schaupp – Wolfnalm 2 Std., Wolfnalm – Wolfnalmspitze 1¾ Std.
Anforderungen: Orientierungssinn, gute Kondition, Gefühl für optimale Spuranlage (meist ungespurt). Für die letzten Meter zum Gipfel Trittsicherheit nötig, bei schlechten Bedingungen verzichten!
Hangrichtung: Vor allem Nordost bis Nordwest.
Lawinengefährdung: Bei vernünftiger Spuranlage meist gering. Dennoch Vorsicht im Gipfelbereich!
Günstige Zeit: Hochwinter.
Einkehr: Unterwegs keine. Rossstallbar am Ausgangspunkt (beim Schaupphof, www.schaupphof.com). Gasthöfe in Donnersbachwald.
Hinweise: Die Tour lohnt nur, wenn die Forststraßen bis zur Wolfnalm mit Skiern begeh- bzw. befahrbar sind. Bitte beim Parken vor dem Schaupphof Rücksicht auf dessen Bewohner nehmen! Die früher übliche, direkte Abfahrtsvariante über die Nordhänge zwischen Wolfnalm und Schauppalm sollte nicht mehr befahren werden – Aufforstung!

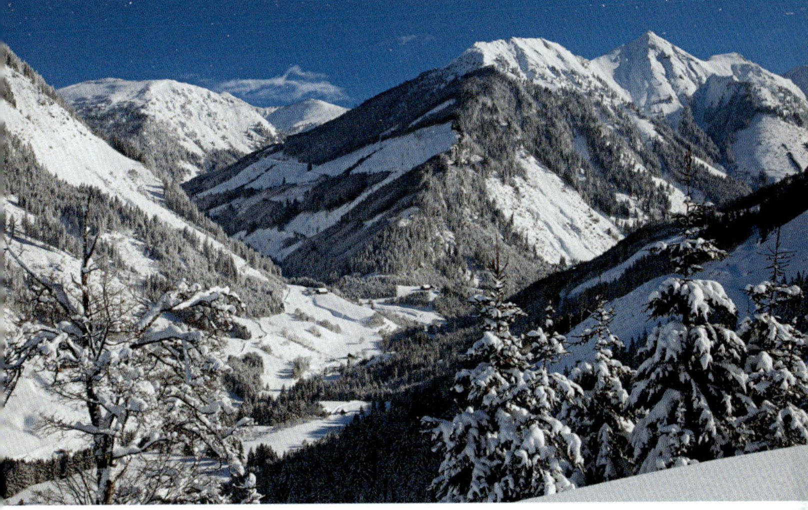

Wintermärchen – der Talschluss von Donnersbachwald, gesehen vom Anstieg zur Wolfnalmspitze.

Aufstieg: Links (östlich) am Gehöft **Schaupp** vorbei, dann im Linksbogen noch ca. 200 m flach taleinwärts. Dort in einer scharfen Kehre nach rechts (südwestlich) bergauf und anschließend immer der Forststraße aufwärts folgen. In der übernächsten **Rechtskehre** (ca. 1300 m) in südöstlicher Richtung geradeaus weiter auf eine Forststraße. Es folgt eine lange Hangquerung mit mehreren steilen Gräben (hier Vorsicht auf den Einzugsbereich oberhalb!). Bei einer weiteren Kreuzung (ca. 1460 m; schon fast am Nordrücken des Tregerzinkens) scharf nach rechts auf eine Forststraße und in einem großen Rechtsbogen zur **Wolfnalm**. Bei Erreichen der freien Fläche (noch vor der Hütte) von der Straße nach links abbiegen und weiter nach Süden bis Südosten (zuerst steiler, dann flach). Nach dem Flachstück im Bogen nach Südwesten auf einen wenig ausgeprägten Rücken. Diesem nach Südosten in Richtung Tregerzinken folgen. Auf ca. 1800 m nicht weiter zum Verbindungskamm Wolfnalmspitze-Tregerzinken hinauf, sondern flacher nach Süden in ein kleines Kar. An dessen Ende weiter südlich über eine kleine Steilstufe (Schneebrettgefahr!). Oberhalb über wieder flachere Hänge nach Südwesten auf den Gipfel zu (die westlichste und felsigste der Erhebungen am Nordostkamm). Steiler in eine Scharte knapp östlich des Gipfels (Skidepot). Der kurze Anstieg durch felsiges Gelände zum **Gipfel** ist je nach Schneelage mitunter haarig (Wechten, nach Süden steile Abbrüche!).
Abfahrt wie Aufstieg, im Nordkar mehrere etwas direktere, steilere Varianten möglich.

TOP

↗ 1250 m | ↘ 1250 m | 14 km

14 Hochwart, 2301 m

4.15 h

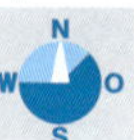

Unten sanft, oben rassig

Während am Hochwart der untere Teil noch recht gemäßigt ist, bleibt der Bereich über der Zettlerhütte Routiniers vorbehalten: Hier ist solide Gehtechnik ebenso gefragt wie entsprechend sichere Schneeverhältnisse. Dafür warten eine landschaftlich tolle Umgebung, ideale, steile Abfahrtshänge und viel Ruhe an einem etwas versteckten Ziel.

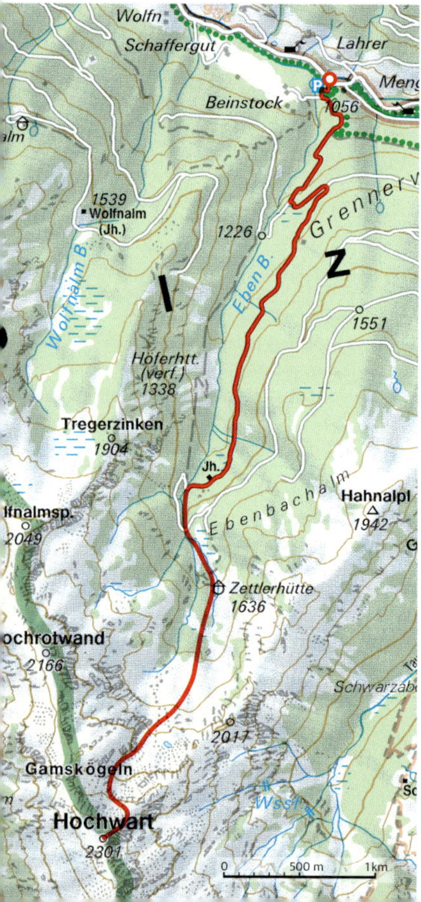

Talort: Donnersbachwald (976 m).
Ausgangspunkt: Parkmöglichkeit vor (!) dem Holzlagerplatz Meng (ca. 1060 m). Wie bei Tour 12 nach Donnersbachwald und durch den Ort. Weiter taleinwärts, bis links der Straße ein Wildzaun erreicht wird. Es folgt eine Holzhütte mit Marterl. Gegenüber – unmittelbar vor der nächsten Brücke – Parkmöglichkeit rechts der Straße (Schild »Ausgangspunkt Skitouren«; Skitouren-Infotafel; 3,8 km ab Ortsende Donnersbachwald).
Aufstiegszeiten: Parkplatz – Zettlerhütte 2 Std., Zettlerhütte – Hochwart 2¼ Std.
Anforderungen: Anspruchsvolle Tour. Gute Kondition, gute Skitechnik und solides lawinenkundliches Beurteilungsvermögen nötig.
Hangrichtung: Unten West, oben Nord bis Nordost.
Lawinengefährdung: Vor allem in den Steilstufen zwischen Zettlerhütte und Gipfel.
Günstige Zeit: Frühjahr. Ideal, wenn die Forststraße im unteren Teil noch schneebedeckt ist und wenn am Gipfelhang stabile Schneeverhältnisse herrschen.
Einkehr: Unterwegs keine. Gasthöfe in Donnersbachwald.
Hinweise: Bitte am Ausgangspunkt am Holzlagerplatz keine Pkw abstellen (Parkverbot). – Vor allem im Frühjahr zeitiger Aufbruch nötig, da die Gipfelflanke von der Früh weg in der Sonne liegt!

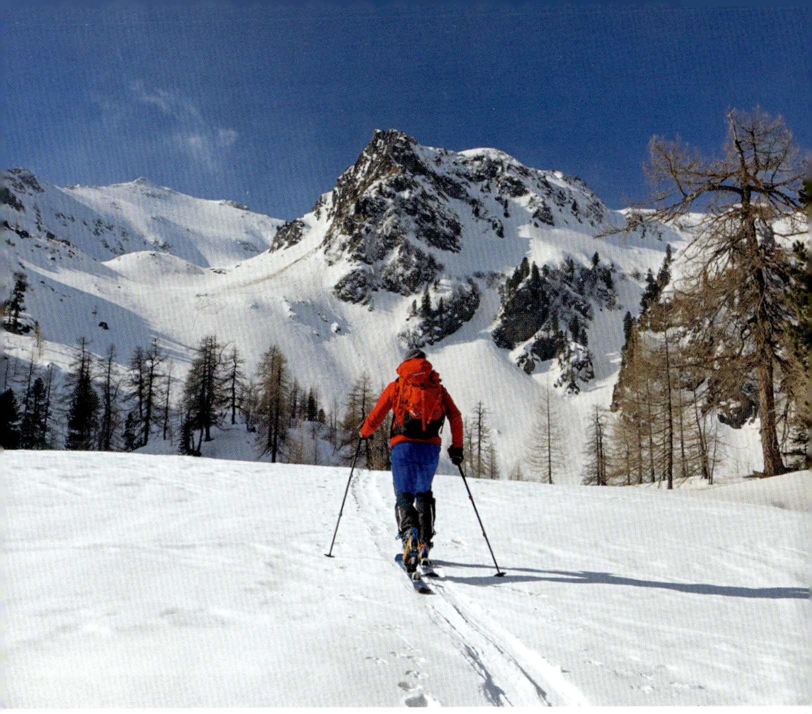

Bald wird's steil: Oberhalb der Zettlerhütte geht es auf den Hochwart zu (hinten links).

Aufstieg: Vom **Ausgangspunkt** über die Brücke, am Beginn des Holzlagerplatzes rechts auf der Forststraße nach Süden bergauf (blau-weiße Schranke, keine Schilder). Eine Straßenabzweigung rechts über den Bach gleich zu Beginn bleibt unberücksichtigt, ebenso die Abzweigung nach links auf ca. 1130 m. Bei der dritten Forststraßenkreuzung auf ca. 1210 m nach links aufwärts. Auf ca. 1245 m schließlich nach rechts abbiegen (kein Wegweiser). Nun auf einer Forststraße sanft ansteigend talein bis zu einem **Jagdhaus**. Dahinter noch ca. 100 m weiter auf der Straße, dann links hinauf in den Wald (noch vor dem Ebenbach). Kurz etwas steiler nach Süden hinauf, über eine Straße und sanft ansteigend weiter durch schütteren Wald. Über eine kurze Steilstufe auf die Ebenbachalm (**Zettlerhütte**, 1636 m; zwei verfallene Hütten).
Ziemlich eben ein Stück taleinwärts nach Süden, dann einen muldenartigen Hang etwas steiler aufwärts (Aufgepasst auf die Steilhänge östlich oberhalb!). Schließlich rechts und über kupiertes Gelände (teilweise lichter Wald) auf den Felssporn zu, der nordöstlich der Gamskögel ins Kar ragt. Vor

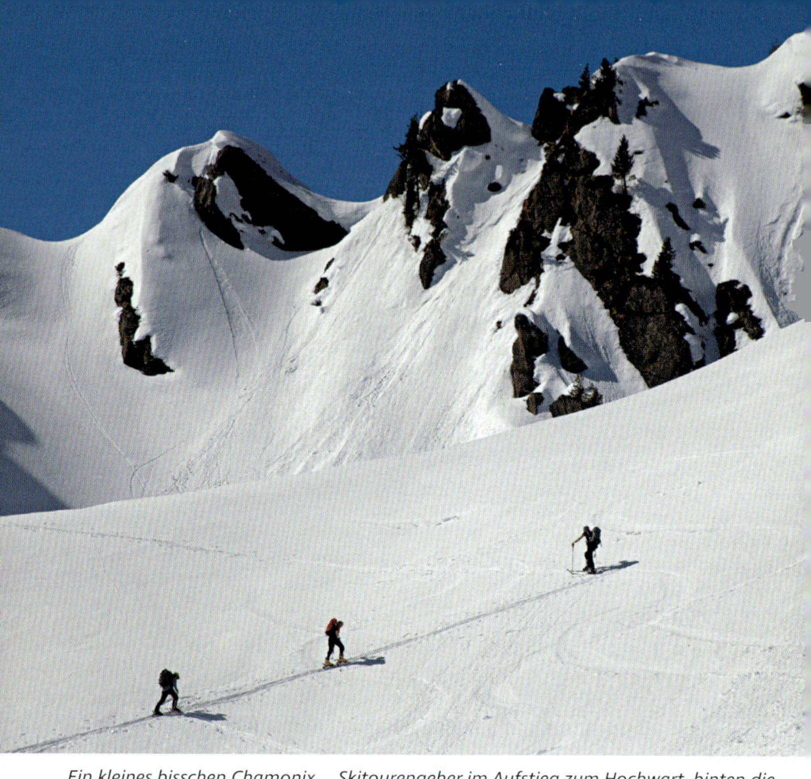

Ein kleines bisschen Chamonix … Skitourengeher im Aufstieg zum Hochwart, hinten die Gamskögel.

ihm links (nach Süden) und zwischen 1800 und 1900 m über eine Steilstufe hinauf.

Man erreicht ein **Kar**, hält sich in diesem nach Südwesten und steigt über einen kurzen Steilhang auf einen terrassenartigen **Absatz** unter den Gamskögeln (ca. 2050 m; fast im südwestlichen Talschluss). Dort scharf nach Südosten bis zu einem sehr steilen Hang. Über diesen hinauf (Schneebrettgefahr!), später südöstlich aufwärtsqueren, bis man den Nordostgrat erreicht (ca. 2220 m). Hier in der Regel **Skidepot** und zu Fuß über den Nordostgrat zum **Gipfel**.

Bei sicheren Schneeverhältnissen kann die oberste Gipfelflanke auch nach Westen gequert und über den obersten **Nordwestgrat** aufgestiegen werden.

Abfahrt wie Aufstieg.

↗ 1350 m | ↘ 1350 m | 21 km

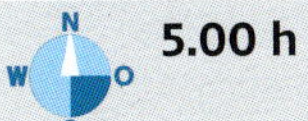

5.00 h

Hochweberspitze, 2375 m 15

Stolzer Gipfel, stolzes Pensum

Was lange währt … Eine Power-Tour für Frühaufsteher! Der Weg zur Hochweberspitze ist vor allem eines: sehr lang! Und gut versteckt. Nichts für Ungeduldige also. Und wer exquisite Abfahrtsgenüsse sucht, sollte sich vielleicht auch nach einem anderen Ziel umsehen. Wer aber Gefallen an absolut stillen, exklusiven, klassischen Zielen findet, mit einer Landkarte umgehen kann und gut bei Kondition ist, wird dieses versteckte Highlight ins Herz schließen.

Talort: Donnersbachwald (976 m).
Ausgangspunkt: Parkmöglichkeit vor (!) dem Holzlagerplatz Meng (ca. 1060 m) – siehe Tour 14.
Aufstiegszeiten: Meng – Beireutalm 1¼ Std., Beireutalm – Höll 1 Std., Höll – Hochweberspitze 2¾ Std.
Anforderungen: Tadellose Kondition, Orientierungsvermögen, gute Skitechnik und solides lawinenkundliches Beurteilungsvermögen. Für den Gipfelrücken Trittsicherheit und Schwindelfreiheit.
Hangrichtung: Südwest über Nord bis Ost, am Gipfelgrat Süd.
Lawinengefährdung: Vor allem in der Steilstufe zwischen Höll und Nordwestkar sowie beim Gipfelanstieg.
Günstige Zeit: Frühjahr. Nur sinnvoll, wenn die Forststraßen zwischen Ausgangspunkt und Höll noch möglichst weit mit Skiern befahrbar sind!
Einkehr: Unterwegs keine. Gasthöfe in Donnersbachwald.
Hinweise: Wegen des sehr langen Zustiegs unbedingt zeitiger Aufbruch nötig! Die Jägerschaft ersucht, zur Schonung des Wildes die Tour spätestens um 15.00 Uhr abzuschließen!
Bitte beim Holzlagerplatz Meng (nach dem Ausgangspunkt) keine Pkw abstellen – Parkverbot!

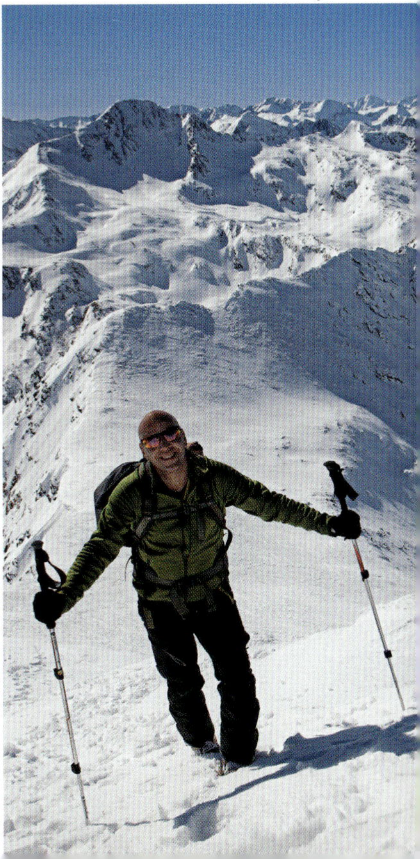

Endspurt – die letzten Meter zum Gipfel der Hochweberspitze.

Aufstieg: Vom Parkplatz auf der Straße am Holzlagerplatz vorbei (er bleibt rechts) und vor der nächsten Brücke rechts auf eine Forststraße (Schranke, Wegweiser »Riedleralm, Beireutalm«). Auf ihr flach taleinwärts. Man bleibt immer in Bachnähe (orografisch links), Abzweigungen nach links oder rechts werden ignoriert. Auf der **Riedleralm** (ca. 1170 m) zum ersten Mal auf die orografisch rechte (östliche) Bachseite wechseln. Dort bei den ersten Hütten im Linksbogen der Markierung Nr. 936 (Richtung Glattjoch) folgen. Die Forststraße weiter bergauf, in einem weiten Rechtsbogen an einem Wildgatter vorbei und in allgemein südöstlicher Richtung zur Beireutalm (1302 m).
Hier links (östlich) an zwei Hütten vorbei und nur leicht steigend auf der Forststraße südöstlich Richtung Talschluss. Bei der nächsten Forststraßenkreuzung (ca. 1365 m) kurz geradeaus weiter (nicht links entlang der Markierung zum Glattjoch), dann in einem Rechtsbogen über den Bach. Immer auf der Forststraße weiter, dann in einer großen Rechtsschleife kurz talauswärts. Bei der nächsten Kreuzung (ca. 1425 m) mit einer scharfen Linkskehre wieder talein. Eine Straße, die auf ca. 1490 m links über den Bach abzweigt, wird ignoriert. Stattdessen geradeaus auf der Straße weiter. Im Talschluss bei einer Kehre (ca. 1535 m) scharf links über den Bach. Auf der Straße in einem Linksbogen den Talschluss der **Höll** ausgehen. Auf ca. 1560 m (kurz vor einer Schlagfläche) die Straße in den Wald verlassen. In südlicher bis südöstlicher Richtung bergauf. Wo der Wald lichter wird, auf südwestli-

Gipfelparade – Aufstieg zur Hochweberspitze, hinten Wölzer Tauern, Schladminger Tauern (ganz hinten links) und Dachstein (ganz hinten Mitte).

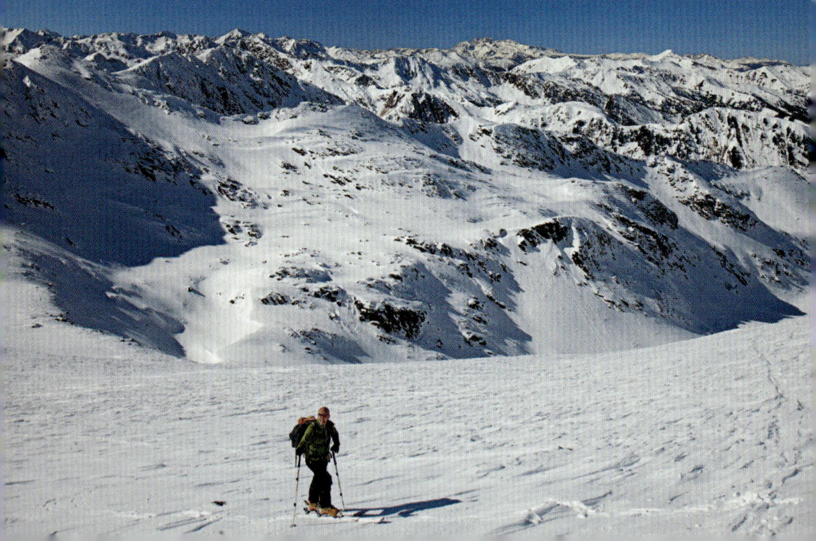

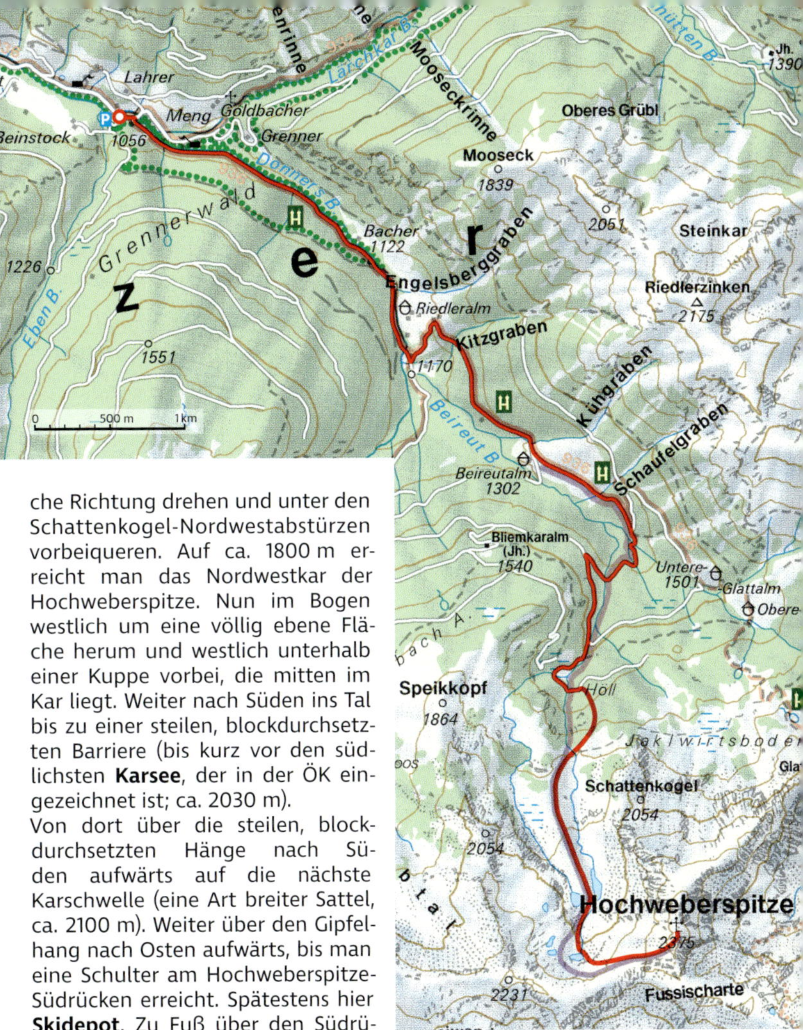

che Richtung drehen und unter den Schattenkogel-Nordwestabstürzen vorbeiqueren. Auf ca. 1800 m erreicht man das Nordwestkar der Hochweberspitze. Nun im Bogen westlich um eine völlig ebene Fläche herum und westlich unterhalb einer Kuppe vorbei, die mitten im Kar liegt. Weiter nach Süden ins Tal bis zu einer steilen, blockdurchsetzten Barriere (bis kurz vor den südlichsten **Karsee**, der in der ÖK eingezeichnet ist; ca. 2030 m).

Von dort über die steilen, blockdurchsetzten Hänge nach Süden aufwärts auf die nächste Karschwelle (eine Art breiter Sattel, ca. 2100 m). Weiter über den Gipfelhang nach Osten aufwärts, bis man eine Schulter am Hochweberspitze-Südrücken erreicht. Spätestens hier **Skidepot**. Zu Fuß über den Südrücken zum **Gipfel**.

Abfahrt: Im Wesentlichen wie Aufstieg. Von der Karschwelle auf ca. 2100 m können gute Skifahrer bei sicheren Bedingungen auch am rechten (östlichen) Rand **direkt ins Kar** abfahren (dort, wo die wenigsten Blöcke sind). Im unteren Teil lassen sich die Forststraßenkehren teilweise abkürzen.

↗ 1110 m | ↘ 1110 m | 13,2 km

16 Plöschmitzzinken, 2095 m

4.00 h

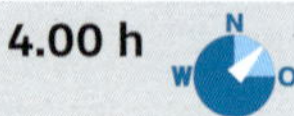

Feines Skitourengelände über dem »Ende der Welt«

Wer bei Öblarn das Ennstal verlässt und ins stille Seitental der Walchen abbiegt, wähnt sich bald schon am Ende der Welt. Hier trifft man meist nur einheimische Skitourengeher. Sie wissen: Der erste Teil des Plöschmitzzinken-Anstiegs ist noch nicht sonderlich prickelnd, dann aber bezaubern die Englitztalhütten mit wunderschöner Lage. Und weiter oben, ab der Hangofenhütte, tut sich ideales Skitourengelände auf, ehe der Gipfelhang einen steilen Schlussakzent setzt. Eine verschwiegene, abwechslungsreiche Tour!

Schnee genug: Die Hangofenhütte unter dem gleichnamigen Berg trägt einen dicken Turban.

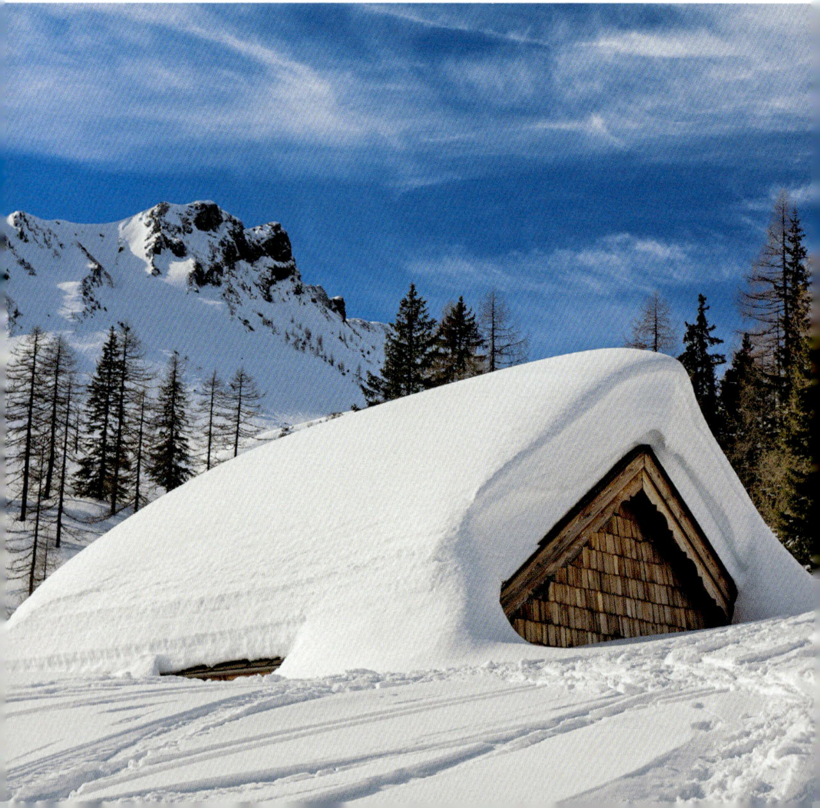

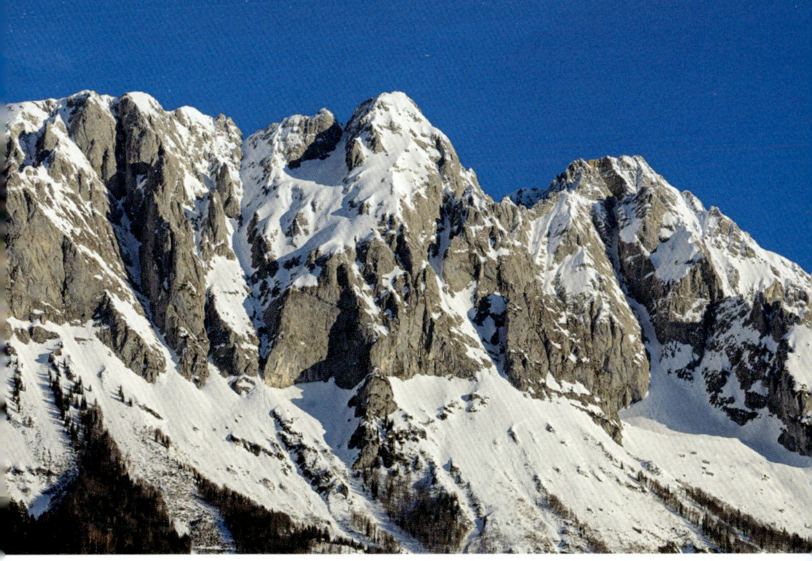

Vorfreude: Schon auf der Anreise in die Walchen zeigt sich der Grimming von seiner besten Seite.

Talort: Öblarn (668 m).
Ausgangspunkt: Berghaus in der Walchen (ca. 990 m). Von der Ennstal-Bundesstraße (Pruggern oder Espang) nach Öblarn, im Zentrum links über die Brücke (Schild »Walchental«). Vor dem Gemeindeamt rechts, ca. 150 m danach bei einer Gabelung wieder rechts (jeweils Schild »Walchen/Freibad«). Nun 5,2 km auf schmaler Bergstraße in die Walchen zum Gasthof Bergkreuz und 1,3 km weiter zum Berghaus in der Walchen.
Aufstiegszeiten: Walchen – Englitztalalm 1¼ Std., Englitztalalm – Hangofenhütte 1 Std., Hangofenhütte – Plöschmitzzinken 1¾ Std.
Anforderungen: Solide Kondition, Orientierungsvermögen, gute Skitechnik und gutes lawinenkundliches Beurteilungsvermögen.
Hangrichtung: Nord bis Ost.
Lawinengefährdung: Vor allem in der Steilstufe zwischen Englitztalalm und Hangofenhütte sowie am Gipfelhang. Achtung auch auf die Steilhänge westlich der Englitztalalm, v.a. bei Tageserwärmung!
Günstige Zeit: Hochwinter bis zeitiges Frühjahr. Am besten, wenn auf der Forststraße zur Englitztalalm noch Schnee liegt und der Nordhang zum Gipfel gleichzeitig sichere Verhältnisse bietet.
Einkehr: Unterwegs keine. Gasthöfe in Öblarn.
Variante: Zum Fuß des Plöschmitzzinken-Gipfelhanges gelangt man auch, indem man im Aufstieg am Kamm nach der Hangofenhütte links (südwestlich) auf den Hangofen zugeht und im Rechtsbogen unter seinen Nordabstürzen ansteigend vorbeiquert.
Hinweis: Je nach Schneeräumung und Auslastung kann man vom Berghaus in der Walchen noch ca. 400 m weiter auf der Straße zu einer weiteren Parkmöglichkeit fahren.

Aufstieg: Unmittelbar vor dem **Berghaus in der Walchen** (Alpenvereins-Selbstversorgerhaus) über die Bachbrücke und auf der Straße noch ca. 400 m weiter bis zu einer weiteren Parkmöglichkeit. Je nach Schneeräumung müssen die Skier bis hierher eventuell getragen werden. Von diesem hinteren Parkplatz rechts über die Brücke (Wegweiser »Englitztal, Hangofen«), danach einen schmäleren Fahrweg hinauf, bis man auf eine Straße trifft. Auf ihr nach links (Südosten) zum Steinbruch bei der **Weißen Wand**. An seinem unteren Ende mit möglichst viel Abstand vorbei (nach rechts Sperrzone zum Bergbaugebiet hin). Danach zu zwei Hütten mit Teich, dann auf einer Forststraße in mehreren Kehren bergauf. Die letzte Serpentine kann man am Sommerweg abkürzen und erreicht so das **Englitztal**. Dort

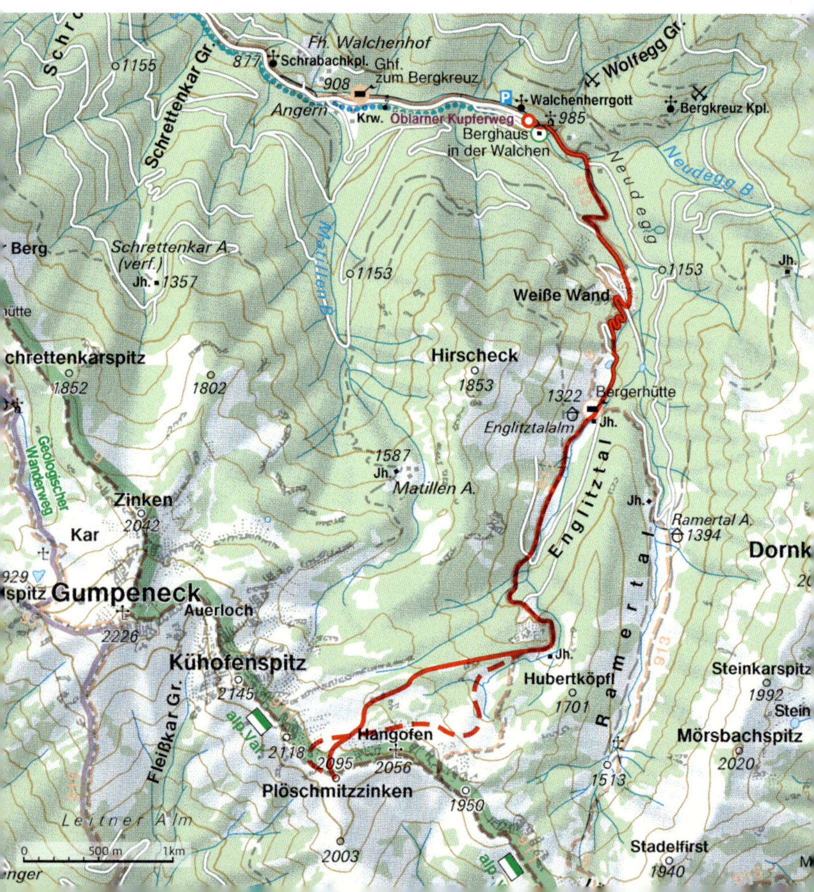

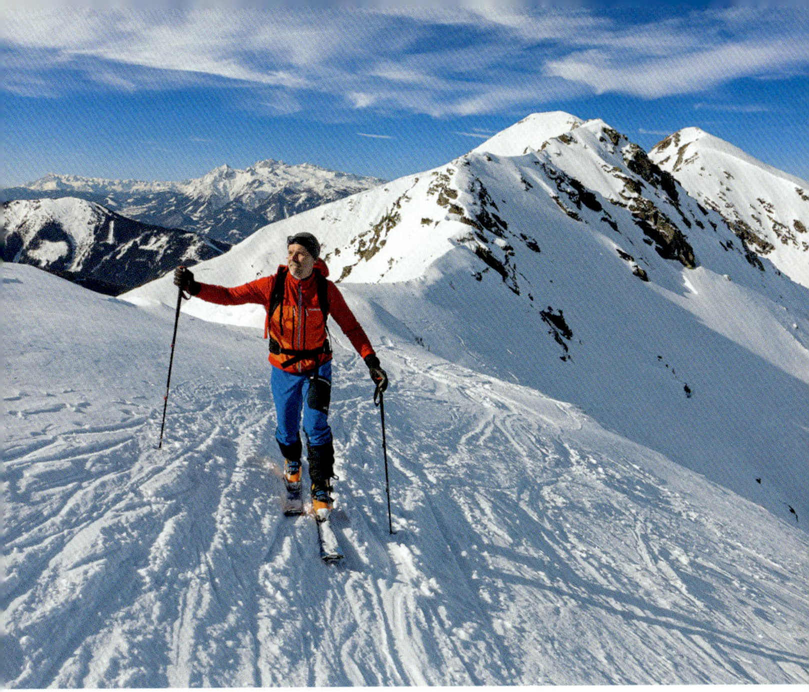

Zieleinlauf: Nur noch wenige Schritte trennen uns vom Gipfel des Plöschmitzzinkens.

am Fahrweg am Waldrand bleiben (Sommermarkierung) und flach weiter zu den Hütten auf der **Englitztalalm** (1322 m). Abstand halten zu den steilen Hängen rechter Hand (westlich)! Nach den Hütten ziemlich flach nach Südwesten ins Tal hinein, im Talschluss links über den Bach. Nun schummelt man sich weitgehend entlang der Sommermarkierung links haltend (südöstlich) an steileren Hängen vorbei, ehe es über eine Steilstufe im Wald nach Süden hinaufgeht in ein Hochtal. Dort nach Westen zur **Hangofenhütte (Jh.)** (ca. 1605 m). Nun sich leicht rechts haltend (westlich) bergauf bis auf einen Kamm. Rechts hinein in ein muldenartiges Tälchen. Durch diese »Halfpipe« bergauf, zuletzt über etwas steileres Gelände. Dann leicht links (westsüdwestlich) über kupiertes Gelände bergauf (mehrere kurze Aufschwünge). Auf ca. 1900 m sich mehr nach Südwesten halten und über schöne Böden an den Plöschmitzzinken-Gipfelhang heran. Über den steilen Nordhang (meist lawinentechnische Schlüsselstelle) hinauf auf den Kamm und nach links in Kürze zum kreuzlosen **Plöschmitzzinken-Gipfel** (2095 m).
Abfahrt: Entlang der Aufstiegsroute. Vor allem bis zur Hangofenhütte sind kleinräumige Varianten möglich.

↗ 840 m | ↘ 840 m | 5,6 km

17 Schafdach, 2314 m

2.45 h

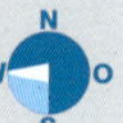

Kurzes Firnzuckerl für den Saisonabschluss

Eingeweihte verfolgen die Schneeräumung der Sölkpassstraße im Frühjahr mit besonderem Interesse: Ist nämlich die Straße von Sankt Nikolai Richtung Erzherzog-Johann-Hütte wieder befahrbar, erschließt sich im hintersten Sölktal plötzlich ein ganzes Tourenrevier mit vergleichsweise kurzen Firntouren. Besonders lohnend ist dann ein Besuch des steilen Schafdachs.

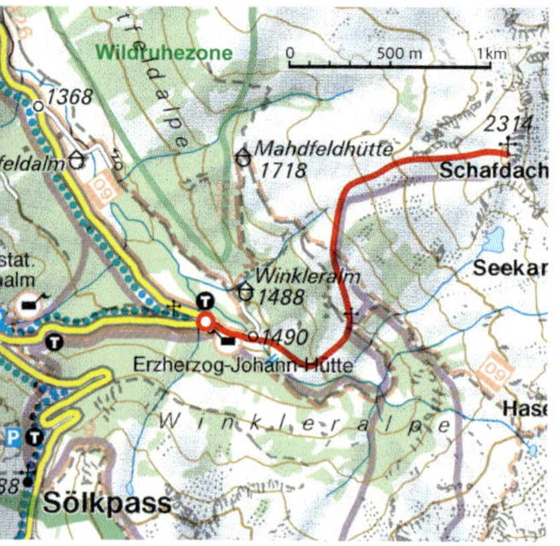

Talort: St. Nikolai im Sölktal (1127 m).
Ausgangspunkt: Parkmöglichkeit bei der Winkleralmkehre an der Sölkpassstraße, nahe der Erzherzog-Johann-Hütte (ca. 1480 m). Vom Ennstal (Stein an der Enns) ins Großsölktal bis St. Nikolai und die Sölkpassstraße 5,8 km weiter bis zur Winkleralmkehre (markante Rechtsserpentine), wo die Zufahrtsstraße zur Erzherzog-Johann-Hütte abzweigt (Bushaltestelle; zu dieser Jahreszeit besteht allerdings keine Busverbindung).
Aufstiegszeiten: Parkplatz – Graben am Westhang 1½ Std., Graben am Westhang – Schafdach ca. 1¼ Std.
Anforderungen: Sichere Skitechnik für die steile Gipfelflanke, rechtzeitiger Aufbruch.
Hangrichtung: Vor allem West bis Süd.
Lawinengefährdung: Hoch, ausgenommen im Frühjahr, bei ausreichendem Durchfrieren der Schneedecke.
Günstige Zeit: Im Frühjahr, wenn noch genügend Schnee in der Gipfelflanke liegt und Firnbedingungen herrschen.
Einkehr: Unterwegs keine. Gasthöfe in St. Nikolai.
Hinweis: Die Tour ergibt erst Sinn, wenn die Straße zum Sölkpass geräumt und freigegeben ist – idealerweise bis zur Winkleralmkehre (ca. Mitte April bis Mitte Mai).
Bitte Wildschutzgebiet nordwestlich der Route beachten!

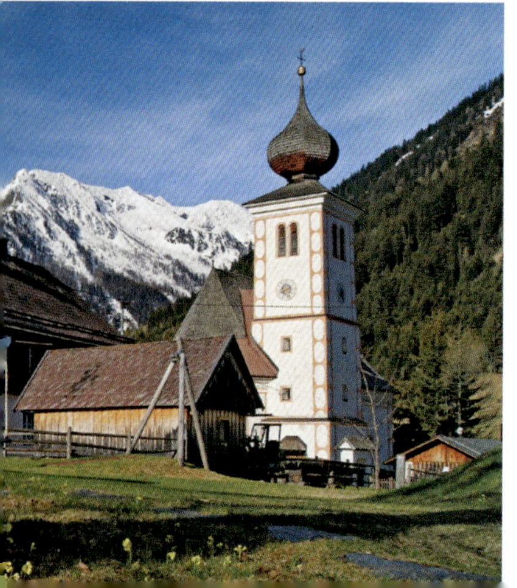

»World's End« – im Sommer am Sölkpass-Durchzugsverkehr, im Winter oft Ende der Fahrmöglichkeit: St. Nikolai im Sölktal.

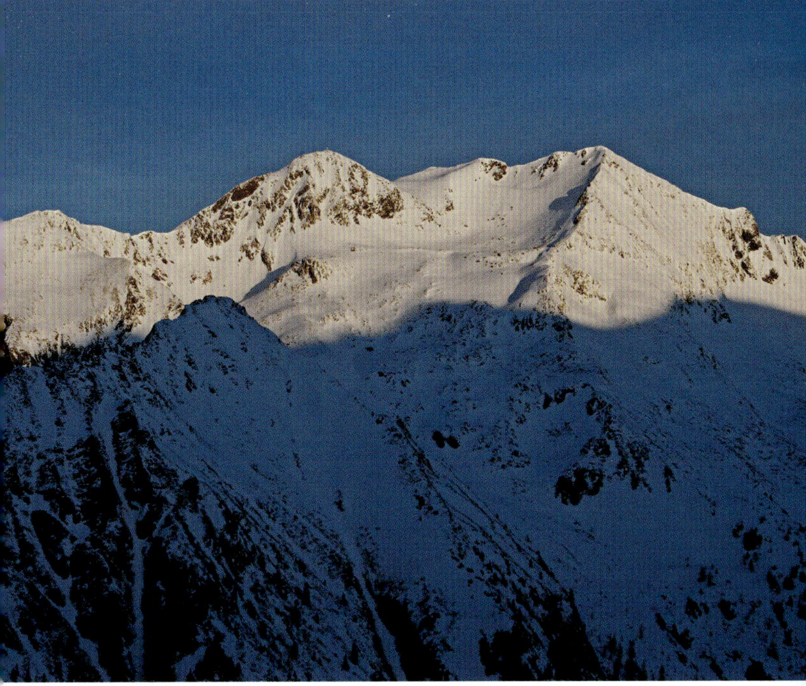

Morgenstund' – Sonnenaufgang am Deneck (Schladminger Tauern), gesehen vom Anstieg aufs Schafdach.

Aufstieg: Von der Winkleralmkehre (Bushaltestelle, Schild zur Erzherzog-Johann-Hütte) auf einer Fahrstraße nach Südosten bis kurz vor die **Erzherzog-Johann-Hütte** (im Winter geschlossen). Der markierte Wanderweg, der kurz nach dem Ausgangspunkt nach rechts oben (Südosten) abzweigt, bleibt unbeachtet. Links unterhalb der Hütte auf einem Fahrweg vorbei (Richtung Osten) und leicht bergab über eine Brücke (ca. 1490 m). Unmittelbar hinter dieser den Fahrweg zur Winkleralm verlassen und zuerst in südöstlicher Richtung aufsteigen (immer nördlich des Baches), dann allmählich nach Nordosten drehen. Man folgt in diesem Bereich möglichst den freien Flächen, die in der ÖK verzeichnet sind. Auf ca. 1700 m dreht die Aufstiegsrichtung von Nordost auf Nord. Die Hänge nur wenig steigend queren, bis man an einen markanten Graben gelangt, der vom Schafdach nach Westen herunterzieht. Über den Graben und auf den Westrücken des **Schafdachs**. Auf diesem – oder etwas Richtung Graben ausweichend – bis zum **Gipfel**.
Abfahrt wie Aufstieg.

↗ 1100 m | ↘ 1100 m | 8,6 km

18 Gasseneck, 2111 m

3.45 h

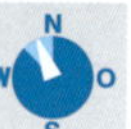

Mehr unbekannt als unverschämt

Warum ein Vorgipfel des Gassenecks »Gipfel der Unverschämtheit« heißt, wissen wohl nur wenige Eingeweihte. Fest steht hingegen, dass man sich am Gasseneck die schönen Skihänge im oberen Teil erst »verdienen« muss – über Forststraßenkehren und einen etwas mühsamen, engen Waldaufstieg zur Oberen Plöschmitzalm. In Summe ein eher exklusives, ziemlich unbekanntes Ziel im Skitourenparadies Sölktal.

Talort: Fleiß im Sölktal (ca. 930 m).
Ausgangspunkt: Bauernhof Spießschweiger (ca. 1010 m). Von Stein an der Enns ins Sölktal und über Großsölk nach Fleiß. Bei der Bushaltestelle »Fleiß-Daumbrücke« links (Schild »Biobauernhof Spießschweiger«). Ca. 600 m hinauf zum Hof, unmittelbar vor ihm parken (wenige gekennzeichnete Stellplätze, Skitouren-Infotafel, Spendenkasse).
Aufstiegszeiten: Spießschweiger – Obere Plöschmitzalm 2 Std., Obere Plöschmitzalm – Gasseneck 1¾ Std.
Anforderungen: Solide Kondition, Orientierungssinn und lawinenkundliches Beurteilungsvermögen. Sichere Skitechnik bei Aufstieg und Abfahrt (v. a. für den Waldabschnitt unter der Oberen Plöschmitzalm).
Hangrichtung: Nord bis Nordwest.
Lawinengefährdung: V. a. am nordseitigen Gipfelhang (häufig eingeweht).
Günstige Zeit: Hochwinter bis zeitiges Frühjahr.
Einkehr: Unterwegs keine. Ödwirt in Fleiß, Tel. +43/3689/240
Variante: Erscheint der Gipfelhang des Gassenecks zu heikel, kann man auch folgendermaßen aufsteigen: Von der verfallenen Hütte auf der Oberen Plöschmitzalm links über den Graben hinüberqueren zur neueren Hütte, die ganz im Osten der Alm am Waldrand steht. Von dort die Hänge östlich hinauf, dann über einen breiten Rücken südöstlich zum felsigen, nordöstlichen Vorgipfel des Gassenecks (»Gipfel der Unverschämtheit«, ca. 2080 m). Weiter am Verbindungskamm – zuletzt etwas nach rechts in die Flanke ausweichen – zum Gasseneck-Hauptgipfel.
Hinweis: Bitte beim Spießschweiger-Hof nur die gekennzeichneten Auto-Abstellplätze verwenden!

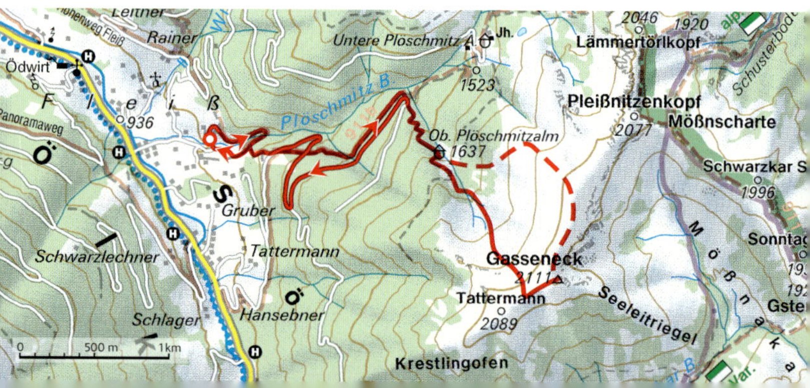

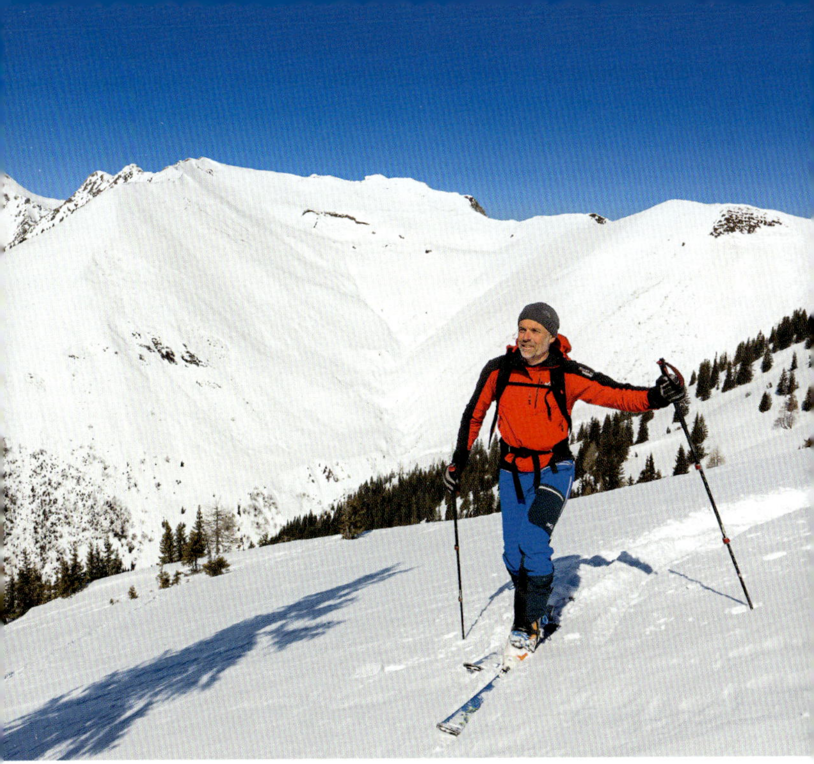

Gute Bekannte: Vom Gasseneck zeigen sich Plöschmitzzinken (links, Tour 16) und Gumpeneck (ganz links hinten, Tour 19).

Aufstieg: Am Stadel neben dem Biobauernhof **Spießschweiger** befindet sich ein Wegweiser Richtung Hangofen. Dort folgen wir dem Fahrweg durch eine Rechtskehre und gehen danach bei einer Kreuzung geradeaus. Über eine Linkskurve in ein Tälchen, dann rechts auf einer Holzbrücke über den Plöschmitzbach (Hangofen-Wegweiser). Entlang des Sommerweges über einen etwas unangenehmen Waldhang hinauf in freies Gelände. Dort folgt man den **Fahrwegkehren** bergauf (oder kürzt dazwischen über Wiesen ab), ehe man kurz nach einer Linkskehre rechts auf einen Abkürzungssteig abzweigt (rot-weißer Holzpfeil). Wenig später überquert man die Straße und folgt dem nächsten Abkürzungssteig (markierter **Sommerweg**, Wegweiser »Lämmertörl, Hangofen«). Auf ihm geht es später durch einen markanten Graben, dann folgt eine längere ansteigende Querung, bis wir auf ca. 1390 m wieder nahe an die oberhalb verlaufende Straße

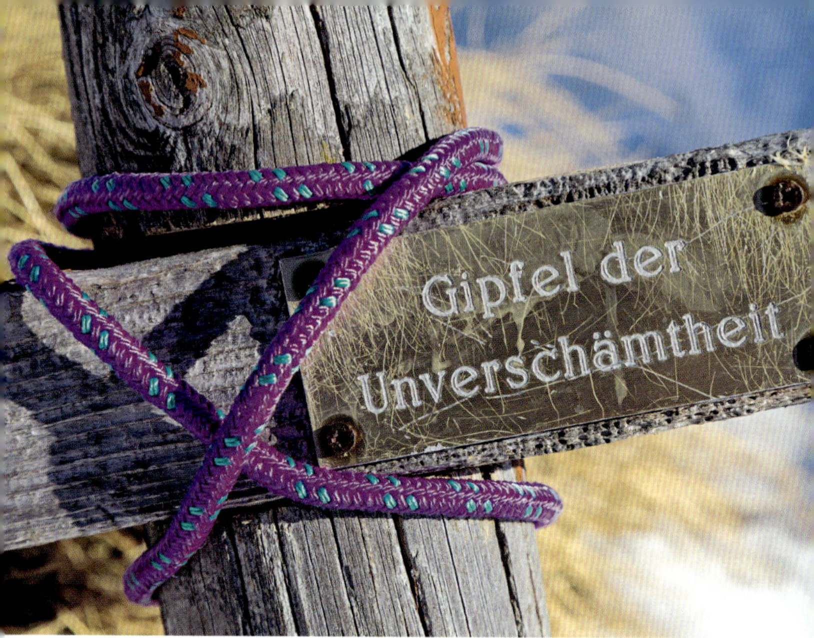

Kuppe mit Empörungspotenzial: Ein Vorgipfel des Gassenecks trägt einen originellen Namen.

herankommen (kurz vor dem Graben, der von der Oberen Plöschmitzalm nach Nordwesten hinunterführt). Dort rechts hinauf zur Straße, durch eine Rechtskehre und gut 50 m danach links in den Wald abbiegen. Nun auf einem **unmarkierten Almsteig** (je nach Schneelage mehr oder weniger gut erkennbar) in Kehren über den Rücken nach Süden bis Südosten bergauf. Zuletzt am Rand einer steilen Wiese hinauf zu einer verfallenen Hütte auf der **Oberen Plöschmitzalm** (ca. 1640 m). Von hier durch lichten Wald nach Südosten, auf ca. 1680 m links über den Bachgraben und weiter Richtung Südosten auf die freien Böden unter der Gasseneck-Nordwestflanke. Über den Steilhang in den Sattel zwischen Gasseneck und Tattermann, dann links am Rücken hinauf zum **Gasseneck** (2111 m) – zuletzt meist ohne Skier.
Abfahrt: Entlang der Aufstiegsroute. Unterhalb der Ob. Plöschmitzalm ist am engen Almweg gute Abfahrtstechnik gefragt. Weiter unten der Forststraße folgen, nicht dem Sommerweg. Dabei auf ca. 1260 m bei einer Straßenkreuzung rechts! Ganz unten muss man nicht mehr am Sommerweg über den Plöschmitzbach, sondern kann über Wiesen nach Westen runterschwingen, bis man knapp unterm Spießschweigerhof auf die Zufahrtsstraße trifft.

↗ 1200 m | ↘ 1200 m | 11 km

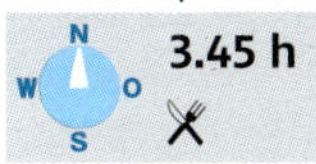

3.45 h

Gumpeneck, 2226 m

19

Aussichtsloge über dem Naturpark Sölktäler

Da ist alles drin: Ein gemütlicher Beginn, eine bewirtschaftete Hütte, steile Almwiesen, ein schönes, freies Kar und ein aussichtsreicher, nicht zu schmaler Kamm zum Gipfel. Nicht zuletzt deshalb wird man am Gumpeneck selten allein sein. Macht aber nichts – auf der Abfahrt bleibt genug Platz für alle.

Talort: Großsölk (941 m).
Ausgangspunkt: Parkplatz »Koller« (ca. 1080 m). Von Stein an der Enns Richtung Sölkpass. 4 km nach dem Ortsende-Schild von Stein (kurz vor dem Schloss Großsölk) links abbiegen (Tafeln » Gumpeneck, Schönwetterhütte«) und auf schmaler Bergstraße (evtl. Ketten!) 2 km hinauf zum Koller-Parkplatz. Bei Platzmangel vom Koller-Parkplatz links die Schotterstraße hinauf zu einem zweiten Parkplatz!
Aufstiegszeiten: Parkplatz – Schönwetterhütte 1¼ Std., Schönwetterhütte – Blockfeldspitz 1½ Std., Blockfeldspitz – Gumpeneck 1 Std.
Anforderungen: Gute Kondition und etwas lawinenkundliches Beurteilungsvermögen nötig. Harscheisen am Gumpeneck-Nordwestgrat oft hilfreich. Karrenweg zw. Koller und Schönwetterhütte teilweise eng und manchmal eisig.
Hangrichtung: Alle Expositionen, vorwiegend West bis Nord.
Lawinengefährdung: Vor allem bei der Direktabfahrt zwischen Blockfeldspitz und Gumpeneck ins Nordkar. Vorsicht auch auf den steilen Almhängen oberhalb der Schönwetterhütte, ebenso am Grat auf Wechten!
Günstige Zeit: Zeitiges Frühjahr, evtl. auch im Hochwinter. Ideal, wenn am Zustieg ab Koller-Parkplatz noch durchgehend Schnee liegt und der Gipfelrücken nicht abgeblasen oder ausgeapert ist!
Einkehr: Schönwetterhütte, Tel. +43/3684/31038, www.schoenwetterhuette.at.
Hinweise: Bitte die Wildschutzzone im Bereich des »Salzlecks« (auf manchen Karten »Salzeck«) meiden! In diesem Bereich der empfohlenen Skitourenroute folgen, die »wildverträglich« auf den Nordnordwestgrat des Blockfeldspitzes führt.

Panorama-Laufsteg: Der obere Teil des Gumpeneck-Anstiegs führt über den langen und aussichtsreichen Grat, der im Vordergrund von links zum Gipfel verläuft.

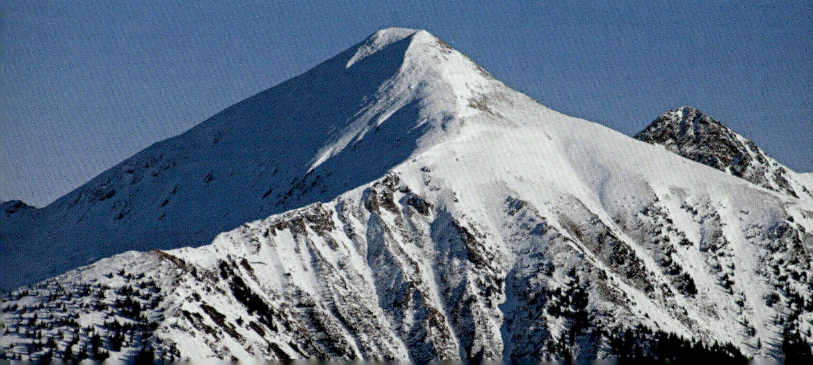

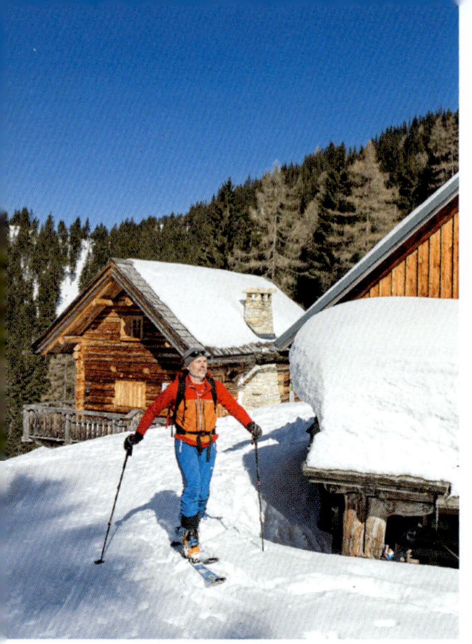

Bei den Adambauernhütten geht's hinaus ins freie Gelände.

Aufstieg: Vom **Koller-Parkplatz** folgen wir dem Wegweiser Richtung Schönwetterhütte. Auf der Straße nordöstlich hinauf zum Gehöft Koller. Nach den Häusern am breiten Karrenweg weiter bergauf. Er führt entlang der Sommermarkierung zuerst nach Nordosten, bald aber eher nach Osten. Dabei schlängelt er sich auf den Süd- und Westhängen um ein paar Geländerücken herum. Auf ca. 1340 m überquert man in einer Rechtskurve den Feisterbach und lässt dann den geschlossenen Wald hinter sich. Dort den Karrenweg nach links verlassen (blaues Schild »Schneeschuhwanderweg Gumpenalm«; Gatter) und in südöstlicher

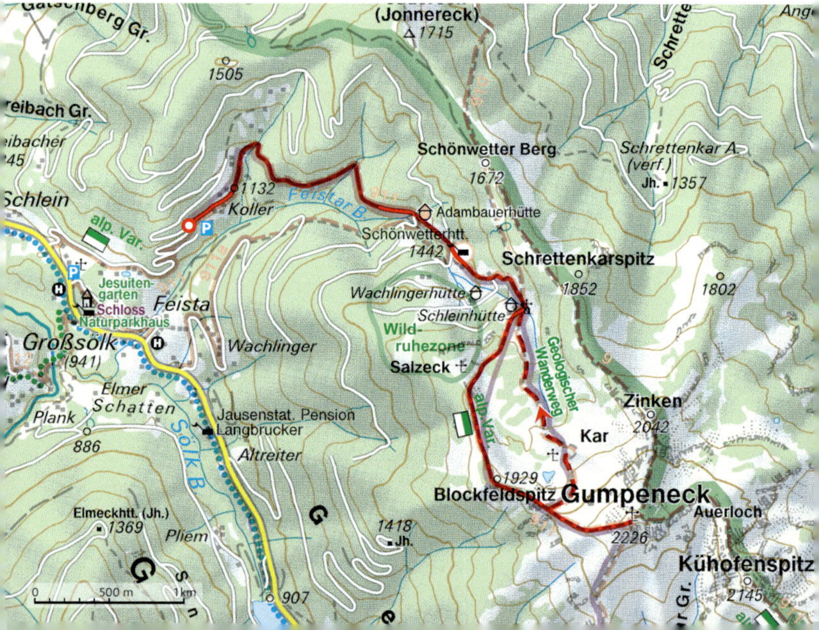

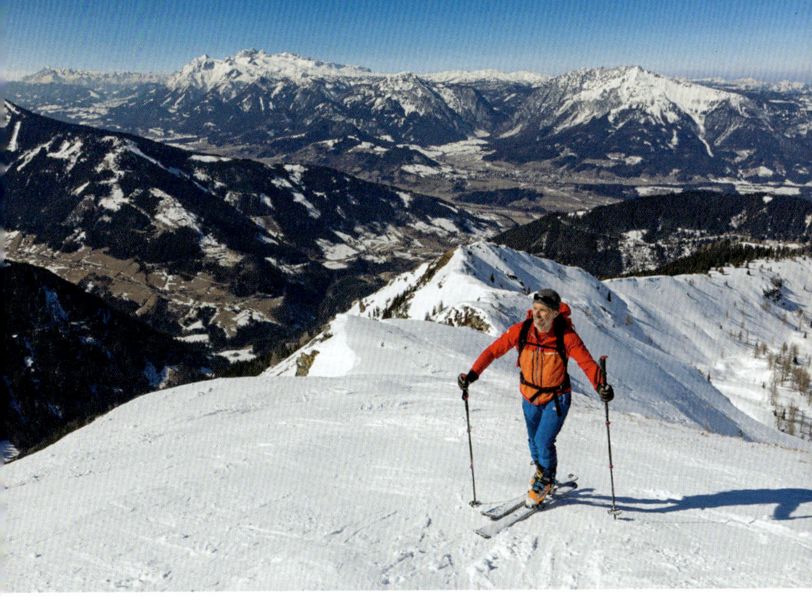

Zwei Welten: Während am Gumpeneck-Nordostrücken noch gute Skitouren-Bedingungen herrschen, schaut unten im Ennstal schon der Frühling vorbei.

Richtung hinauf zu den Adambauernhütten und weiter zur **Schönwetterhütte** (1442 m).
Nun den steilen Wiesenhang nach Südosten bergauf bis zu einer einzelnen Almhütte, bei der ein Fahrweg endet. Ihn überqueren (Holzschild: »Geologischer Lehrpfad«) und kurz noch in gleicher Richtung über die Wiese bergauf, dann nach rechts (Süden) umbiegen und zu den letzten Almhütten, den **Schleinhütten** (ca. 1650 m). Hier beginnt das **Gumpenkar**, durch das wir über sanft ansteigende Böden in südwestlicher Richtung weitergehen. Die »wildverträgliche« Skitourenroute bringt uns über einen kurzen Hang auf den Nordnordwestkamm des Blockfeldspitzes. Diesen erreicht man etwas südlich des Wildschutzgebietes beim »Salzleck«. Entlang des Grates auf den **Blockfeldspitz** (1929 m). Immer in südöstlicher Richtung am Verbindungskamm weiter Richtung Gumpeneck (eine schmälere Stelle, Vorsicht bei Wechten!) und über dessen Nordwest- bzw. Westrücken zum **Gipfel**.
Abfahrt wie Aufstieg. Bei stabilen Schneeverhältnissen ist etwa in der Hälfte des Verbindungskammes Gumpeneck – Blockfeldspitz (Tafel des Geologie-Lehrpfades, Aufschrift »Rutschung«) eine Direktabfahrt ins Gumpenkar möglich. Im Gumpenkar bzw. im Almbereich mehrere Variationsmöglichkeiten.

↗ 1100 m | ↘ 1100 m | 11,8 km

20 Stubwieswipfel, 1786 m

3.30 h

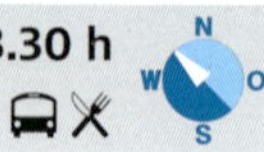

Einfache Genusstour auf einen markanten Felszahn

Mit seiner markanten Südwand wirkt der Stubwieswipfel äußerst mächtig. Über die relativ einfache Nordwestseite lässt er sich aber erstaunlich problemlos ersteigen. Eine perfekte Tour für Genießer oder für den Saisonstart. Und die Standseilbahn hat schon so manchen Aufstieg abgekürzt.

Talort: Spital am Pyhrn (640 m).
Ausgangspunkt: Parkplatz der Wurzeralm-Standseilbahn (ca. 805 m). Von Liezen oder Spital am Pyhrn (A 9) über die Pyhrnpass-Straße (B 138) Richtung Wurzeralm. Auf der oberösterreichischen Seite nördlich der Passhöhe, von Spital kommend unmittelbar vor der ersten Kehre, nach rechts (Schild). Öffentlich: Vom Bahnhof Liezen oder Spital am Pyhrn mit dem Bus zur Haltestelle Wurzeralmseilbahn.
Aufstiegszeiten: Parkplatz – Wurzeralm 2 Std., Wurzeralm – Gipfel 1½ Std.
Höhenunterschied: Bis zur Bergstation ca. 610 Hm. Von dort ca. 60 Hm abfahren und weitere 430 Hm zum Gipfel.
Anforderungen: Für Einsteiger geeignet. Lediglich der kurze Gipfelhang präsentiert sich steil. Im unmittelbaren Bereich des Gipfels ist Vorsicht geboten – Absturzgefahr über die Südwand!
Hangrichtung: Nordwest über Nord bis Südost.
Lawinengefährdung: Großteils unbedenklich. Im schmalen Graben zur Stubwiesalm und am kurzen Gipfelhang ist Vorsicht geboten. Die Tour wird jedoch häufig begangen, die Hänge sind daher meist intensiv verspurt.
Günstige Zeit: Hochwinter.
Einkehr: Linzer Haus, OeAV-Sektion Linz, Tel. +43/7563/237, www.linzerhaus.com; Weitere Einkehrmöglichkeiten finden sich auf der Wurzeralm.
Variante: Eine durchaus lohnende Ergänzung bietet der Anstieg auf die Rote Wand von der Stubwiesalm über den Hals und Mitterberg.
Tipp: Einsteiger und Genießer können

Herrlicher Panoramablick über die Wurzeralm zum Warscheneck.

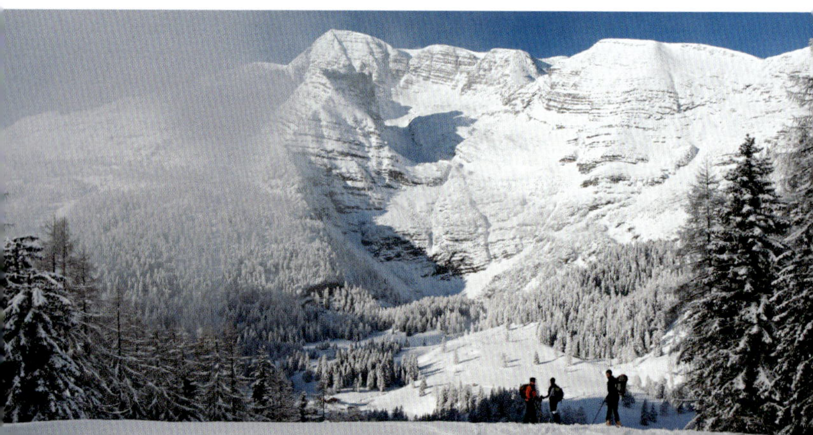

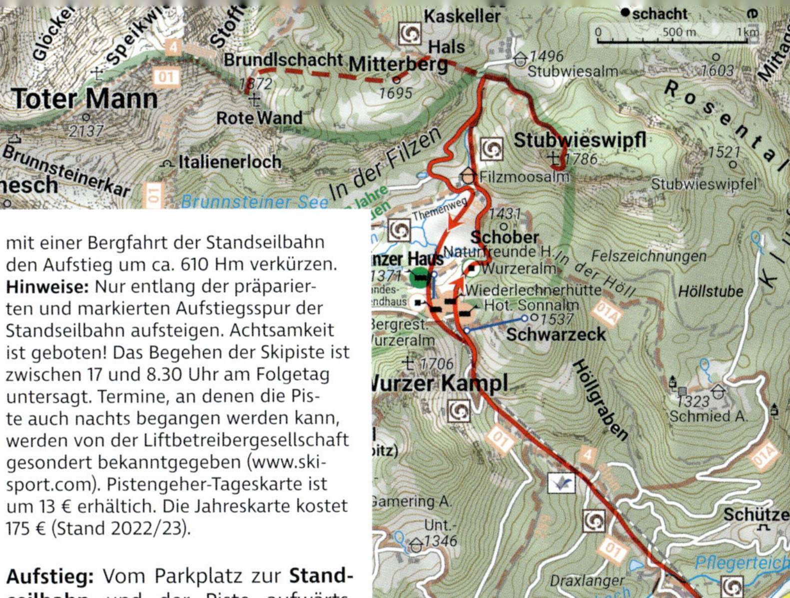

mit einer Bergfahrt der Standseilbahn den Aufstieg um ca. 610 Hm verkürzen. **Hinweise:** Nur entlang der präparierten und markierten Aufstiegsspur der Standseilbahn aufsteigen. Achtsamkeit ist geboten! Das Begehen der Skipiste ist zwischen 17 und 8.30 Uhr am Folgetag untersagt. Termine, an denen die Piste auch nachts begangen werden kann, werden von der Liftbetreibergesellschaft gesondert bekanntgegeben (www.ski-sport.com). Pistengeher-Tageskarte ist um 13 € erhältich. Die Jahreskarte kostet 175 € (Stand 2022/23).

Aufstieg: Vom Parkplatz zur **Standseilbahn** und der Piste aufwärts folgen. Stets entlang der Standseilbahn, überwiegend am rechten Pistenrand. Meist flach und gemächlich, im letzten Drittel etwas steiler erreichen wir die **Wurzeralm** (Vorsicht auf Skifahrer im oberen Bereich). Am Sattel angekommen, sich rechts haltend kurz abfahren und westlich am Schober vorbei zur **Filzmoosalm** (bei Nebel etwas unübersichtlich – darauf achten, dass nicht eine der ersten beiden Abzweigungen nach rechts in den Höllgraben genommen wird, erst bei der Filzmoosalm nach rechts bergauf). Von hier nach Norden in den Graben. Sobald der Wald kurz vor den Stubwiesalmhütten verlassen wird, sich rechts halten und in einem Bogen entlang des Sommerweges auf den Almwiesen in südöstlicher Richtung weiter. Auf ca. 1680 m wird ein kleines Plateau erreicht. Von dort nach rechts zum steilen **Gipfelhang**. Die letzten Meter nach rechts (Osten) evtl. zu Fuß bewältigen (Skidepot).

Abfahrt: Bis zur Stubwiesalm entlang der Aufstiegsspur und je nach Schneelage weiter durch den Graben zur Filzmoosalm. Man kann auch auf der kurz nach der Stubwiesalm rechts aus dem Graben abzweigenden Straße bis zum **Teichlboden** abfahren. Von hier direkt über den Boden (Loipe) bis zum **Linzer Haus**. In südlicher Richtung zur Bergstation der Standseilbahn aufsteigen und von dort über die Piste entlang des Aufstiegsweges zurück zum **Ausgangspunkt**.

↗ 400 m | ↘ 1320 m | 14 km

21 Loigistal über Wurzeralm

2.00 h

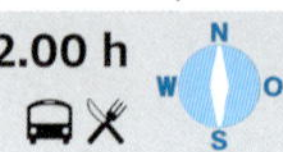

»Skitour plus« mit großartigem Abfahrtszuckerl

Die gemütliche Auffahrt mithilfe der Liftanlagen bis zum Frauenkar und die Abfahrt durch das landschaftlich einzigartige Loigistal bilden zwei schlagkräftige Argumente, die auch Anfänger von der magischen Kraft des Skitourengehens überzeugen: wärmende Sonnenstrahlen im Aufstieg und Pulver bei der Abfahrt.

Talorte: Spital am Pyhrn (640 m), Vorderstoder (810 m).
Ausgangspunkt: Bergstation Standseilbahn Wurzeralm (Betriebszeiten beachten – www.skisport.com). Anfahrt wie Tour 20; bei Benutzung der Bahn kann kostenlos beim Großparkplatz an der Talstation geparkt werden, ansonsten muss ein Pistengeher-Ticket gelöst werden (siehe Tour 20).
Öffentlich: Vom Bahnhof Liezen oder Spital am Pyhrn mit dem Bus zur Haltestelle Wurzeralmseilbahn.
Endpunkt: Parkplatz Großgrub (874 m), Abzweigung Schafferteich. Anfahrt von Linz oder Graz: über die A 9 bei Windischgarsten/Roßleithen abfahren und ca. 500 m der Bundesstraße (B 138) Richtung Spital am Pyhrn folgen. Hier nach rechts nach Roßleithen und weiter Richtung Vorderstoder. Von einer markanten Kehre noch ca. 1,5 km dem Straßenverlauf folgen, vor einer Brücke nach links Richtung Schafferteich (Schild) und nach ca. 1,2 km rechts zum Parkplatz. – Vom Parkplatz Wurzeralm:

Licht- und Schattenspiel in der Zwischenwändenscharte.

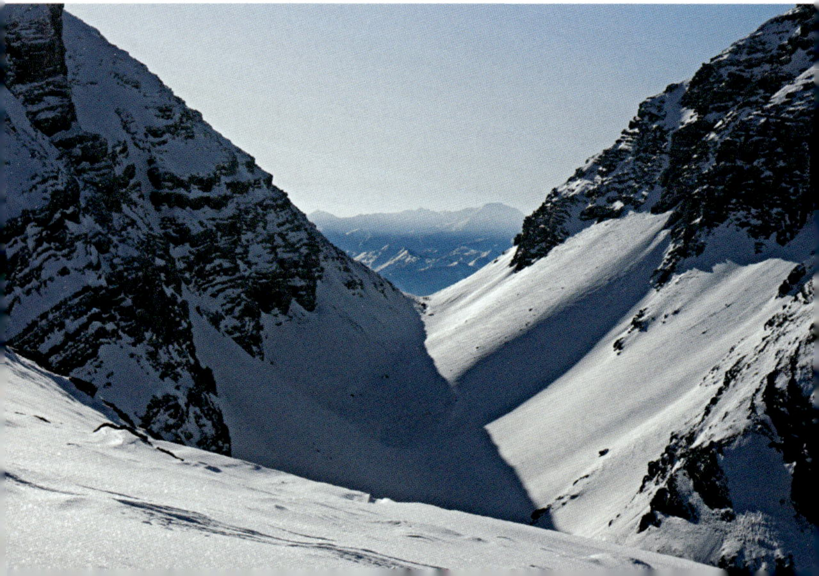

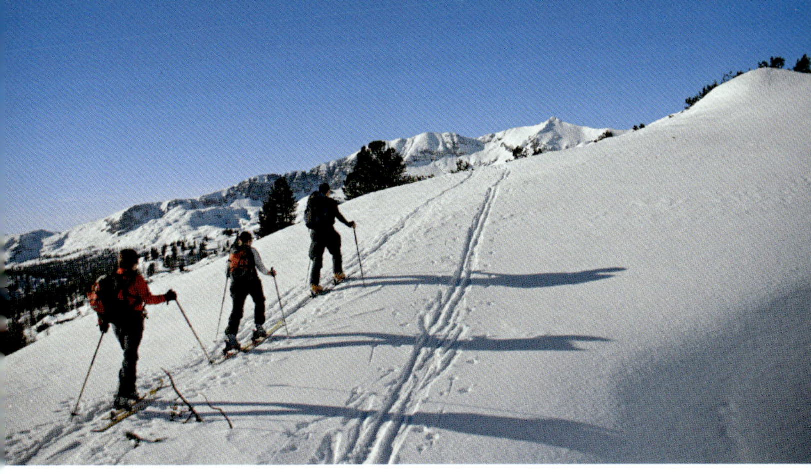

Kaiserwetter auf der Karsthochfläche im Aufstieg zur Zwischenwändenscharte mit Ausblick zum Hochmölbing.

Der B 138 Richtung Norden folgen, weiter wie oben.
Aufstiegszeiten: Frauenkar-Bergstation – Zwischenwänden 2 Std.
Höhenunterschied: Von der Bergstation Standseilbahn bis zur Talstation Frauenkarsessellift ca. 30 Hm Abfahrt. Von der Bergstation Frauenkarsessellift abermals ca. 155 Hm Abfahrt vor dem Zustieg zur Scharte (ca. 400 Hm). Abfahrt zum Endpunkt 1130 Hm.
Anforderungen: Relativ flache Tour, die auch für Skitouren-Anfänger gut geeignet ist, wenn diese skifahrerische Vorkenntnisse mitbringen, denn die Abfahrt ist ca. 1000 Hm länger als der Aufstieg. Guter Orientierungssinn ist für den Aufstieg am Plateau nötig.
Hangrichtung: Alle Expositionen, vor allem Südost bis Südwest im Aufstieg und Nordost bis Nordwest bei der Abfahrt.
Lawinengefährdung: Bis zur Zwischenwändenscharte und bei der Abfahrt bis auf die Höhe von ca. 1700 m bilden die Einflussbereiche der steileren Hänge eine zu beachtende Gefahrenquelle, bei der Abfahrt die letzte Steilstufe. Ansonsten aufgrund des Geländes keine besondere Gefährdung.
Günstige Zeit: Hochwinter – Frühjahr.
Einkehr: Unterwegs siehe Tour 20. Gasthöfe in Spital am Pyhrn, Roßleithen oder Vorderstoder (z. B. Landhotel Stockerwirt, Tel. +43/7564/8214, www.stockerwirt.net).
Variante: Bei guten Bedingungen kann die Besteigung des Pyhrner Kampls über die Südostseite und die direkte Abfahrt ins sogenannte obere (westliche) Loigistal vorgenommen werden.
Tipp: Sollte kein zweites Auto zur Bereitstellung am Endpunkt vorhanden sein, so kann der auf Wanderer und Skitourengeher spezialisierte regionale Taxidienst Rebhandl unter Tel. +43/664/9076020, www.rebhandl.com kontaktiert werden.
Hinweis: Achtung, bei Nebel ist das Gelände zwischen Bergstation Frauenkarsessellift und Zwischenwändenscharte aufgrund des Plateaucharakters äußerst unübersichtlich und birgt aufgrund der vorhandenen Dolinen im Bereich der Spur erhebliche Gefahren!

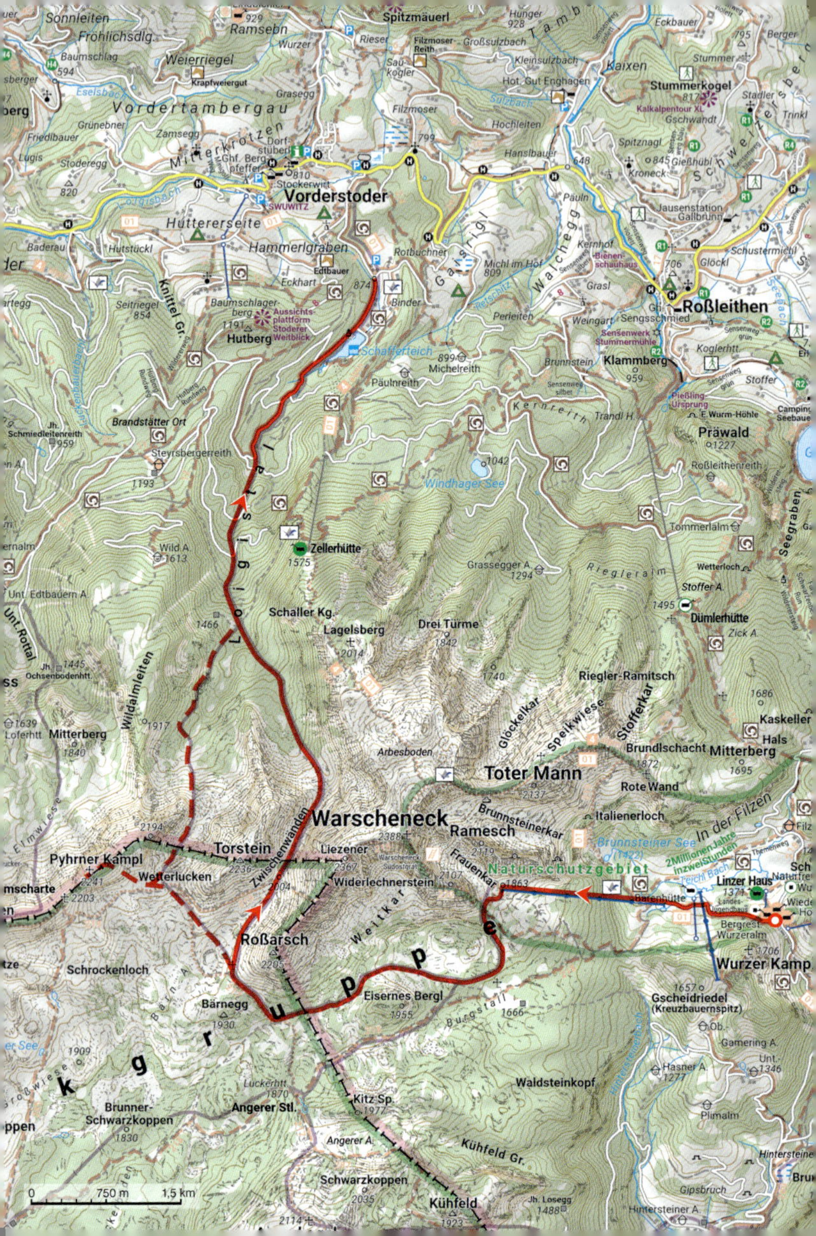

Sonnleiten
Fröhlichsdlg.
Ramseb'n
Spitzmäuerl
Hunger
928
Weierriegel
Krapfweiergut
Filzmoser-Reith
Großsulzbach
Sau-kogler
Kleinsulzbach
Hot. Gut Enghagen
Kaixen
Eckbauer
Berger
Stummer
Stummerkogel
817
Kalkalpentour XL
Gschwandt
Stadler
Trinkl
Baumschlag
594
Eselsbach
Vordertambergau
Grasegg
Filzmoser
Sulzbach
Hochleiten
Grünebner
Friedlbauer
Zamsegg
Mitterkrotzen
799
Spitznagl
Lugis
Stoderegg
820
Gbf. Berg
Dorf-stuben
Hanslbauer
648
845
Gießhübl
Kroneck
Stockerwirt
810
Vorderstoder
SWUWITZ
Pauln
Jausenstation Gallbrunn
Huttererseite
Hammerlgraben
Baderau
Hutstückl
Rotbuchner
Michl im Hof
809
Walchegg
Kernhof
Bienen-schauhaus
706
Schustermichl
Glöckl
Edtbauer
Eckhart
874
Binder
Grasl
Roßleithen
Sengsschmied
Knittel Gr.
Seitriegel
854
Baumschlager-berg
1191
Aussichtsplattform Stoderer Weitblick
Hutberg
Schafferteich
Perleiten
Weingart
Sensenwerk Stummermühle
Koglerhtt.
Brunnstein
Klammberg
959
Stoffer
899
Michelreith
Päulnreith
Kernreith
Pießling Ursprung
E. Wurm-Höhle
Camping Seebauer
Brandstätter Ort
Jh. Schmiedleitenreith
959
Steyrsbergerreith
Trandl H.
Präwald
1227
1042
Roßleithenreith
1193
Windhager See
Loigistal
Seegraben
Tommerlalm
Wild A.
1613
Zellerhütte
1575
Grassegger A.
1294
Riegleralm
Wetterloch
Stoffer A.
Unt. Edtbauern A.
1495
Dümlerhütte
Schaller Kg.
1466
Lagelsberg
2014
Drei Türme
1842
Zick A.
Unt. Rottal
Jh. Ochsenbodenhtt.
1445
Wildalmleiten
1740
Riegler-Ramitsch
1686
1639
Loferhtt.
Mitterberg
1840
1917
Glöckelkar
Speikwiese
Stofferkar
Kaskeller
Hals
Arbesboden
Brundlschacht
Mitterberg
1695
1872
Toter Mann
2137
Rote Wand
Brunnsteinerkar
Italienerloch
Warscheneck
2388
Ramesch
2119
Brunnsteiner See
(1422)
In der Filzen
2 Millionen Jahre in zwei Stunden
Themenweg
2194
Pyhrner Kampl
Torstein
2236
Liezener
2367
Frauenkar
Naturschutzgebiet
Teichl Bach
Wetterlucken
2241
Zwischenwänden
2004
Widerlechnerstein
2107
1863
Bärenhütte
Linzer Haus
1371
Bergrest. Wurzeralm
1706
Wurzer Kamp
2203
Roßarsch
2205
Weitkar
Schrockenloch
Bärnegg
1930
Eisernes Bergl
1955
1657
Gscheidriedel (Kreuzbauernspitz)
Burgstall
1666
Warscheneckgruppe
Gamering A.
Unt.
1346
Hasner A.
1277
1909
Luckerhtt.
1870
Waldsteinkopf
Brunner-Schwarzkoppen
1830
Angerer Stl.
Kitz Sp.
1977
Plimalm
Angerer A.
Kühfeld Gr.
Hintersteiner
Schwarzkoppen
2035
Gipsbruch
0
750 m
1,5 km
Kühfeld
1923
2114
Jh. Losegg
1488
Hintersteiner A.

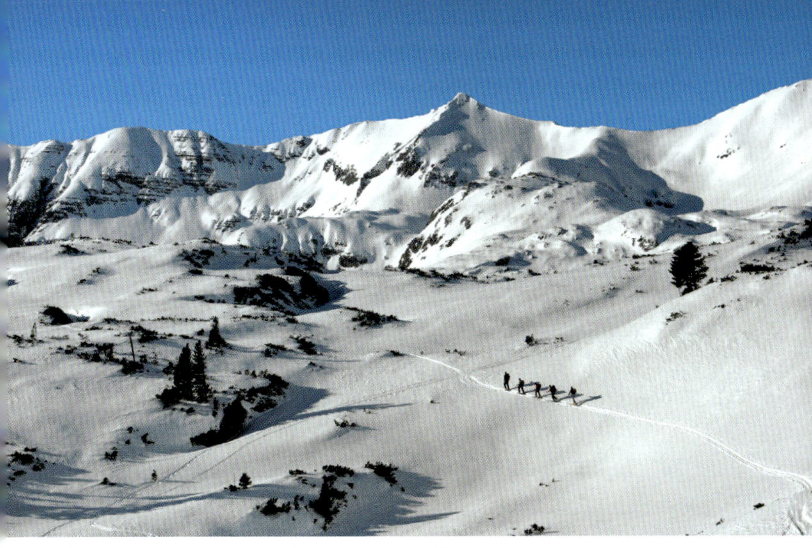

Hochmölbing und Kreuzspitze thronen über dem Hochplateau.

Auffahrt und Zwischenabfahrten: Zunächst von der **Bergstation der Standseilbahn** nach links zur **Talstation des Frauenkarsesselliftes** abfahren (Schilder). Mithilfe des Sessellifts zur **Bergstation**. Von dort zuerst kurz auf der Piste abwärts und dann nach rechts (ca. 1800 m) über den Südwesthang bis in den Boden (ca. 1620 m) links von der Senke abfahren.
Aufstieg: Dort wird das erste Mal angefellt. Kurz relativ eben nach Südwesten Richtung Eisernes Bergl. Nördlich einer Mulde dann in einem weiten Bogen nach rechts bergauf am Eisernen Bergl vorbei und nördlich in den Sattel zwischen Eisernem Bergl und Roßarsch (ca. 1830 m). Weiter nach Südwesten, bis sich der Roßarsch nach rechts umgehen lässt. Nach Erreichen des breiten **Sattels** (ca. 1905 m) zwischen Bärnegg und Roßarsch halten wir uns kontinuierlich rechts und steuern in das breite Kar, zuletzt etwas steiler, zur **Zwischenwändenscharte** (2004 m).
Abfahrt: Von der Scharte geht es rechts an einer Mulde vorbei und weiter am rechten Rand bergab. Nach einem flacheren Stück zur Steilstufe, danach über einen Rücken und im rechten Hangbereich bergab ins breite Kar. Dort stets in der Mitte leicht bergab nach Nordwesten, östlich an einer Jagdhütte vorbei. Hier wird das Gelände merkbar steiler und wir wählen die Abfahrt am rechten Rand, östlich des Grabens. Zuletzt steiler erreichen wir schließlich wieder flacheres Terrain, wo wir zwei Hütten passieren und zu guter Letzt meist schneesicher entlang einer Forststraße im linken Bereich des Grabens bis zum Parkplatz beim **Schafferteich** fahren können.

↗ 1140 m | ↘ 1140 m | 11 km

22 Wilde (Wildalmleiten)-Vorgipfel, ca. 1880 m

3.45 h

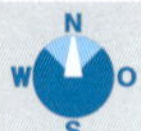

Mehr sanft als wild

Die Wilde: ein völlig unscheinbarer Buckel oberhalb von Vorderstoder – aber mit genialer Aussicht zum Großen Priel und zur Spitzmauer gegenüber! Und mit einer beliebten Abfahrt nach Norden, meist auch nach Neuschneefällen oder bei etwas schlechterem Wetter möglich. Der Übergang zum Hauptgipfel gibt wenig her, daher drehen die meisten Besucher schon am Vorgipfel um.

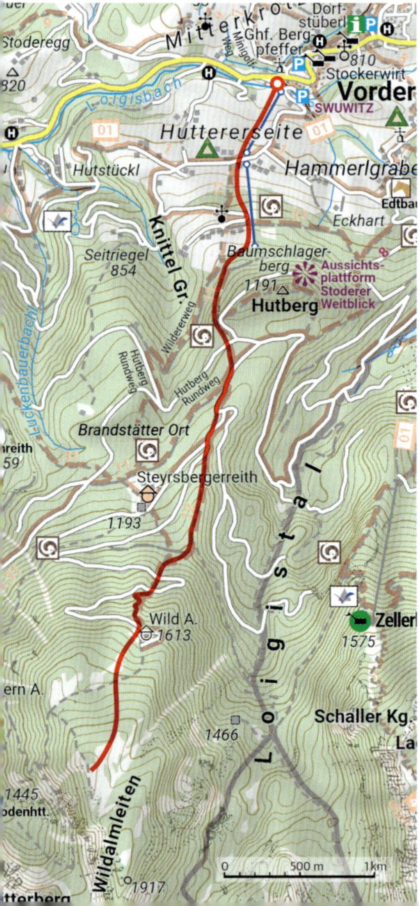

Talort: Vorderstoder (810 m).

Ausgangspunkt: Tourengeherparkplatz bei den ehemaligen Hacklliften (ca. 740 m). Anfahrt über A 9, Abfahrt St. Pankraz, Richtung Hinterstoder. Kurz vor Hinterstoder links abbiegen Richtung Vorderstoder, nach 4,3 km (kurz vor Vorderstoder) rechts auf den Güterweg »Huttererseite« (Schild »Zimmerei/Sägewerk Hackl«). Vor der Tischlereihalle links auf den bezeichneten Parkplatz. Oder A 9, Abfahrt Windischgarsten, über Roßleithen nach Vorderstoder, am westlichen Ortsende links auf den Güterweg »Huttererseite«; weiter wie oben. Öffentlich: Mit der Bahn von Linz oder Selzthal nach Windischgarsten. Weiter mit dem Bus nach Vorderstoder. Ca. 500 m zu Fuß zum Ausgangspunkt.

Aufstiegszeiten: Parkplatz – Baumschlagerberg ¾ Std., Baumschlagerberg – Wildalm 2¼ Std., Wildalm – Wilde-Vorgipfel ¾ Std.

Anforderungen: Technisch recht einfach, wenn auch unterhalb der Wildalm kurz steil. Gute Kondition.

Hangrichtung: Nordwest bis Nordost.

Lawinengefährdung: Am ehesten im Gipfelbereich sowie auf den steilen Waldhängen unterhalb der Wildalm.

Günstige Zeit: Hochwinter.

Einkehr: Unterwegs keine. Stockerwirt & Wirtshaus Bergpfeffer in Vorderstoder.

Hinweise: Bitte nur den ausgeschilderten Tourengeherparkplatz benützen! Bei der Abfahrt über den Nordhang unter der Wildalm bitte den Jungwald meiden!

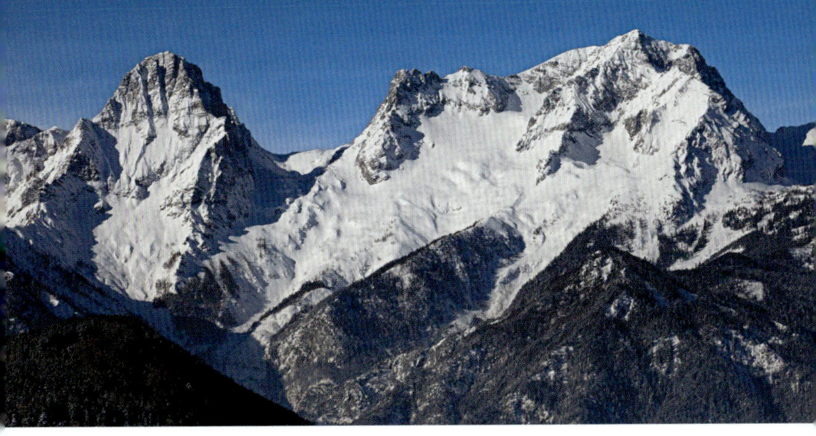

Ungleiche Nachbarn – Spitzmauer (links) und Großer Priel (rechts).

Aufstieg: Vom **Tourengeherparkplatz** entlang der ehemaligen Hackllift-Piste aufwärts (eine Straßenquerung). Auf knapp 960 m (noch vor Ende des zweiten Schleppliftes) schräg nach rechts oben (südwestlich) zum Waldrand queren, bis man sich oberhalb des Almresorts **Baumschlagerberg** befindet. Dort entlang eines stillgelegten »Retro«-Schleppliftes zum Beginn des Waldes, den man rechts von einer uralten roten Metallstütze betritt. Gleich danach rechts auf einen Ziehweg und entlang der roten Einser-Markierungen westlich am Hutberg vorbei bis zur nächsten Forststraße. Gerade über diese und durch den Wald nach Südosten, bis man wieder die Straße erreicht. Auf ihr kurz rechts (südwestlich); ca. 10 m nach einem Infoschild (Naturschutzgebiet Warscheneck Nord) links von der Straße abbiegen.
Durch den lichten Wald, bis auf ca. 1150 m wieder eine Forststraße erreicht wird, der man rechts aufwärts folgt. Am Ende einer freien Fläche gerade weiter (Tafel »Wildalm«; die rechts abzweigende Forststraße bleibt unberücksichtigt). Rund 100 m danach (ca. 1180 m) wird die Straße nach links verlassen (Tafel »Wildalm, Weg Nr. 12«). Nun immer am lichten Waldrücken Richtung Südsüdwest bergauf. Nach einem Jägerstand und einem Umkehrplatz einer kleinen Straße den steilen Nordhang der Wilde nach Süden hinauf (zweimal Straßenquerung). Mit dem dritten Überqueren der Straße ist die **Wildalm** erreicht. Rechts an den Hütten (1613 m) vorbei und durch Wald schräg rechts (südwestlich) aufwärts auf eine Geländekuppe. Über eine freiere Fläche, später durch immer lichter werdenden Wald nach Süden auf den Nordostkamm. Über diesen auf den **Wilde-Vorgipfel** (ca. 1880 m).
Abfahrt wie Aufstieg. Unterhalb der Wildalm sind am steilen Nordhang zwischen den Forststraßenserpentinen etliche direkte Abfahrtsvarianten möglich.

↗ 1180 m | ↘ 1180 m | 12 km

23 Kleine Scheibe, 1836 m

4.00 h

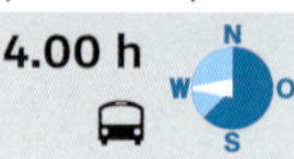

Großartige Tour auf einen kleinen Berg

So beschaulich diese Tour bei Nennung des Zieles und der Höhe auch klingen mag, angesichts der zu überwindenden Höhenmeter und der kleinen »Extras« entpuppt sich diese Tour im ehemaligen Skigebiet als wahrer Diamant für Skitourengeher.

Talort: Hinterstoder (591 m).
Ausgangspunkt: Parkplatz Bärenalm (ca. 660 m, gebührenpflichtig). Wie bei Tour 22 nach Hinterstoder, durch den Ort durch, weiter taleinwärts. An der Abzweigung zum Dietlgut vorbei zum Parkplatz auf der linken Seite (ca. 4,5 km nach der Ortsausfahrt).
Öffentlich: Mit der Bahn bis Hinterstoder und weiter mit dem Bus bis Hinterstoder Bärenalm/Parkplatz.
Aufstiegszeiten: Parkplatz – Schafferreith 1¼ Std., Schafferreith – Bärenalm 1¾ Std., Bärenalm – Kleine Scheibe 1 Std.
Anforderungen: Gut besuchte Tour für Konditionsstarke, die Geschmack aufs Skibergsteigen machen kann. Für die Passagen im steilen Wald und für den Überstieg der Wechte ist sichere Gehtechnik Voraussetzung.
Hangrichtung: Nord, West, Südwest.
Lawinengefährdung: Im steilen, zu querenden Wald zwischen Schafferreith und Peterhoferalm sowie im unmittelbaren Bereich vor der Scharte unterhalb der Nordosthänge des Hirschecks.
Günstige Zeit: Hochwinter – Frühjahr.
Einkehr: Unterwegs keine. In Hinterstoder Restaurant Dorfstub'n Hinterstoder. Tel. +43/7564/5320, www.dorfstubn-hinterstoder.at sowie weitere Gasthöfe.
Variante: Bei entsprechenden Frühjahrsverhältnissen lohnt sich ebenso die Besteigung des Hirschecks (2068 m; ca. 1¼ Std.) aus der Türkenkarscharte über die Ostflanke. Abfahrt wie Aufstieg.
Hinweis: Im unteren Bereich der Beschilderung folgen (Aufforstungsgebiet).

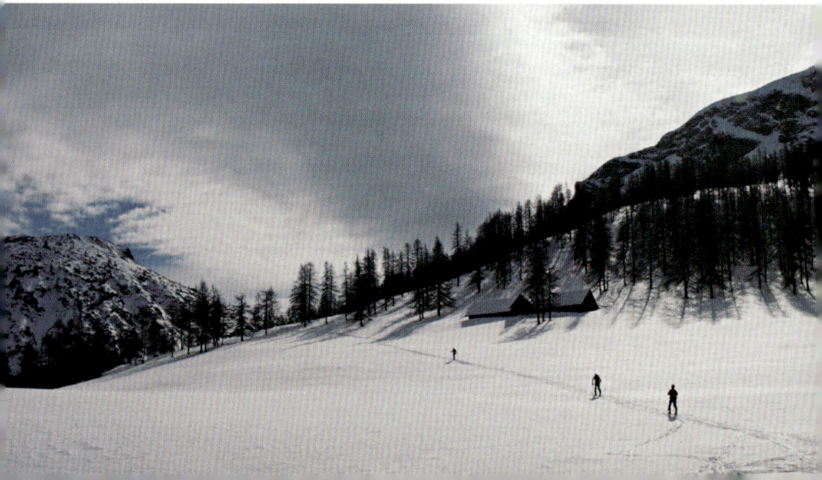

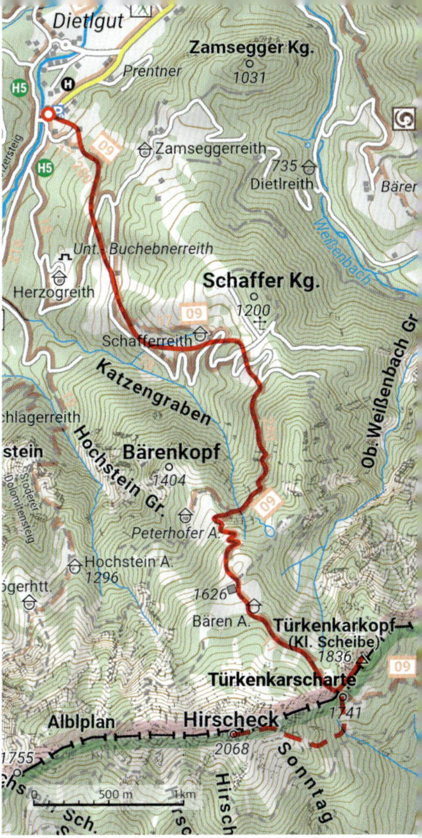

Aufstieg: Vom Parkplatz geht es über die ehemaligen Skipisten bergauf; wir halten uns rechts, bis wir den Sommerweg erreichen. Diesem folgen wir leicht bergauf, erneut auf einer Skipiste, weiter bis zur **Schafferreith**. Dort rechts an der Hütte vorbei; weiterhin der Sommermarkierung folgend, überqueren wir einige Forststraßen, bis am oberen Ende der Freifläche der Weg in einer Kehre nach rechts in den Wald führt. Den steiler werdenden Hang bergauf queren, bis der Weg flach den Wald verlässt. Dort kommt es vor, dass, je nach Schneemenge und vorhergehenden Wetterlagen, eine mehr oder weniger große Wechte am Übergang zur **Peterhoferalm** vorhanden ist. Nun entweder weiter nach rechts, wo es flacher wird, oder bereits ca. 100 Meter vorher über den Graben nach Südwesten auf die Alm. Die Schwierigkeiten hinter uns, folgen wir nach links den Wiesen im lichten Baumbestand weiter bergauf. Zuletzt etwas flacher nach rechts erreichen wir die **Bärenalmhütte**. Von dort über den Almboden nach links weg, leicht bergauf unter der Nordostflanke des Hirschecks entlang und schließlich steil (Vorsicht!) in die **Türkenkarscharte**. Aus der Scharte nach links über den Südwestgrat auf den **Gipfel**.
Abfahrt wie Aufstieg.

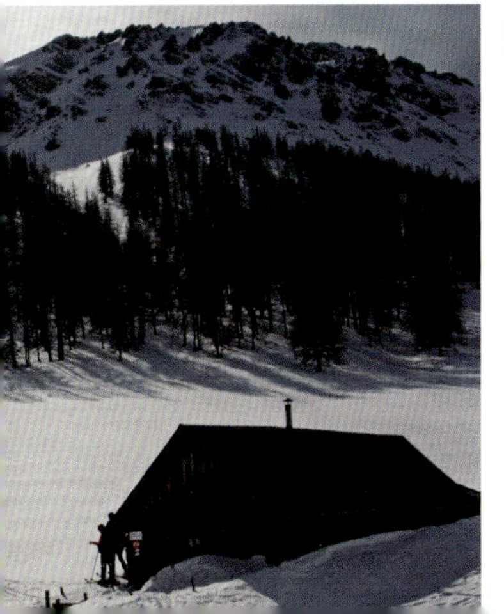

Winterzauber auf der Bärenalm – Kleine Scheibe (links) und Hirscheck (rechts).

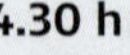

↗ 1430 m | ↘ 1430 m | 13,6 km

24 Großer Brieglersberg, 2148 m – Sigistal

4.30 h

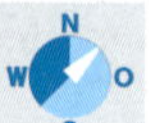

Klassiker im hinteren Stodertal

Eine der landschaftlich großartigsten und einfachsten Abfahrten im Reigen der anspruchsvollen Touren in den Ostkaren des Stoderkammes findet man im unmittelbaren Talschluss. Abgerundet wird die schneidige Frühjahrstour mit der Besteigung des Großen Brieglersberges, von dessen Gipfel sich ein hervorragender Ausblick auf das Plateau des Toten Gebirges eröffnet.

Talort: Hinterstoder (591 m).
Ausgangspunkt: Parkplatz Gasthof Baumschlagerreith (724 m, gebührenpflichtig). Anfahrt siehe Tour 23 bis Parkplatz Bärenalm, von dort noch ca. 2 km weiter taleinwärts (Schilder) bis zum Ende der Fahrmöglichkeit.
Öffentlich: Wie bei Tour 23 und mit dem Bus bis zur Station Baumschlagerreith am Talschluss.
Aufstiegszeiten: Parkplatz – Poppenalm 1 Std., Poppenalm – Sigistalhöhe 2¼ Std., Sigistalhöhe – Großer Brieglersberg 1¼ Std.
Anforderungen: Für konditionsstarke und trittsichere Tourengeher. Im Sigistal (vor allem im unteren Bereich oberhalb der Poppenalm) ist eine bewusste Geländewahl erforderlich; im Frühjahr müssen dort die vereisten Reste der abgegangenen Lawinen mühsam im steilen Gelände überquert werden. Am Plateau ab der Sigistalhöhe ist das Gelände unübersichtlich und Nebel erschwert die Orientierung zum Großen Brieglersberg erheblich.
Hangrichtung: Nord über Ost bis Südwest.
Lawinengefährdung: Bedeutend, vor allem im unteren Bereich an der steilsten Stelle, wo die Gamsspitz-Nordostrinne in das Sigistal mündet. Dort wie im weiteren Anstieg im Sigistal bedarf es einer profunden Beurteilung der aktuellen Lawinensituation.
Günstige Zeit: Frühjahr.
Einkehr: Unterwegs keine. Am Ausgangspunkt der Gasthof Baumschlagerreith, Tel. +43/676/7935807, www.baumschlagerreith.at; Gasthäuser in Hinterstoder.
Varianten: Eine stillere Alternative bietet die Besteigung des Grubsteins (2036 m) von der Sigistalhöhe (ca. ½ Std. ab Abzweigung von der Hauptroute). Längere Frühjahrstage und ein hohes Maß an Kondition ermöglichen bei guten Verhältnissen eine Kombination mit Tour 25. Übergang von der Sigistalhöhe zum Großen Tragl ca. 1½ Std.
Hinweis: Vorsicht bei den Dolinen im Bereich der Sigistalhöhe.

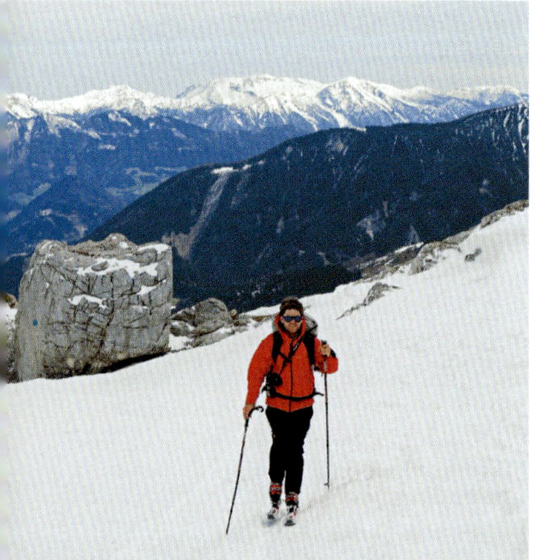

Unten Frühling, oben Winter. Im oberen Teil des Sigistals mit Blick zum Sengsengebirge.

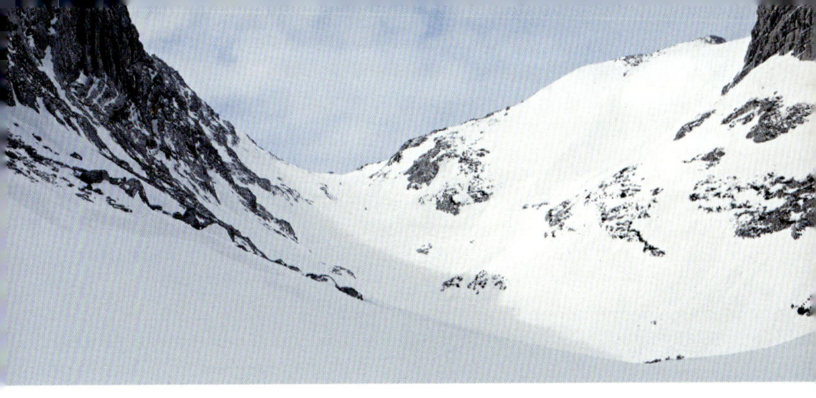

Im oberen Teil rückt die Sigistalhöhe allmählich näher.

Aufstieg: Vom Parkplatz auf der Forststraße taleinwärts, entweder am Steyr-Ursprung vorbei, der Sommermarkierung entlang, oder der linken Straße folgend. Beide Routen treffen nach ca. 500 m wieder aufeinander. Geradeaus weiter bis zur **Poppenalm** (1054 m). Dort flach dem Sommerweg weiter folgend bis zum steilen Graben, der nordöstlich vom Gamsspitz eingesehen werden kann. Am rechten Rand steil bergauf und weiter durch lichten Waldbestand sich rechts haltend in das breite **Sigistal**. Stets im linken Bereich weiter bergauf, einige Steilstufen überwindend in den flachen oberen Bereich und abermals steiler zur **Sigistalhöhe** (ca. 1940 m). Um auf den Gipfel unseres heutigen Tagesziels zu gelangen, gehen wir nach rechts in nördlicher Richtung anfangs flach weiter. Links am Kleinen Brieglersberg vorbei erreichen wir sanft ansteigend den **Gipfel**.
Abfahrt wie Aufstieg.

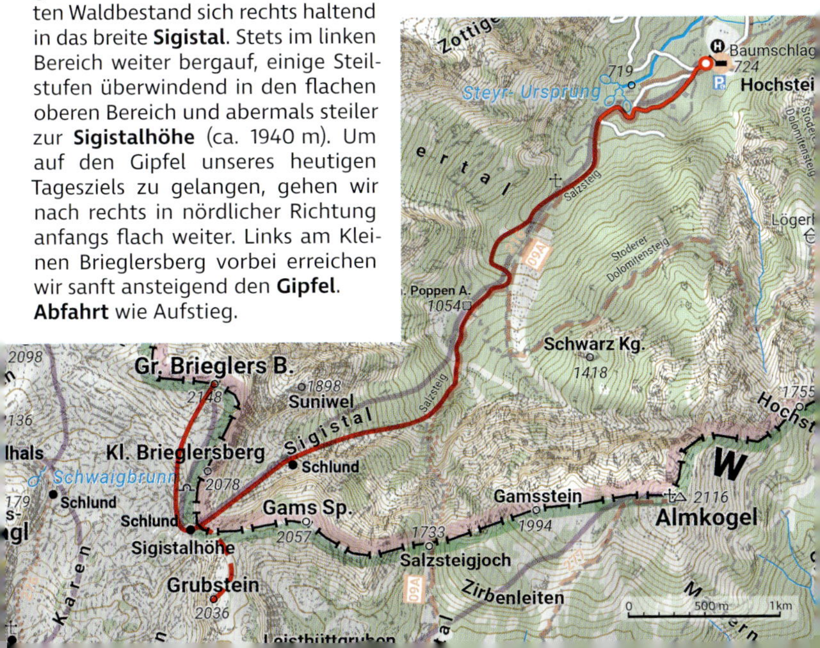

↗ 1060 m | ↘ 1780 m | 17,7 km

25 Großes Tragl, 2179 m

4.15 h

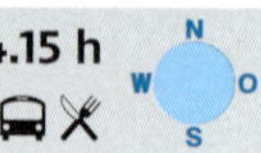

Hochalpin in den Geisterwald

Bereits Gernot und Gisbert Rabeder kamen 1970 in ihrem legendären Skitourenführer des Toten Gebirges ins Schwärmen, wenn sie die Abfahrt ins südliche Öderntal beschrieben. Kaum zu überbietende Szenerie, weitläufige Einsamkeit, rasante Abfahrten – eine der schönsten Touren im Toten Gebirge!

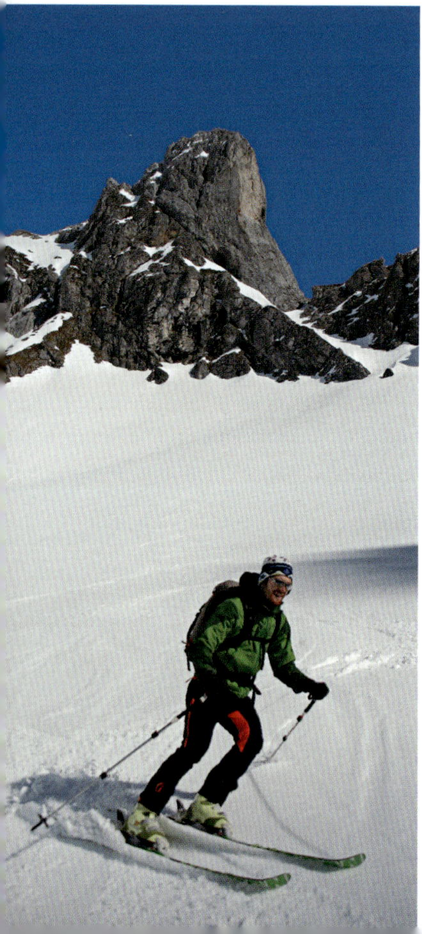

Talort: Tauplitz (896 m).
Ausgangspunkt: Bergstation Tauplitzbahn (1650 m) bzw. Parkplatz Talstation (ca. 930 m). Anfahrt entweder aus dem Ennstal von der Kreuzung beim Schloss Trautenfels kommend auf der B 145 nach Nordwesten oder von Bad Aussee über Bad Mitterndorf nach Tauplitz. Das Ortsgebiet rechts umfahrend bis zum großen Parkplatz nördlich der Kirche. Alternativ kann auch mit dem Postbus (hält bei der Mautstation, fährt nur bei Liftbetrieb) oder dem eigenen Auto in Thörl bei Bad Mitterndorf über die Tauplitzalm-Panoramastraße bis zum Parkplatz in der Nähe des Hollhauses aufgefahren werden. Vom Parkplatz ist es noch ca. 1 km zur Bergstation. Aktuelle Mauttarife und Busfahrpläne: www.alpenstrasse.at.
Öffentlich. Mit dem Zug von Stainach-Irdnung oder Attnang-Puchheim zum Bhf. Tauplitz und von dort mit dem Bus zur Talstation.
Aufstiegszeiten: Bergstation – Steirerseehütten ½ Std., Steirerseehütten – Großes Tragl 2½ Std., Großes Tragl – Ödernalm ca. 1 Std. Abfahrt – Ödernalm – Bergstation 1¼ Std.
Höhenunterschied: 100 Hm Abfahrt von der Bergstation zu den Steirerseen. Zum Gr. Tragl 630 Hm bergauf. 950 Hm Abfahrt zur Ödernalm. 430 Hm Aufstieg zur Bergstation und 730 Hm Abfahrt ins Tal.

Eine firnige Angelegenheit – unter dem markanten Sturzhahn ins Langkar.

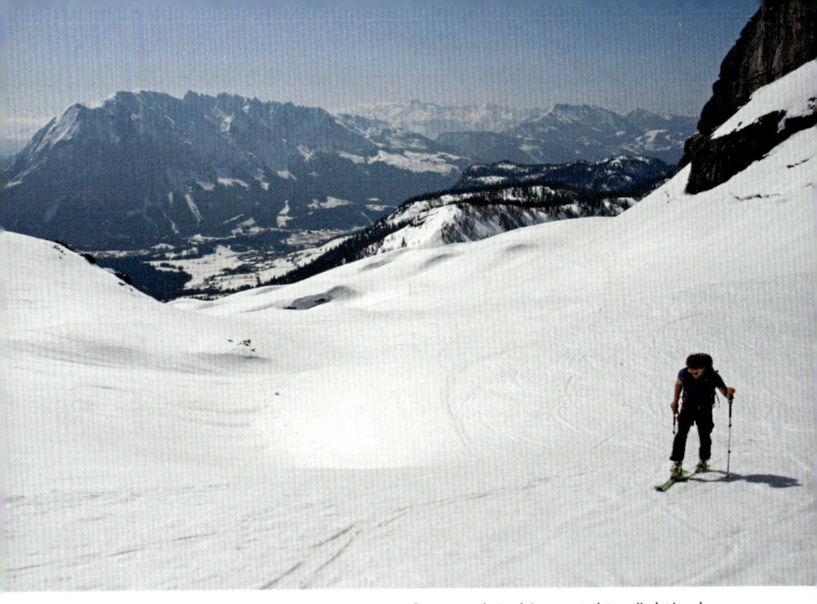

Sonniger Frühjahrsgenuss im Zustieg zum Großen Tragl. Dahinter steht mächtig der Grimming.

Anforderungen: Imposante Tour für konditions- und orientierungsstarke Skibergsteiger. Sowohl Aufstieg als auch Abfahrt (Einfahrt Gaßlrücken) verlangen gute Kenntnisse in der Orientierung. Bei Nebel und unzureichender Sicht erhöhte Vorsicht (unbedingt der Skimarkierung im Bereich Steirerseehütten – Großes Tragl folgen – Dolinen!).
Hangrichtung: Alle.
Lawinengefährdung: Bei Abfahrt ins südliche Öderntal sind die Abschnitte im Einflussbereich östlich des Scheiblingtragls und bei Einfahrt vom Gaßlrücken ins Langkar besonders zu berücksichtigen. Bei guten Frühjahrs- und auch hochwinterlichen Bedingungen lässt sich mit entsprechender Geländenutzung das Risiko entscheidend reduzieren. Bei Unsicherheiten bezüglich der Lawinenlagesituation empfiehlt sich die Abfahrt über den Aufstiegsweg (Wintermarkierung beachten!).
Günstige Zeit: Hochwinter – Frühjahr.
Einkehr: Auf der Tauplitzalm Reischls Sport- & Wanderhotel, Tel. +43/3688/2306, www.sporthotel-kirchenwirt.at, Tauplitzhaus, NF Ortsgruppe Linz, www.tauplitzhaus.at, sowie weitere Gasthäuser.
Varianten: Abfahrt vom Großen Tragl wie Aufstieg, über Steirerseeleiten zum Steirersee und von dort zurück zum Ausgangspunkt; damit spart man sich den Gegenanstieg von der Ödernalm zur Bergstation (ca. 430 Hm), dafür hat man ca. 200 Hm Anstieg vom Steirersee zu bewältigen.
Hinweis: Die Abfahrt über die Piste bitte nur zu Betriebszeiten der Bergbahnen unternehmen. Nach Betriebsende besteht erhöhtes Risiko durch Pistenfahrzeuge und Präparierungsarbeiten. Hierzu bitte im Voraus bei der Betreibergesellschaft erkundigen (Tel. +43/3688/2252, www.dietauplitz.com).

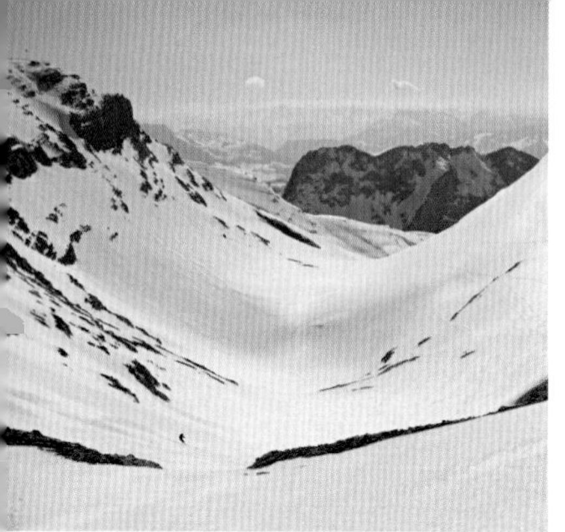

Wedeltraum mit erstklassigem Panorama: vom Traglhals in den Haberboden.

Aufstieg: Von der Bergstation nach Osten zum Naturfreundehaus. Dort beim Schlepplift kurz abfahren. Wer hier noch nicht anfellen will, kann noch auf der Ratrac-Spur fast eben ca. 700 m bis zur Abfahrt zu den **Steirerseehütten** skaten. Bei den Hütten angekommen, beginnt der eigentliche Aufstieg. Dem Weg nordöstlich folgend leicht bergauf bis zu einer weiteren Hütte und kurz davor im Verlauf des Sommerweges am Rücken ca. 60 Hm empor. Dann in einem weiten Bogen nach rechts in das relativ flache Kar unter dem markanten Felszahn des Sturzhahns. Am nordöstlichen Ende des Kars erneut über einen Rücken hinauf und entlang der Wintermarkierung östlich am Leckkogel vorbei zum **Jungbauernkreuz**. In diesem Abschnitt bis zum Traglhals unbedingt im Bereich der Markierungsstangen bleiben, denn dieser Abschnitt ist durch zahlreiche Dolinen äußerst gefährlich! Einige sind bis zu mehreren Hundert Metern tief, die gefährlichste Stelle befindet sich unmittelbar im Bereich des Jungbauernkreuzes. Dieses ist auch nach jenem Skibergsteiger benannt, der durch einen Dolinensturz an dieser Stelle ums Leben kam.

Nach Passieren dieses Bereichs geht es weiter entlang der Ostwände des Kleinen und Großen Tragls, bis links (westlich) die Nordflanke des Großen Tragls sichtbar wird. Von dort in einem Bogen in die Flanke und zum **Gipfel**.

Abfahrt: Über die breite Nordflanke zurück zum Traglhals und genussreich nach Westen und Südwesten in den **Haberboden**. Rechts (westlich) der Karmulde vorbei, bis an die ebene Fläche am Ausgang des schluchtartigen Tals. Dort flach nach links in südwestlicher Richtung auf einen auffallenden Rücken, den **Gaßlrücken**, der vom Leckkogel in das Öderntal zieht. Von dort sieht man bereits in das nordwestlich des Sturzhahns eingebettete Langkar. Über die Steilhänge hinab ins Kar und längs der riesigen Nordwände des Traweng, zuletzt durch lichten Waldbestand, den sogenannten Geisterwald, an riesigen Felsblöcken vorbei bis zur **Ödernalm** (ca. 1210 m). Dort heißt es erneut anfellen und in südwestlicher Richtung entlang des Sommerweges. In lichtem Wald später steiler aufwärts und nach links (Südosten) weiter zum **Öderntörl**. Nach einer kurzen Abfahrt den **Großsee** je nach Bedingungen östlich oder westlich (Einzugsgebiet der Steilhänge beachten!) umrunden. Zur Talstation des Schleppliftes und nach Süden weiter empor bis zum **Ausgangspunkt**. Von hier lohnt sich die Abfahrt in südwestlicher Richtung zur **Talstation** der Bergbahn.

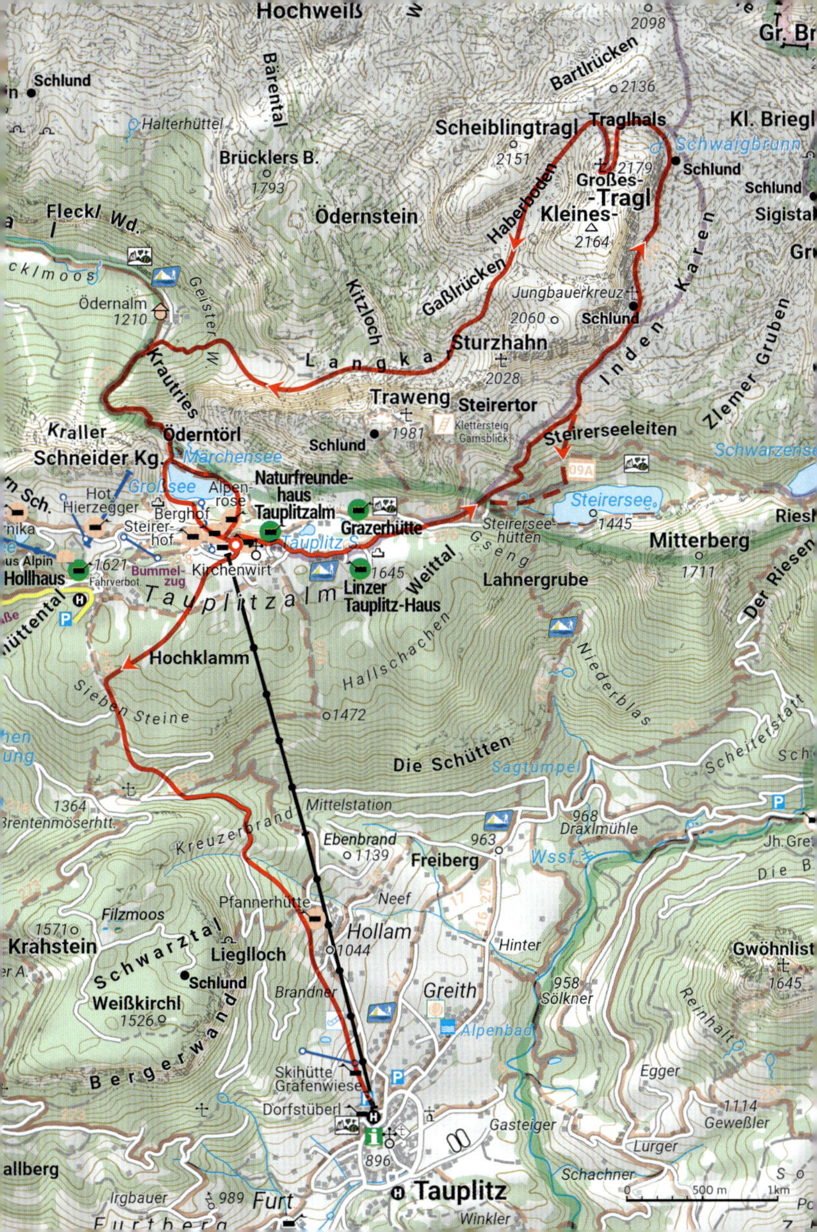

Hochweiß
Gr. Br
2098
Bartlrücken
2136
Schlund
Bärental
Halterhüttel
Scheiblingtragl
Traglhals
Kl. Briegl
Schwaigbrunn
Brücklers B.
2151
2179
Schlund
1793
Großes-
Tragl
Schlund
Kleines-
Sigistal
Fleckl Wd.
Ödernstein
Haberboden
2164
Gr
Ödernalm
1210
Gaßlrücken
Jungbauerkreuz
Kitzloch
2060
Schlund
In den Karen
Krautries
Langkar
Sturzhahn
Zlemer Gruben
2028
Traweng
Steirertor
Klettersteig Gamsblick
Kraller
1981
Steirerseeleiten
Öderntörl
Schlund
Schwarzensee
Schneider Kg.
Märchensee
Großsee
Naturfreundehaus Tauplitzalm
Alpenrose
Steirersee
Hot. Hierzegger
Berghof
Grazerhütte
Steirerseehütten
1445
Riesl
Steirerhof
Tauplitz S.
Mitterberg
Gseng
Alpin
1621
Bummelzug
Kirchenwirt
1645
Weittal
1711
Hollhaus
Fahrverbot
Linzer Tauplitz-Haus
Lahnergrube
Der Riesen
Tauplitzalm
Hochklamm
Hallschachen
Niederblas
Sieben Steine
1472
Scheiterstatt
Die Schütten
Sagtümpel
1364
Brentenmöserhtt.
Mittelstation
968
Draxlmühle
Kreuzerbrand
Ebenbrand
963
1139
Freiberg
Wssf.
Pfannerhütte
Neef
Filzmoos
1571
Hollam
Hinter
Gwöhnlist
Krahstein
Schwarztal
1044
Liegloch
1645
Schlund
958
Sölkner
Brandner
Greith
Weißkirchl
1526
Alpenbad
Reinhalt
Bergerwand
Skihütte Grafenwiese
Egger
Dorfstüberl
1114
Gewaßler
Gasteiger
896
Lurger
Schachner
allberg
Irgbauer
989
Furt
Tauplitz
Winkler
0
500 m
1km

↗ 1190 m | ↘ 1190 m | 17,2 km

26 Kleinmölbing, 2160 m

4.30 h

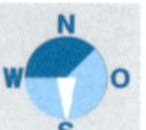

Auf aussichtsreicher Skiwanderung alpine Luft schnuppern

Dass man unweit der Stadt Liezen, am südlichen Rand des Warscheneckstocks reizvolle Hänge und ein nettes Tourengelände findet, hat sich schon längst herumgesprochen. Von nah und fern reist man an, um auf die reizvoll charmante Hochmölbinghütte zu wandern. Aber erst wenn man die Tour um den Aufstieg zum Kleinmölbing erweitert, taucht man so richtig in die unendlichen Weiten des Toten Gebirges ein. Eine perfekte Einsteigertour ins alpine Gelände. Ganz nebenbei entschädigt die einmalige Umgebung für längere Schiebepassagen.

»Skiwandern« am Guetenfeld mit Blick auf die Südflanke des Mittermölbings und den Querlstein.

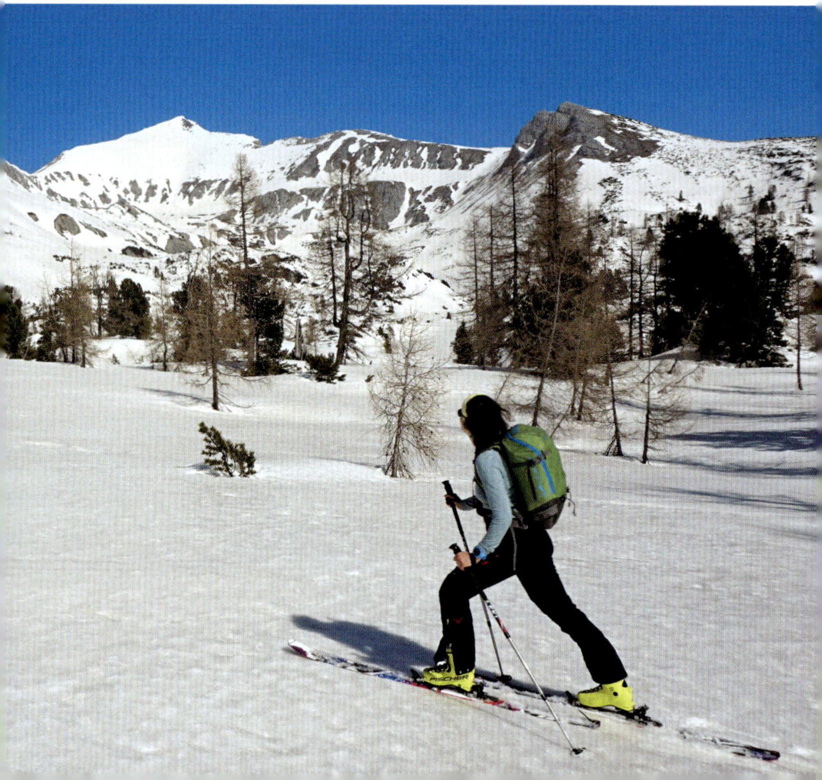

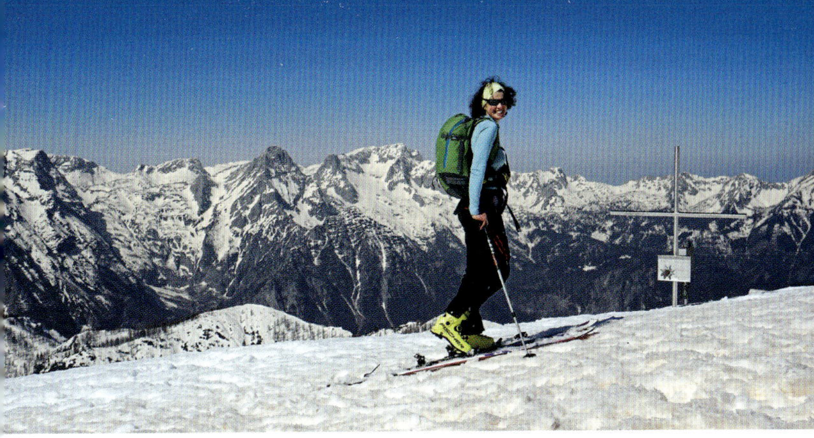

Strahlender Himmel, strahlende Tourenpartnerin – Stodertaler Gipfelschau der Extraklasse vom Kleinmölbing.

Talort: Wörschach (650 m).
Ausgangspunkt: Parkplatz Wörschachberg (ca. 1040 m). Auf der B 320 zwischen Liezen und Stainach nach Wörschach abbiegen und im Ortsgebiet den Schildern Richtung Wörschachberg/Schönmoos folgen. Die 4 km lange Straße zum Ausgangspunkt beginnt östlich des Wörschachbachs. Nach einigen Kehren erreicht man den Parkplatz am Ende der Fahrmöglichkeit (gegenüber des ehem. Hotel Panorama).
Aufstiegszeiten: Parkplatz – Langpoltenalm 1¾ Std., Langpoltenalm – Liezener Hütte 1¼ Std., Liezener Hütte – Kleinmölbing 1½ Std.
Anforderungen: Am Plateau oberhalb des Hochtors ist Orientierungssinn und gute Sicht gefragt. Für die Begehung der Variante sollte man auf buckeligen, schmalen Wegen sicher aufsteigen bzw. abfahren können.
Hangrichtung: Lawinenrelevant sind Ost bis Südwest über Süd.
Lawinengefährdung: Am Gipfelhang mäßig steil. Zwischen Langpoltenalm und Hochtor auf die extrem steilen Rinnen der Raidling-Südflanke und die Seiten »im engen Tor« achten – das Gelände lässt sich kleinräumig gut nutzen. Für die Begehung über den »Grazer Weg« siehe »Variante«.
Günstige Zeit: Hochwinter und Frühjahr.
Einkehr: Ca. 1,2 km westlich der Liezener Hütte (Selbstversorgerhütte) liegt die Hochmölbinghütte, Tel. +43/676/9003909 (während der Öffnungszeiten), www.hochmoelbinghuette.at.
Variante: Aufstieg oder Abfahrt über den im Winter äußerst frequentierten »Grazer Weg« zur teilw. bewirtschafteten Hochmölbinghütte (1684 m). Von der Langpoltenalm zum Langpoltner Klamml und dann über den Grazer Weg weiter zum P. 1721 und leicht bergab zur Hütte (1 Std. 10 Min.). Hinter der Hütte hinauf auf die flachen Böden des Guetenfeld (manchmal auch Kirchfeld) und oben recht flach weiter Richtung Nordost zum Zusammenschluss mit der Hauptroute (45 Min.). Am »Grazer Weg« quert man für ca. 1 km und 120 Hm die durchwegs steilen bzw. sehr steilen Südwesthänge des Raidling auf einem schmalen und oft steilen Weg. Für eine Begehung bzw. Befahrung sollten lawinenrelevante Faktoren umfassend bewertet werden können.

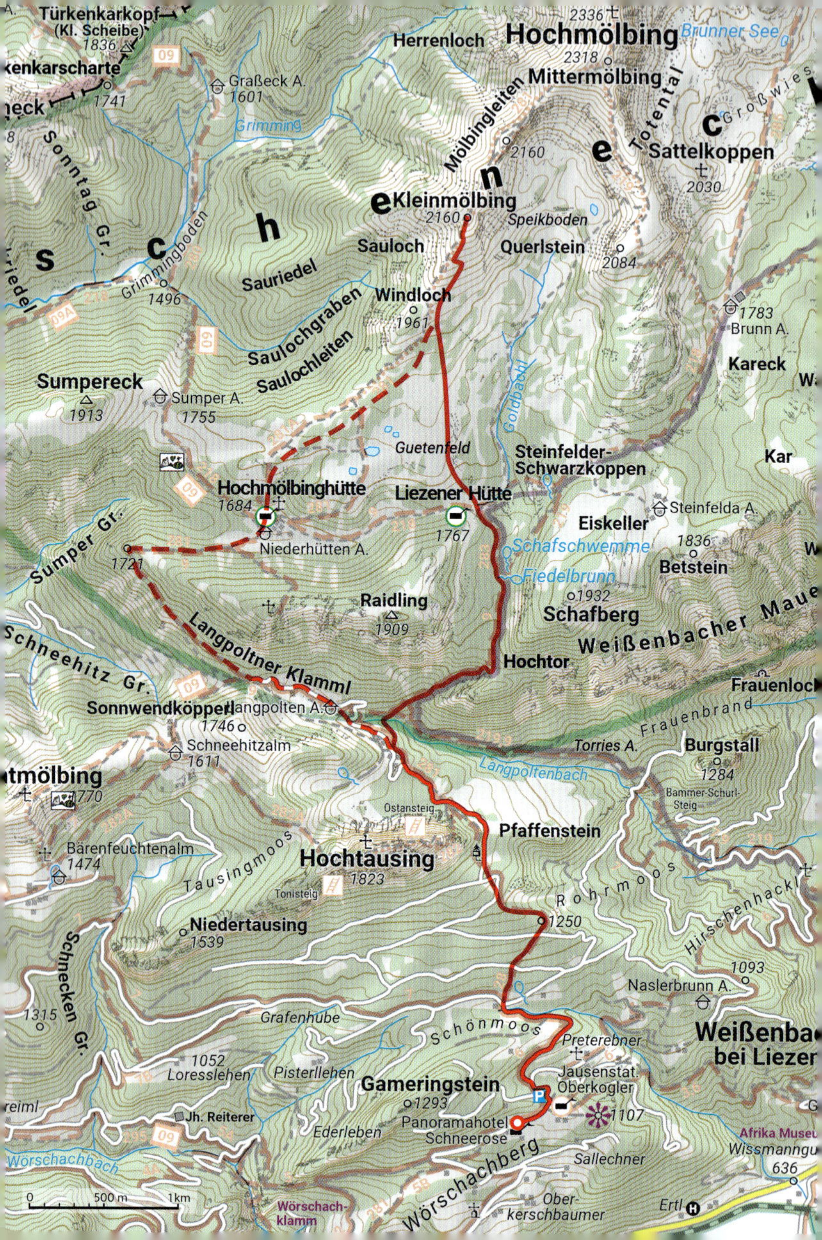

Hochmölbing
Brunner See
Mittermölbing
Herrenloch
Kleinmölbing
Sattelkoppen
Querlstein
Sauloch
Windloch
Sauriedel
Saulochgraben
Saulochleiten
Sumpereck
Sumper A.
Brunn A.
Kareck
Guetenfeld
Steinfelder-Schwarzkoppen
Hochmölbinghütte
Liezener Hütte
Niederhütten A.
Eiskeller
Steinfelda A.
Schafschwemme
Fiedelbrunn
Betstein
Raidling
Schafberg
Weißenbacher Mauer
Hochtor
Langpoltner Klamml
Frauenloch
Sonnwendköppel
Langpolten A.
Schneehitzalm
Torries A.
Burgstall
Langpoltenbach
Pfaffenstein
Hochtausing
Bärenfeuchtenalm
Tausingmoos
Niedertausing
Rohrmoos
Hirschenhackl
Naslerbrunn A.
Weißenbach bei Liezen
Grafenhube
Schönmoos
Preterebner
Jausenstat. Oberkogler
Gameringstein
Loresslehen
Pisterllehen
Jh. Reiterer
Ederleben
Panoramahotel Schneerose
Sallechner
Afrika Museum
Wissmanngut
Wörschachberg
Wörschachbach
Wörschachklamm
Oberkerschbaumer
Ertl
Grimming
Grimmingboden
Sonntag Gr.
Sumper Gr.
Schneehitz Gr.
Schnecken Gr.
Mölbingleiten
Totental
Speikboden
Goldbachl
Ostansteig
Tonisteig
Bammer-Schurl-Steig
Frauenbrand
Türkenkarkopf (Kl. Scheibe)
Graßeck A.
0 500 m 1 km

Aufstieg: Vom Parkplatz an der Schranke vorbei, gerade weiter dem Fahrweg folgen (Schönmoos-Runde). Nachdem es am Beginn leicht auf und ab geht, erreicht man nach der ersten kurzen Steigung den flachen Boden beim Schönmoos. Dort geht's in Richtung Norden über die Wiesen zum Waldrand und bei einem kleinen Bächlein den Wegmarkierungen nach in den lichten Wald hinein (Wegweiser »Hochmölbinghütte, Liezener Hütte«). Nachdem man zwei Fahrwege überquert hat, erreicht man einen flachen Rücken, dem man nach links bis zu einer weiteren Straße folgt. Nach rechts dieser folgen und anschließend über die Wiese hinauf die Kehren abschneidend zu einer Straße. Dieser geradeaus, nach Norden, weiter folgen. Man spaziert recht flach (und einmal kurz bergab) am Hochtausing vorbei und erreicht bald die unteren Gebäude der **Langpoltenalm** (ca. 1450 m). Von hier könnte man über die Almwiesen nach Nordwesten den Übergang am Langpoltner Klamml und von dort weiter über den »Grazer Weg« die Hochmölbinghütte (1684 m) erreichen (siehe Variante). Noch bevor man zur Alm kommt, sieht man schon zwei Hütten etwas oberhalb. Bei diesen Hütten schwenkt der Aufstiegsweg etwas nach rechts weg und unterhalb der weiteren Hütten queren wir flach zum Fallbachgraben. Nördlich des Baches wird im lichten Wald nach rechts gequert, bis man in eine mit Stauden bewachsene Mulde kommt (Skimarkierungen bis zur Liezener Hütte). Die ersten wenigen Meter – je nach Routenwahl – mehr oder weniger mühsam und im Zickzack durch das Gehölz ins kleine Kar. Auf 1500 m hält man sich rechts der Felsen und folgt dem schmalen Tal (»im engen Tor«). Am kleinen Sattel (ca. 1650 m) angekommen und kaum Höhenmeter gewinnend, am rechten Rand des Bodens und nach ca. 15 Min. hin zum Beginn des Raidling Nordostrückens, wo die **Liezener Hütte** (1762 m) liegt. Von hier zum Gipfel kann man bei guter Sicht und nördlichem Kurs nicht viel falsch machen. Um effizient durchs kupierte Gelände zu navigieren, sollte man genau nördlich gegenüber der Hütte beginnen und sich die ersten 80 Hm leicht nach Nordnordwest halten, aber rechts des ausgeprägten Rückens bleiben. Übers flache Guetenfeld (manchmal auch Kirchfeld), dann direkt zum bereits sichtbaren Gipfelaufbau und zuletzt nach links und über den Rücken zum **Gipfel** (2160 m).
Abfahrt: Entlang der Aufstiegsspur und im oberen Teil mit Schwung. Dort muss an mehreren Flachpassagen sonst angeschoben werden (das betrifft vor allem die Strecke zwischen Liezener Hütte und Hochtor). Wird die Abfahrt über die vorgeschlagene Variante gewählt, dann orientiert man sich entlang des Südwest-Rückens, bevor dieser Richtung Westen dreht, nach Süden entlang des markanten Grabens bis zur Hochmölbinghütte. Am »Grazer Weg« nach einem kurzen Gegenanstieg zum P. 1721 die Südwestflanke querend zum Langpoltner Klamml und nach Osten zur Langpoltenalm. Von dort über die Aufstiegsroute zurück zum Ausgangspunkt.

↗ 990 m | ↘ 990 m | 11 km

27 Rosskogel, 1890 m

3.15 h

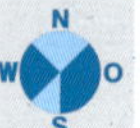

Zwei Schneearten mit einer Touren-Klappe

Wer dem Pistenzirkus auf der Tauplitzalm entfliehen und das südöstliche Karstplateau des Toten Gebirges kennenlernen will, kann von der Tauplitzalm den stillen Rosskogel besteigen. Eine gemütliche Skiwanderung mit einigen Gegensteigungen. Deutlich mehr Skigenuss bietet allerdings der hier vorgestellte Anstieg vom Gnanitztal auf den Rosskogel. Wer Glück hat, findet auf ein- und derselben Tour feinen Pulverschnee (auf den nordseitigen Gipfelhängen) als auch Firn (in der südseitigen Schüssel der »Riesen«). Da nimmt man das Mehr an Höhenmetern beim Südanstieg gerne in Kauf!

Eintauchen in die Weite: Nach der Rieshöhe erreichen wir die riesige Hochfläche des Toten Gebirges.

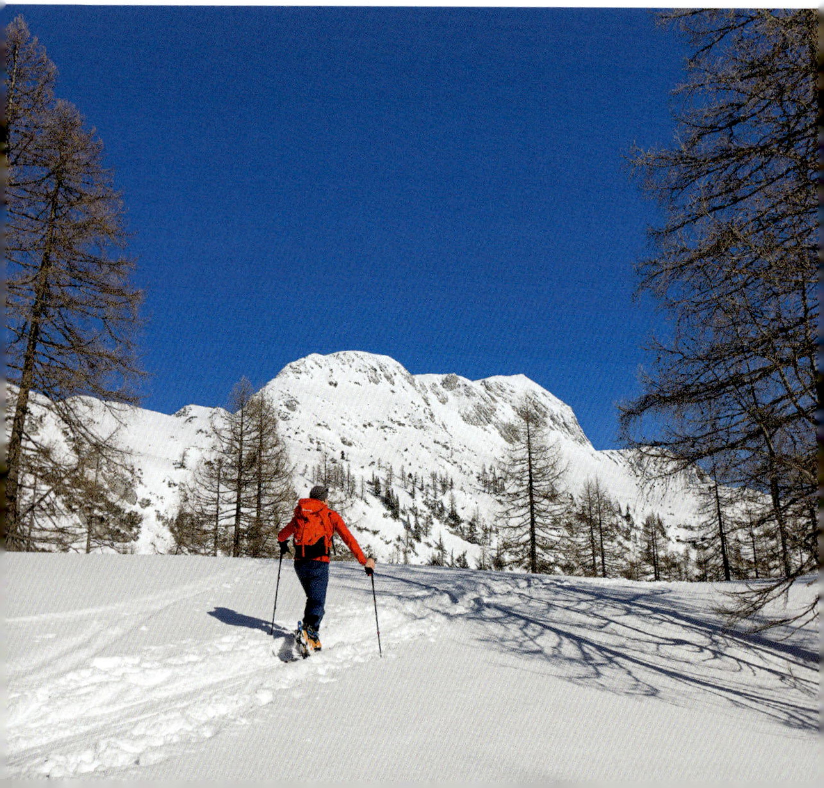

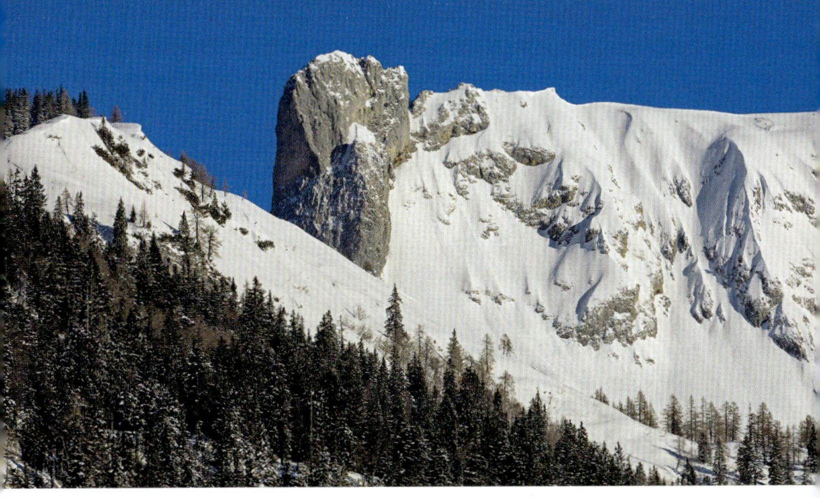

Historischer Boden: An der Sturzhahn-Westwand (links im Profil) hat Heinrich Harrer eine Erstbegehung hinterlassen.

Talort: Tauplitz (896 m).
Ausgangspunkt: Parkplatz Sagtümpel/Gnanitztal (ca. 970 m). Zw. Bad Mitterndorf und Stainach/Trautenfels von der B145 in den Ort Tauplitz abbiegen. Um den Ortskern herum (den Schildern »Bergbahnen Tauplitz« folgen), ca. 200 m nach dem großen Parkplatz 4 bei einer unscheinbaren Kreuzung rechts (grüne Schilder »Gnanitzalm« bzw. »Riesenkarstquelle Sagtümpel«). Nach 300 m wieder rechts (Wanderwegweiser »Steirersee, Leistalm«). 1 km zur Ortsende-Tafel, dann noch ca. 1 km zu einem Graben mit Brücke, ca. 300 m danach rechts zum Parkplatz (Infotafeln Sagtümpel & Wildruhezonen).
Aufstiegszeiten: Parkplatz – Rieshöhe 2 Std., Rieshöhe - Leistalm 25 Min., Leistalm – Rosskogel 50 Min.
Anforderungen: Etwas Orientierungssinn. Zwischen Rieshöhe und Rosskogel unbedingt gute Sicht!
Hangrichtung: Bis Rieshöhe Südwest bis Süd, dann Nordwest bis Nordost.
Lawinengefährdung: v.a. in der »Riesen« – dort auch Achtung auf die steilen Seitenhänge!
Günstige Zeit: Hochwinter bis zeitiges Frühjahr.
Einkehr: Unterwegs keine. Gasthäuser in Tauplitz oder Bad Mitterndorf.
Hinweis: Bitte die Wildschutzgebiete am Rosskogel beachten!

Aufstieg: Vom **Sagtümpel-Parkplatz** auf der Straße ca. 50 m weiter, vor der Erzherzog-Friedrich-Brücke links (Wegweiser »Leistalm, Salzsteigjoch«). Entlang des Baches in ca. 3 Min. hinauf zum **Sagtümpel**. Vor ihm der Straße nach rechts (Nordosten) folgen. Ganz kurz bergab, wenig später an einer Gabelung bei einer Wiese den linken Fahrweg hinauf (Wegweiser »Leistalm, Salzsteigjoch«). Etwas weiter oben vom Fahrweg nach links abbiegen auf den **Sommerweg** (Wegweiser »Leistalm, Schwarzensee«). Auf ihm einige

Zugeweht: Auf der Leistalm braucht man sich über Schneemangel nicht beklagen.

Zeit durch Wald nach Nordosten bergauf. Man trifft dabei mehrmals auf den Fahrweg und überquert ihn immer direkt (jeweils Wegweiser »Leistalm, Schwarzensee«).

Schließlich erreicht man das untere Ende einer freien Fläche und die dortige Hütte (ca. 1260 m). Nun im schönen Skigelände steiler nach Norden durch das Hochtal der **»Riesen«** bergan, zuletzt stärker sich rechts haltend (nordöstlich) hinauf in den Sattel der **Rieshöhe** (1604 m). Nun am besten schräg nach rechts (Nordosten) abfahren – zuerst zu einer Hütte im lichten Wald, dann in gleicher Richtung bis knapp oberhalb des **Schwarzensee-Südostufers** (ca. 40 m Höhenverlust von der Rieshöhe). Weiter nordöstlich durch sanftes Gelände zu den Hütten der **Leistalm** (1647 m) ansteigen. Im weiten Rechtsbogen hinauf zum Nordhang des Rosskogels und diesen hinauf zum **Gipfel** (1890 m).

Abfahrt: Im Wesentlichen entlang der Aufstiegsspur – inkl. ca. 40 Höhenmeter Gegenanstieg zur Rieshöhe. Zwischen Gipfel und Leistalm sind steilere Varianten möglich, ebenso in der »Riesen«. Am unteren Rand der »Riesen«, etwa 15 Höhenmeter oberhalb der Hütte, rechts auf die Straße. Auf ihr sanft hinunter, bis sie kurz vor dem Sagtümpel wieder auf die Aufstiegsroute trifft. So erspart man sich die Waldpassagen am Sommerweg.

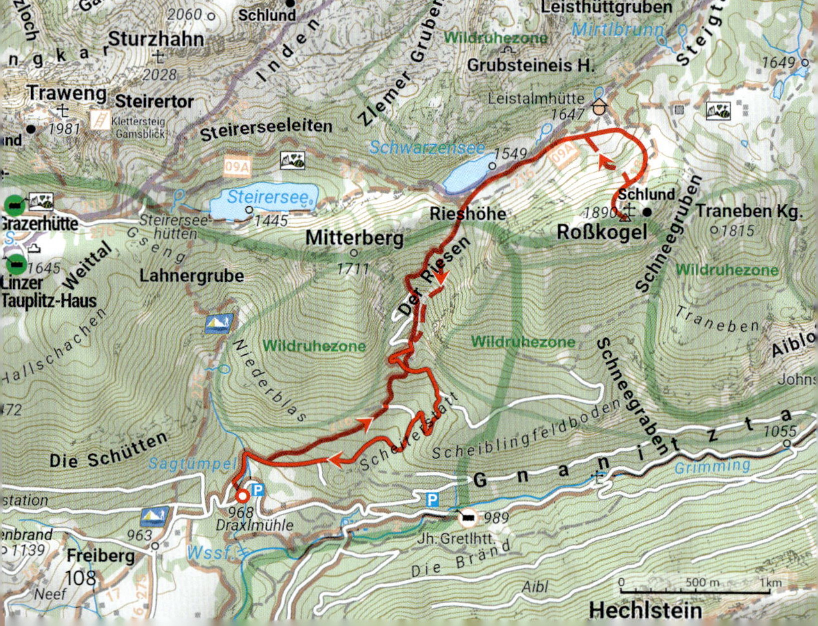

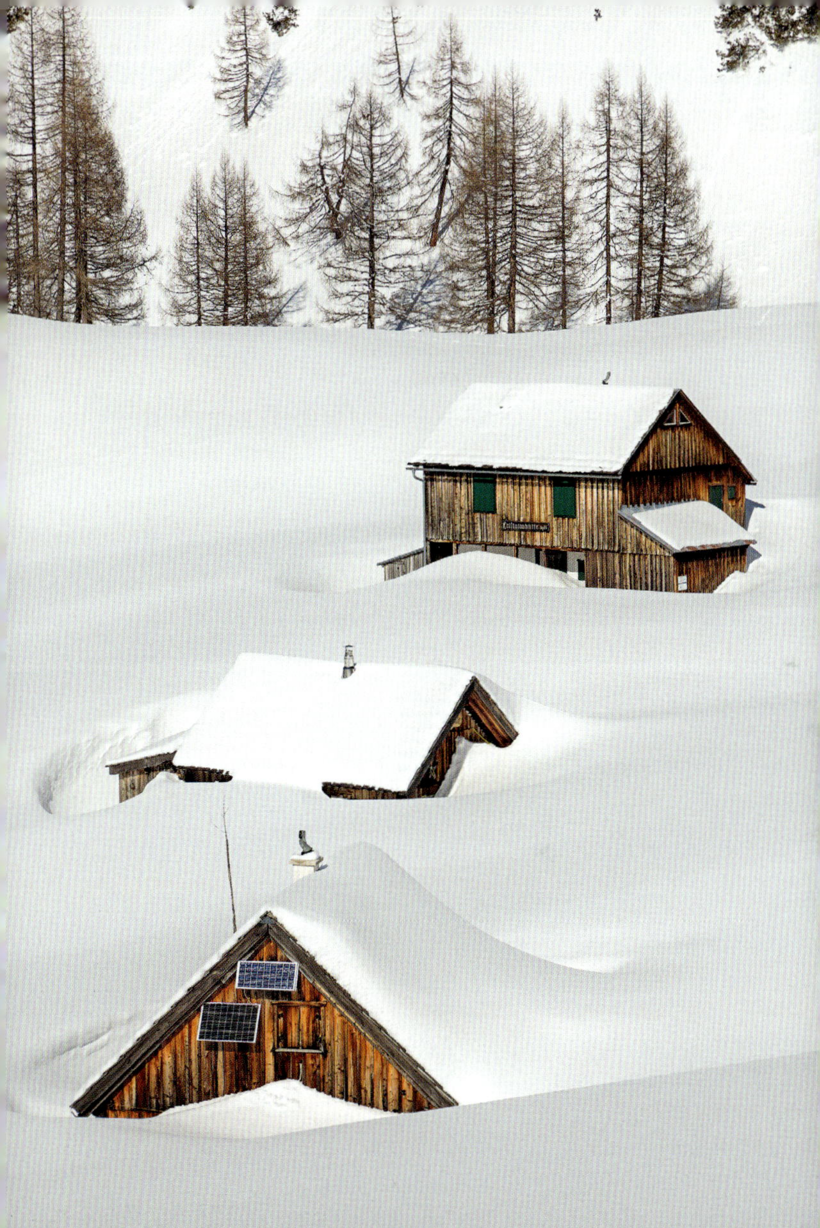

TOP

↗ 1550 m | ↘ 1550 m | 18 km

28 Elm, 2128 m

4.45 h

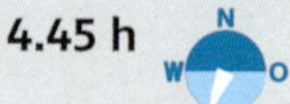

Gemütliche Ouvertüre, rassiges Finale

Am Elm wird Durchhaltevermögen belohnt! Wer den flachen, langen Zustieg zu Beginn auf sich nimmt, auf den wartet ein rassiges Finale am Gipfelhang. Bei Firn ein Hochgenuss – aber nur für jene, die früh genug aufgestanden sind! Insgesamt eine Grundlseer Top-Skitourenadresse, die man sich meist nur mit wenig Gleichgesinnten teilen muss. Die versteckte Lage und der lange Zustieg halten die Massen wirksam ab …

Wetterseite – Anraum am Elm-Gipfelkreuz; hinten sieht man das Becken von Bad Aussee und den Dachstein.

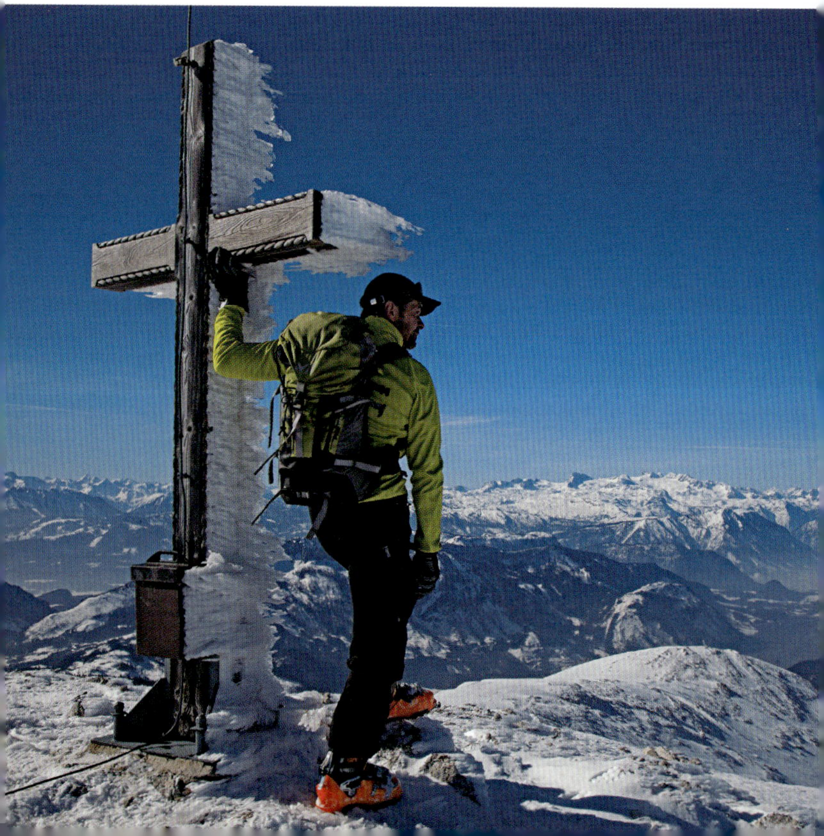

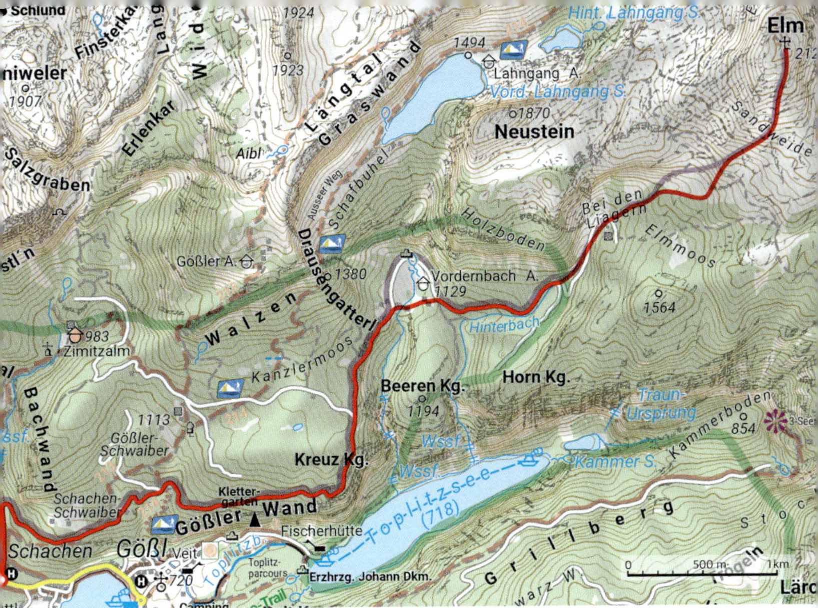

Talort: Schachen am Grundlsee.
Ausgangspunkt: Schachen, Startpunkt des Wanderweges zur Pühringerhütte (ca. 740 m). Von Bad Aussee zum Grundlsee, am See entlang zum Ortsteil Schachen. Ca. 200 m nach der Ortstafel Grundlsee-Gößl befindet sich am rechten Straßenrand ein Transformatorhäuschen. Dort links (nördlich) auf eine Nebenstraße abbiegen und ca. 50 m bergauf zu einer Holzhütte (grüne Bundesforste-Tafel: »Vordernbach-Schwaiber-Straße«). Parkmöglichkeiten bei der Holzhütte, entlang der Nebenstraße oder unten beim See.
Aufstiegszeiten: Schachen – Vordernbachalm 1¾ Std., Vordernbachalm – Liagern 1 Std., Liagern – Elm 2 Std.
Anforderungen: Ausgezeichnete Kondition, oberhalb der Vordernbachalm Sinn für Orientierung und gute Spuranlage sowie lawinenkundliches Beurteilungsvermögen. Am steilen Gipfelhang (Südrücken) solide Skitechnik.
Hangrichtung: West über Süd bis Ost.
Lawinengefährdung: Bis hinter die Vordernbachalm meist recht gering. Für den Elm-Südrücken sind stabile Schneeverhältnisse nötig. Am besten bei Firn!
Günstige Zeit: Zeitiges Frühjahr.
Einkehr: Unterwegs keine. Gasthöfe am Ufer des Grundlsees.
Tipp: Gutes Timing ist alles: Unten sollten die langen, flachen Forststraßen zur Vordernbachalm unbedingt noch mit Skiern begeh- bzw. befahrbar sein, oben am Gipfelhang müssen stabile Schneeverhältnisse herrschen (am besten Firn).

Aufstieg: Vom Ausgangspunkt auf der Forststraße nach Norden. Nach wenigen Metern geradeaus weiter, nicht nach links Richtung Zimitzalm! In einer Rechtskehre die Forststraße weiter bergauf (abkürzen auf einem Wanderweg möglich). Auf ca. 910 m verlässt die Markierung die Straße

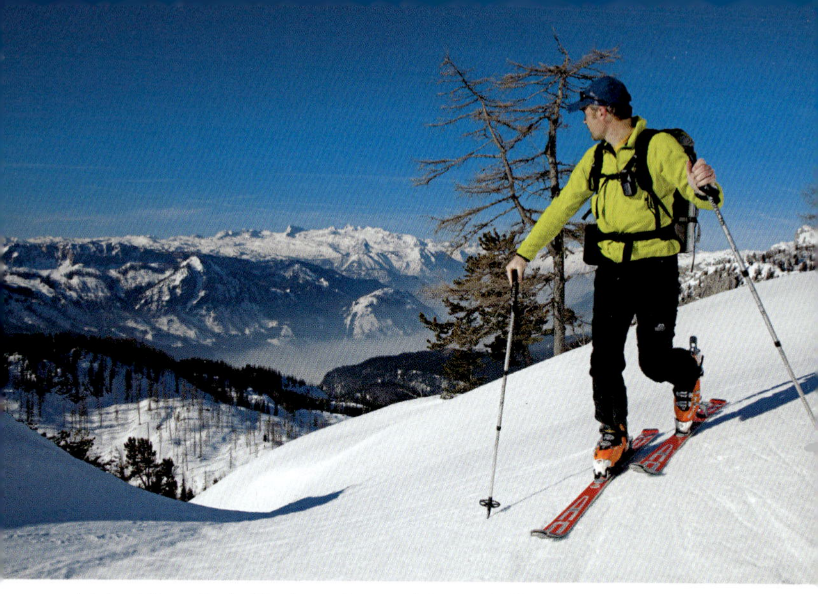

Jetzt geht's zur Sache! Der lange Anmarsch ist geschafft, nun wartet der Top-Gipfelhang. Hinten der Dachstein.

nach links in den Wald. Hier geradeaus weiter. Unmittelbar danach folgt rechts eine Wildfütterungsstelle. Rund 10 Min. später (auf ca. 930 m) an einer Kreuzung flach geradeaus weiter, nicht links Richtung Pühringerhütte. Nun längere Zeit auf der wenig ansteigenden Straße nach Osten, später nach Norden (erster Blick zum Elm). Bei der nächsten Kreuzung (ca. 1160 m) auf die rechte Forststraße und mit ca. 60 m Höhenverlust zur **Vordernbachalm** (1129 m).

Vor den ersten Hütten nach rechts über den Bach (Brücke). Nach Osten aufwärts zur nächsten Hütte und dahinter auf die obere der beiden Straßen (jene, die allgemein nach Osten führt). Auf ihr entlang, bis man auf ca. 1250 m bei einem Jägerstand ein kleines Tal erreicht. Entlang der rotweißen Skimarkierung durch dieses Tal – Abstand zu den Steilwänden links halten! – zum Jagdhaus auf den Böden **»Bei den Liagern«**.

Über kupiertes Gelände nach Osten bis Nordosten aufwärts. Vom Fuß steilerer Hänge überraschend einfach im leichten Linksbogen (von Südost nach Nordost drehend) steil auf den Südrücken. Über diesen steil aufwärts (oben eher ein breiter Südhang). Von einer kleinen Senke unterhalb des Hauptgipfels über eine kurze Steilstufe auf den allerobersten Westrücken. In Kürze nach rechts (Osten) auf den **Gipfel**.

Abfahrt wie Aufstieg.

↗ 650 m | ↘ 1300 m | 16 km

2.45 h

Grießkogel, 2009 m

29

Unendliche Weiten

Die Skiwanderung vom Loser-Skigebiet zum Grießkogel führt ziemlich abrupt vom Trubel in die Stille. Besonders beeindruckt die ungemein weitläufige, flache Karsthochfläche des westlichen Toten Gebirges, die man hinter dem Schwarzmoossattel betritt. Insgesamt wird man den Grießkogel nicht wegen des Abfahrtsgenusses besteigen. Für die rauschende Abfahrt kann man aber die Pisten der Loserlifte benützen – die übrigens auch die Aufstiegsmeter auf ein recht gemütliches Pensum reduzieren.

Talort: Altaussee (719 m).
Ausgangspunkt: Bergstation »Loserfenster« (1760 m) bzw. Parkplatz Loserlifte (ca. 850 m). In Altaussee unmittelbar nach der Salinenverwaltung links abbiegen und immer der Beschilderung (»Loser«, »Loserstraße«, »Loserlifte«) ca. 3 km zum Parkplatz folgen. Mittels »Tourengeherkarte« (26 €; Stand 2022/23) über drei Sessellifte zur Bergstation (www.loser.at, Tel. +43/3622/71315).
Öffentlich: Bahn bis Bad Aussee, dann Skibus bis zur Loser-Bergbahn.
Aufstiegszeiten: Bergstation »Loserfenster« – Schwarzmoossattel 1¼ Std. (inkl. Zwischenabfahrt), Schwarzmoossattel – Grießkogel 1½ Std.
Höhenunterschied: Insg. ca. 650 m Aufstieg ab Bergstation, zusätzlich 800 m Pistenabfahrt vom Sommersitz.
Anforderungen: Sanfte Skiwanderung. Ab Schwarzmoossattel unbedingt gute Sicht nötig – niemals bei Nebel!
Hangrichtung: Zuerst Südost, dann Süd bis West.
Lawinengefährdung: Allgemein gering, allenfalls im Gipfelbereich.
Günstige Zeit: Zeitiges Frühjahr.
Einkehr: Hütten im Skigebiet Loser, Gasthöfe in Altaussee.
Variante: Kleiner Wildkogel (1987 m), vom trennenden Sattel zum Grießkogel über den Nordostrücken (steiler, etwas schwieriger).
Hinweise: Die manchmal empfohlene Route vom Augstsee nahe an Atterkogel und Bräuningzinken vorbei zur Bräuningalm und zum Schwarzmoossattel ist stärker durch Lawinen aus den steilen Seitenhängen gefährdet! Daher besser die hier vorgeschlagene Route benützen. Achtung, zwischen Schwarzmoossattel und Grießkogel wegen der Dolinen unbedingt an die Stangenmarkierung halten, erst bei tragfähigem (Frühjahrs-)Schnee begehen!

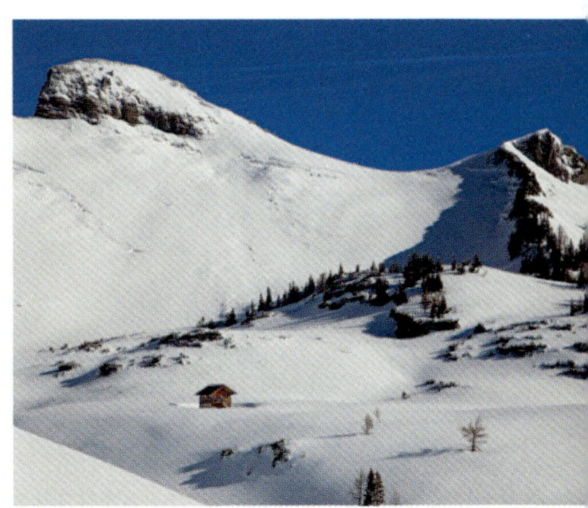

Stilles Hütterl – gleich hinter dem Loser-Skigebiet wird's ruhig (nahe der Bräuningalm).

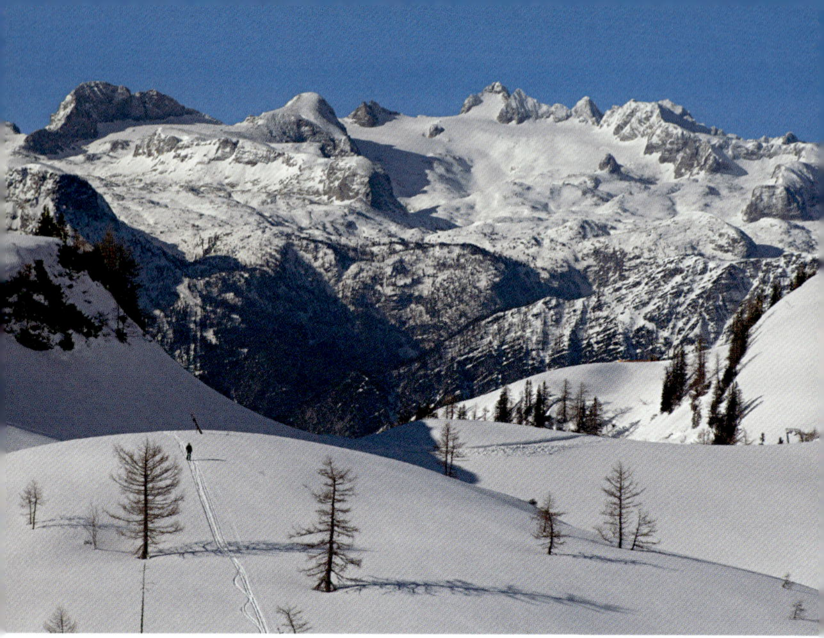

Hinten protzt der Dachstein, vorne folgt ein Tourengeher der Spur zum Grießkogel.

Von der **Bergstation »Loserfenster«** (ca. 1760 m) über die Piste Nr. 7 bis zum Augstsee abfahren (1643 m; Schilder mit Pistenhinweisen). Über Skiweg Nr. 10 kurz nordöstlich bergauf zum Sommersitz (Schlepplift-Bergstation) oder knapp östlich unterhalb queren. Auf der roten Piste Nr. 12 abfahren, südöstlich unter dem Lackerbichl vorbei. Die Piste dort verlassen, wo sie einen markanten Rechtsknick hinunter zur Talstation des Sommersitz-Schlepplifts macht (ca. 1580 m). Ab hier beginnt der eigentliche **Aufstieg:** Im freien Skigelände über einen teilweise baumbestandenen Riedel nach Nordosten in den **Schwarzmoossattel** (ca. 1680 m). Ein Tälchen, das den Riedel vom Vorderen Schwarzmooskogel trennt, bleibt dabei immer rechts unterhalb.

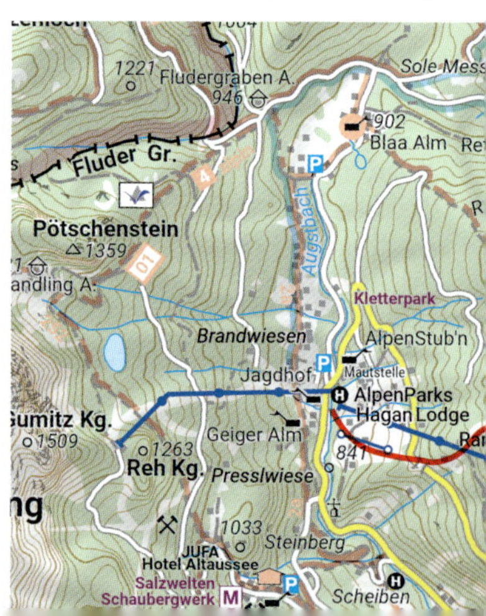

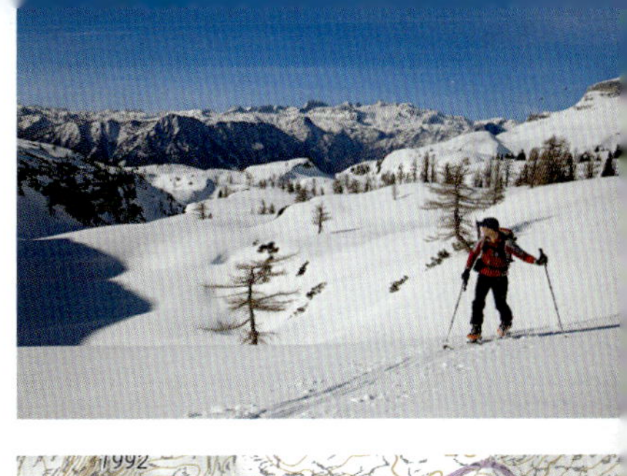

Idealtour für Höhenmeter-Sparer – Blick vom Schwarzmoossattel zum Dachstein.

Entlang der Ski-Stangenmarkierung nördlich über die kupierte Hochfläche, bis sie vor dem eigentlichen Grießkogelanstieg etwas nach rechts (Nordosten) dreht. Dort die Stangenmarkierung nach Nordwesten verlassen. Durch ein kleines Tal, unter dem Kleinen Wildkogel vorbei, nordöstlich in den Sattel zwischen diesem und dem Grießkogel (ca. 1950 m). Nach Nordosten auf den **Grießkogel**.

Abfahrt bis **Augstsee** wie Aufstieg (einige Gegensteigungen).

Vom Grießkogel auch Abfahrt über den steileren Südosthang zur Stangenmarkierung möglich. Nach Wiedererreichen der Skipiste Nr. 12 ca. 100 Hm Gegenanstieg zur **Sommersitz-Bergstation**. Von dort über Pisten bergab, vorbei an Bergrestaurant Loser und Loserhütte, schließlich über die FIS-Abfahrt zum **Ausgangspunkt**.

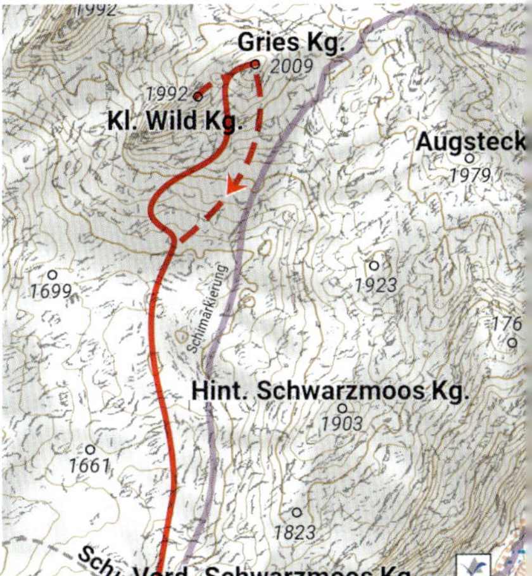

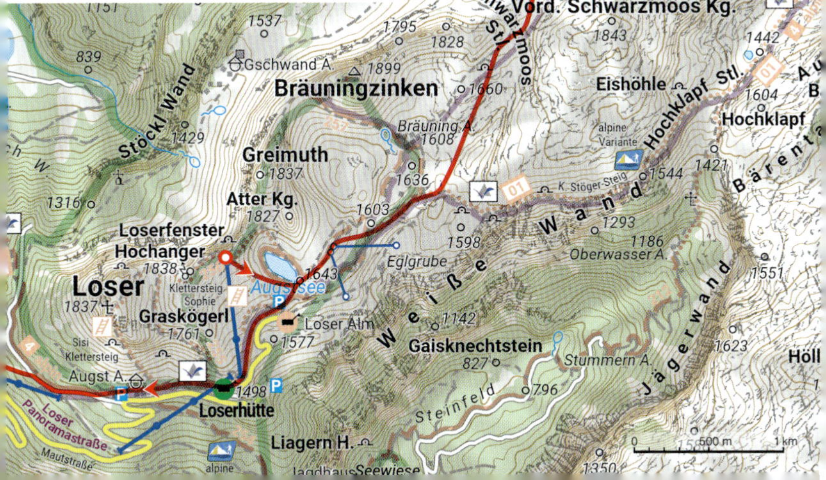

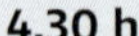
↗ 1360 m | ↘ 1360 m | 10,5 km

30 Hoher Nock, 1963 m

4.30 h

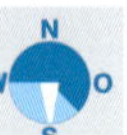

Prachttour auf den Höchsten im Nationalpark Kalkalpen

Durch stille Wälder und einen ruhigen Graben führt dieser Weg auf die wunderschöne Karsthochfläche des Sengsengebirges. Eine aufgrund ihrer Distanz seltener begangene, reizende Tour für ambitionierte Skitourengeher, die von lohnenden Abfahrten überrascht werden wollen.

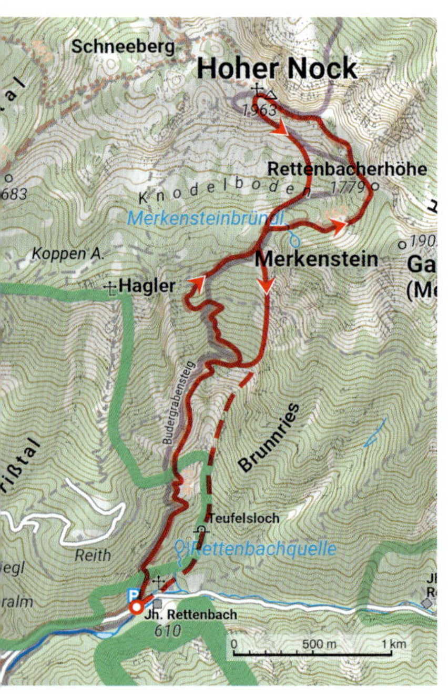

Talort: Windischgarsten (602 m).
Ausgangspunkt: Parkplatz Jagdhaus Rettenbach (610 m). Von der A 9 (Abfahrt Windischgarsten) auf die B 138 in Richtung Windischgarsten. Ca. 250 m nach der Abfahrt nach links Richtung Rading (Schild). Über den Bahnübergang und dem Straßenverlauf folgend weiter nach Rettenbach. Nicht die erste Abzweigung ins Veichltal nehmen, sondern nach der Siedlung einer Schotterstraße ins Hintere Rettenbachtal folgen (ca. 1,7 km).
Aufstiegszeiten: Parkplatz – Merkensteinbründl 2½ Std., Merkensteinbründl – Hoher Nock 2 Std.
Anforderungen: Lange Tour für Konditionsstarke, die im Frühjahr aufgrund der Südexposition früh begangen werden sollte und zu Beginn das Tragen der Ski verlangt, wenn der Weg schon aper ist. Am Gipfelaufbau ist der Schnee oftmals durch Windeinfluss stark gepresst bzw. vereist. Bei der Abfahrt bedarf es guter Orientierungsfähigkeit.
Hangrichtung: Südost bis West.
Lawinengefährdung: Sowohl beim Aufstieg am Budergrabensteig als auch bei der Abfahrt ins Südkar und im Bereich des Gipfels sowie bei der direkten Einfahrt vom Gipfel (siehe Foto) ist erhöhte Vorsicht geboten und eine gründliche Einschätzung der aktuellen Lawinensituation erforderlich. Ansonsten gering.
Günstige Zeit: Zeitiges Frühjahr.
Einkehr: Unterwegs keine. In Windischgarsten Gasthof Kemmetmüller, Tel. +43/7562/20066, www.kemmet.at.
Variante: Bei perfekten Tourenbedingungen und geringer Lawinengefahr kann das sich zum Budergraben verengende Kar auch weiter abgefahren werden. Aufgrund der Exposition und damit der großen Lawinengefahr im Graben ist diese Variante aber nur bei optimalen Bedingungen ratsam!

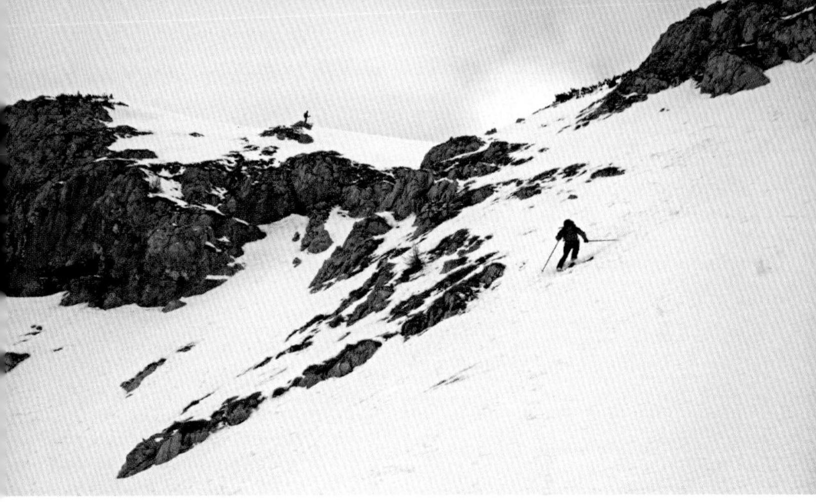

Knackig – optimale Verhältnisse bei der direkten Einfahrt ins Kar.

Aufstieg: Vom Parkplatz beim Jagdhaus geht es durch schönen Waldbestand dem Sommerweg entlang. Ist die erste Steilheit überwunden, führt uns der Budergrabensteig in Serpentinen zu einigen Rinnen, die nur bei günstigen Frühjahrsverhältnissen gequert werden sollten. Durch einen Waldabschnitt wird eine Lichtung erreicht, wo der Weg weiter nach rechts bergauf führt. Am **Sattel** (ca. 1570 m) südwestlich des Merkensteinbründls angekommen, wird der Blick auf die Abfahrtsroute vom Gipfel frei.
Die Gipfelkuppe im Blickfeld, steigen wir an der Nordwestflanke des Gamsplans, vorbei am **Merkensteinbründl**, gemächlich höher. In einem weiten Bogen, stets auf der linken Seite (südlich) des Hauptkammes, geht es bis zum Gipfelaufbau **(Skidepot)**, mit schönen Tiefblicken ins Hengstkar und ins sogenannte Engadin, dem Nordkar des Hohen Nocks. Zu Fuß gelangen wir in wenigen Minuten zum **Gipfelplateau**. Vorsicht bei Vereisung!
Abfahrt: Vom Skidepot wenige Meter entlang des Aufstiegswegs und dann direkt nach Süden die günstigste Einfahrt wählen. Über kupiertes Gelände noch etwas steiler abwärts bis auf ca. 1800 m. Dann in einem Rechtsbogen flacher zurück zum **Sattel** südwestlich des Merkensteinbründls, wo kurz gebrettelt werden muss.
Ab dort sich links haltend an den Wänden des Gamsplans entlang und im Kar am rechten Rand (Wald) abwärts. Bei ausreichendem Schnee ist diese fantastische Firnabfahrt bis auf eine Höhe von ca. 1200 m, wo es etwas flacher wird, möglich. Von hier nach Westen ist der Aufstiegsweg am schnellsten erreichbar. (Es kann aber auch weiter oberhalb zum Aufstiegsweg gequert werden.) Über den weiteren Anstiegsweg zurück zum **Ausgangspunkt**.

↗ 540 m | ↘ 540 m | 9,1 km

31 Wasserklotz, 1505 m

2.15 h

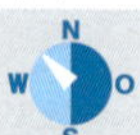

Panoramatour im Hintergebirge

Die Touren um den Hengstpass werden aufgrund der schneesicheren Lage in den letzten Jahren häufig frequentiert. Der Wasserklotz wirkt auf Einsteiger und Geübte gleichermaßen anziehend: traumhaftes Panorama und obendrein gibt es eine kurze, aber lohnende Abfahrt im nordseitigen Pulver.

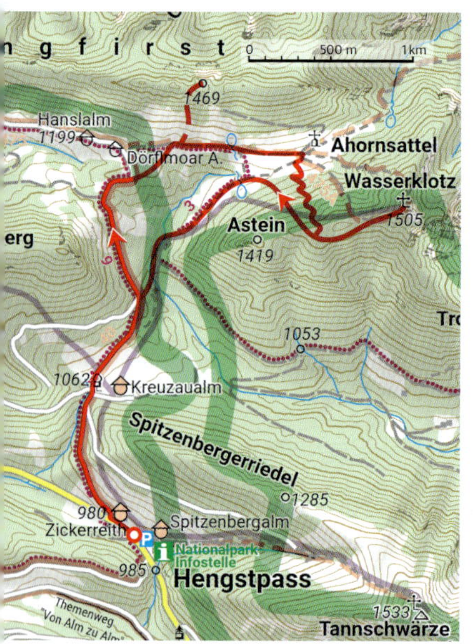

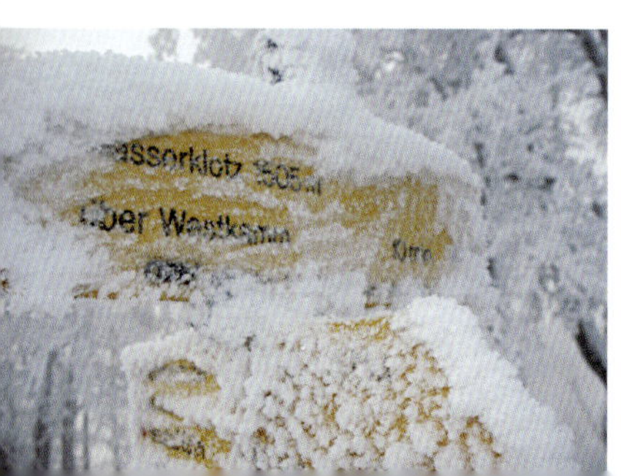

Talort: Rosenau am Hengstpass (690 m).

Ausgangspunkt: Parkplatz Jausenstation Zickerreith (ca. 970 m). Über die A 9 nach Windischgarsten oder über die Eisenstraße (B 115) nach Altenmarkt. Von beiden Orten über die Hengstpassstraße direkt zum Ausgangspunkt nordwestlich der Passhöhe.

Aufstiegszeiten: Parkplatz – Ahornsattel 1¼ Std., Ahornsattel – Wasserklotz 1 Std.

Anforderungen: Weitgehend einfache und für Anfänger geeignete Pulvertour. Nur der Gipfelhang ist steiler und verlangt an manchen Stellen Spitzkehrentechnik. Vorsicht im felsigen Gipfelbereich.

Hangrichtung: Nord über West bis Süd.

Lawinengefährdung: Im Allgemeinen gering. Lediglich der Aufstieg und die Abfahrt vom Wasserklotz sind etwas steiler und nach ergiebigen Schneefällen kritisch zu betrachten.

Günstige Zeit: Hochwinter.

Einkehr: Unterwegs keine. In Windischgarsten Gasthof Kemmetmüller, Tel. +43/7562/20066, www.kemmet.at.

Variante: Eine lohnende Variante, die mit der Tour sehr gut kombiniert werden kann, führt auf der Forststraße ca. 400 m östlich der Dörflmoaralm-Hütte direkt in Falllinie über die Südflanke auf den Langfirst (1469 m). Abfahrt wie Aufstieg.

Stumme Zeugen der bitteren Kälte auf dem Gipfelgrat.

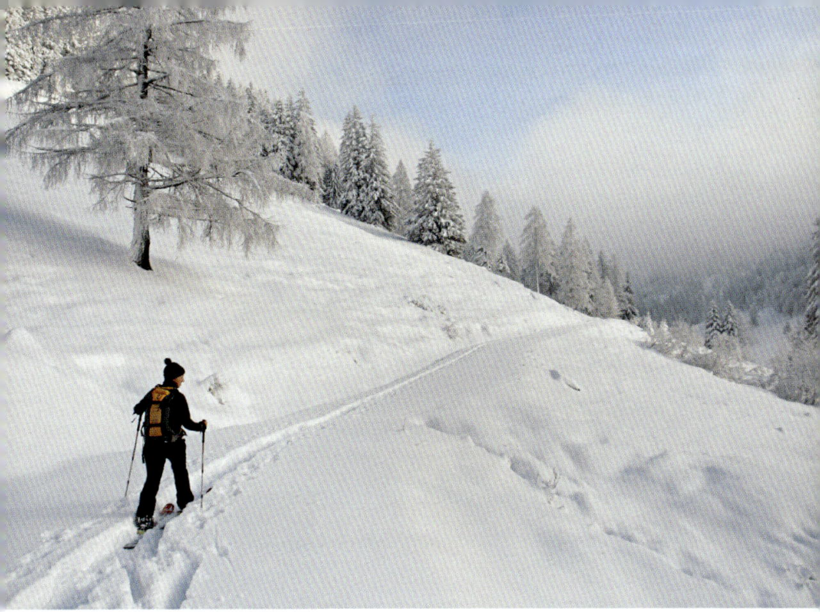

Hochwinterlicher Genuss östlich der Dörflmoaralm am Weg zum Ahornsattel.

Aufstieg: Von der Zickerreith unterhalb der Passhöhe führt eine Forststraße in nördlicher Richtung zur Wiese der Kreuzau. Wir folgen der Straße weiter bergauf durch einen Wald auf die Weiden der **Dörflmoaralm**. In einer Linkskurve verlassen wir die Forststraße nach rechts (Osten; ca. 1200 m) und erreichen unterhalb des markanten Langfirsts einen Karrenweg, dem weiter nach Osten leicht bergauf und bergab bis zum **Ahornsattel** (ca. 1230 m) gefolgt wird.
Von dort direkt nach Süden in den Wald und in wenigen Spitzkehren bis zum Verbindungsgrat Wasserklotz – Astein. Auf diesem nach links in östlicher Richtung zum **Gipfel**. Östlich des Gesäuses ist das Plateau des Hochschwabs erkennbar und nördlich vorgelagert die markante Silhouette des Ötschers. Im Westen, über der Dörflmoaralm, liegt das Tote Gebirge und direkt vor uns sind im Süden die steilen Wände der Haller Mauern und deren unzählige einsame Kare erkennbar.
Abfahrt: Über den Verbindungsgrat zurück und kurz vor einer Einsattelung über die Nordflanke in direkter Linie durch den Wald abfahren. Am Almboden nach links, entlang eines Karrenweges in südwestlicher Richtung leicht bergab und erneut in den Wald und ein Bachbett überquerend, westlich am Astein vorbei. Zuletzt kurz bergauf auf die Forststraße und über diese zum **Ausgangspunkt** abfahren.

↗ 910 m | ↘ 910 m | 6,2 km

32 Lahnerkogel, 1854 m

3.00 h

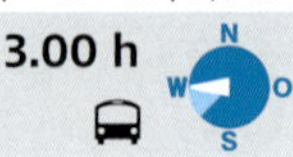

Schneesicheres Highlight mit Rundblick

Bereits im Frühwinter, aber auch im Frühjahr lockt dieser Berg zahlreiche Tourengeher. Der hohe Startpunkt und die freien Hänge sind Garanten für eine schneereiche und genussvolle Abfahrt. Und hoch oben wird einem beim Anblick der ungeheuren Lawinenverbauungen auch bewusst, warum dieser Berg just diesen Namen trägt.

Talort: Spital am Pyhrn (640 m).
Ausgangspunkt: Parkplatz Pyhrnpass bei der ehemaligen Straßenmeisterei (ca. 945 m). Anfahrt entweder über die A 9 oder B 320 (Ennstal-Bundesstraße) nach Liezen; durch das Ortszentrum über die B 138 (Pyhrnpass-Bundesstraße) Richtung Pyhrnpass und ca. 200 m südlich der Passhöhe auf der linken Seite zum Parkplatz. Oder über die A 9 oder B 138 nach Spital/Pyhrn. An der Bergstation der Wurzeralm-Standseilbahn vorbei zur Passhöhe und ca. 200 m südlich davon rechts zum Ausgangspunkt.
Öffentlich: Vom Bahnhof Windischgarsten oder Liezen mit dem Bus zur Pyhrnpass Passhöhe.
Aufstiegszeiten: Parkplatz – Fuchsalm ½ Std., Fuchsalm – Lahnerkogel 2½ Std.
Anforderungen: Genusstour für in Spitzkehrentechnik geübte Tourengeher. Zudem sollte man auch bei der Abfahrt sicher am Ski stehen und die lawinentechnische Beurteilung des kritischen Gipfelhanges sicher beherrschen.
Hangrichtung: Südwest bis West.
Lawinengefährdung: Bei bedachter Geländewahl gering. Vorsicht ist allerdings im Bereich des Gipfelhangs geboten, von dessen Begehung nach Neuschneefällen abzuraten ist (exponiert und steil).
Günstige Zeit: Hochwinter – Frühjahr.
Einkehr: Unterwegs keine. Hotel Freunde der Natur in Spital, Tel. +43/7563/681, www.naturfreundehotel.at.
Variante: Nur Extremskifahrern ist im Frühjahr die Befahrung der Nordflanke über das Sandkar vorbehalten. Direkt vom Gipfelkreuz kann die äußerst steile und enge Einfahrt eingesehen werden. Für die Rückfahrt kann der regionale Taxidienst Rebhandl unter Tel. +43/664/9076020 kontaktiert werden.
Hinweise: Abfahrt über die Aufstiegsroute; im unteren Bereich des Gipfelhangs nicht in den ersten nach rechts führenden Graben einfahren! Jahrelanges Streitthema in der Region ist die Parkplatzsituation auf der Passhöhe. Vorab über die aktuelle Parkplatzsituation erkundigen (Tel. +43/7562/5266, www.urlaubsregion-pyhrn-priel.at).

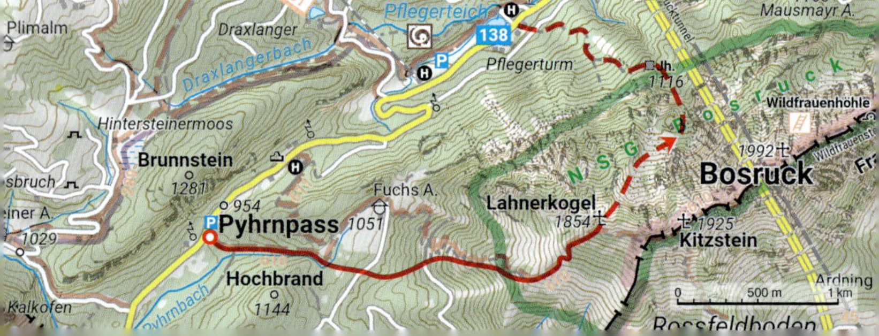

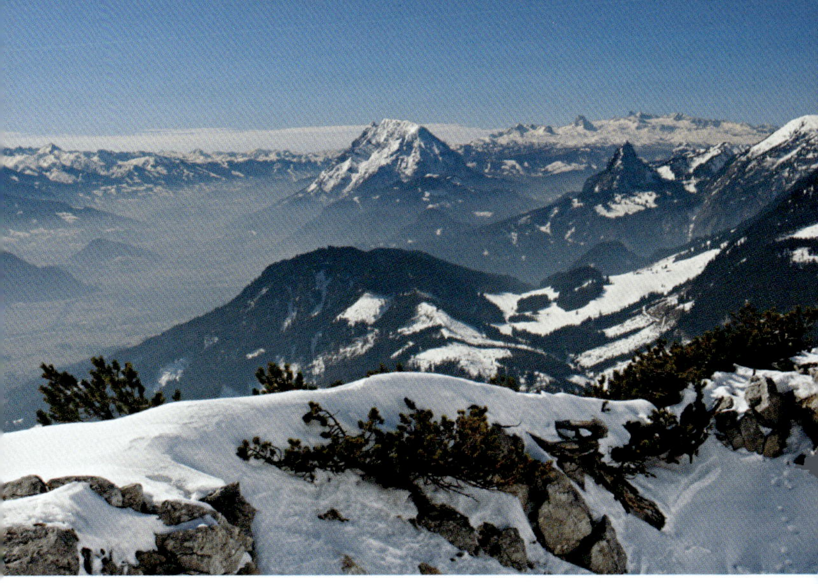

Gipfelschau der Extraklasse (von links: Niedere Tauern, Grimming und Dachstein).

Aufstieg: Vom Parkplatz zur gegenüberliegenden Seite der Straße (Osten), wo der Weg auf den Bosruck – und damit auf den südwestlich vorgelagerten Lahnerkogel – beginnt (Schild). Erst flach und dann leicht aufwärts in einem Graben bis zu den südwestlichen Ausläufern der **Fuchsalm**.
An dieser südlich vorbei, geradeaus über ein kleines Bachbett und weiter in den Hochwald. Nach Überqueren einer Forststraße wird es etwas steiler und sich leicht rechts haltend erreicht man einen breiten, bewaldeten Rücken. Diesem folgt man in östlicher Richtung bergauf. Es wird eine Forststraße überquert und auf einer Höhe von ca. 1350 m dem Verlauf des Rückens in freies Gelände gefolgt, weiter in östlicher Richtung bergauf. Auf ca. 1580 m am Rücken entlang in Richtung Nordosten, stets im Bereich der Sommermarkierung, bis zum Gipfelhang mit seinen markanten **Lawinenverbauungen**. An diesen monströsen Gebilden vorbei, zuletzt am breiten Südwestrücken zum **Gipfelkreuz**.
Abfahrt wie Aufstieg. Jedoch ist am Gipfelhang besondere Vorsicht geboten. Die ersten Gräben, die im Bereich der Lawinenverbauungen nach Nordwesten ziehen, sollten nicht befahren werden. Orientierungshilfe bei der Abfahrt bietet der flache, aber markante **Südwestrücken** (wie im Aufstieg – Sommerweg), der an das südliche Ende einer kleinen Waldfläche (ca. 1580 m) führt. Von dort über den weiteren Aufstiegsweg zurück zum **Ausgangspunkt** an der Bundesstraße.

↗ 570 m | ↘ 570 m | 4,7 km

33 Karleck, 1582 m

1.45 h

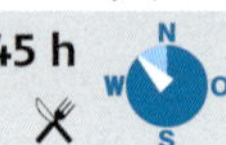

Pulvergenuss zu Saisonbeginn

Fabelhaft für Anfänger und abwechslungsreich genug für alte Hasen. Verlockende Attribute einer genussreichen Pulvertour für den Hochwinter könnten hier erfunden worden sein: Geringer Höhenunterschied, traumhafte Szenerien, und der letzte Schwung der Abfahrt wird zielsicher vor der Tür einer auch im Winter fast durchgehend bewirtschafteten Hütte gesetzt.

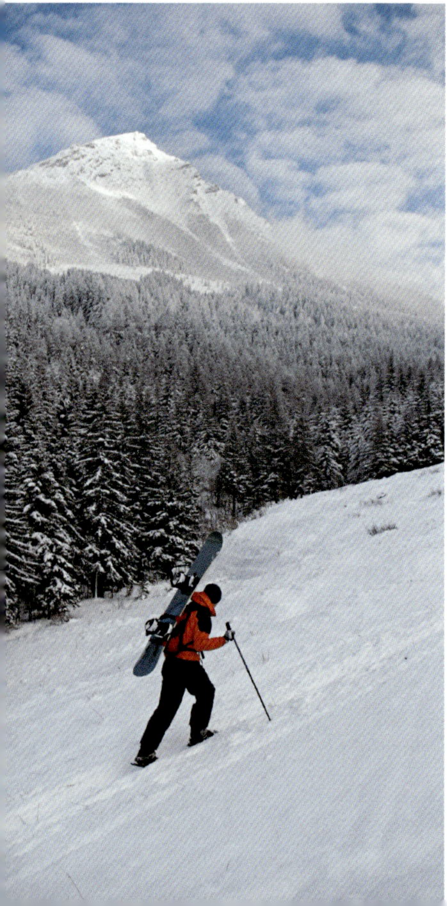

Talort: Spital am Pyhrn (640 m).
Ausgangspunkt: Parkplatz Bosruckhütte (ca. 1020 m). Über die A 9 oder die B 138 nach Spital. Direkt im Ort von der Bundesstraße in jene Straße einbiegen, die gegenüber der Stiftskirche beginnt. Ihr ca. 500 m folgen, dann rechts und abermals rechts unter der Bahn hindurch, entlang des Klammbachs aufwärts in Richtung Bosruckhütte (Schild); Parkplatz ca. 150 m vor der Hütte (ca. 4 km ab Bahnunterführung).
Aufstiegszeiten: Parkplatz – Karleck 1¾ Std.
Anforderungen: Einfache Tour, die für Anfänger und auch für Snowboarder hervorragend geeignet ist.
Hangrichtung: Nordwest bis Nord.
Lawinengefährdung: Geringe Gefährdung; den ganzen Winter hindurch häufig begangene und befahrene Skitour.
Günstige Zeit: Gesamter Winter.
Einkehr: Unterwegs keine. In der Nähe des Ausgangspunktes Bosruckhütte, OeAV-Sektion Spital am Pyhrn, Tel. +43/7563/666, www.bosruckhuette.eu; in Spital Hotel Freunde der Natur, Tel. +43/7563/681, www.naturfreundehotel.at.
Hinweis: Für die Auffahrt zur Bosruckhütte herrscht bei winterlichen Verhältnissen Kettenpflicht.

Malerische Winterlandschaft mit Ausblick auf den Großen Pyhrgas.

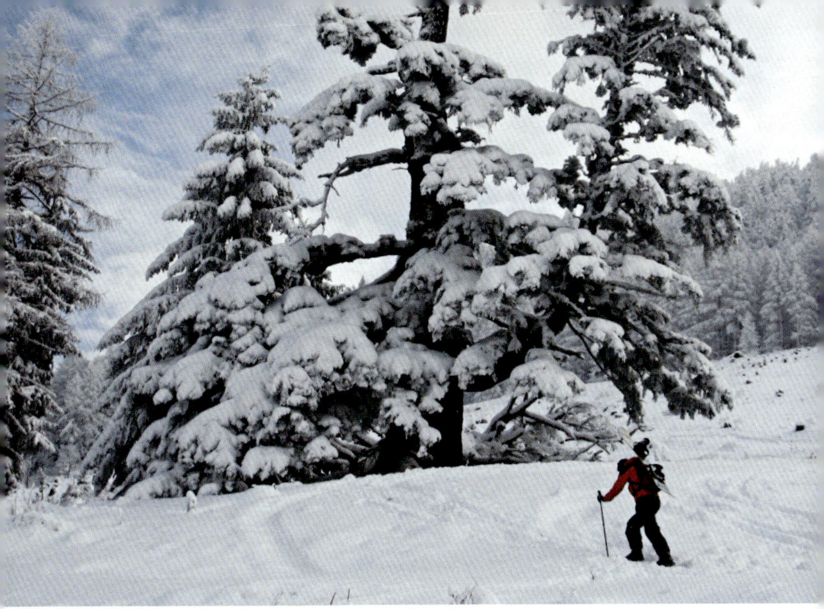

Zauberhafte Winterstimmung beim Aufstieg oberhalb der Bosruckhütte.

Aufstieg: Vom Parkplatz geht es relativ flach der Straße entlang bis zur **Bosruckhütte**. An dieser rechts vorbei und über den freien Nordwesthang hinter der Hütte gewinnt man rasch an Höhe. Kurz vor Erreichen des Waldes kann man sich bereits etwas rechts (Süden) bergauf halten, dabei wird eine weitere Straße überquert; danach weiter am linken Waldrand aufwärts zum gut sichtbaren **Sattel** (ca. 1410 m) zwischen dem Karleck und einer namenlosen Kuppe westlich davon.

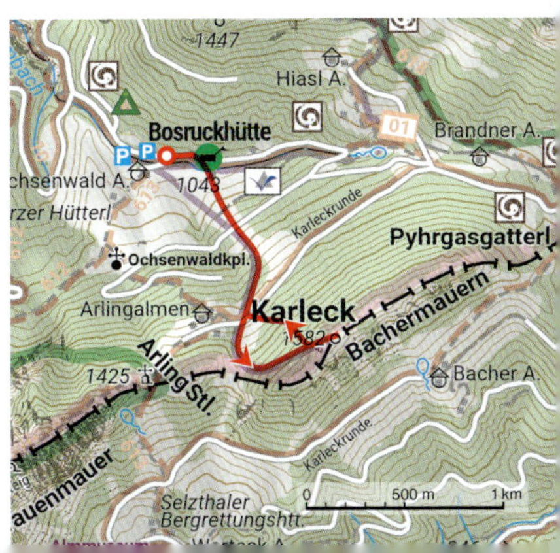

Von dort nach links zuerst in östlicher und dann nordöstlicher Richtung durch immer lichter werdenden Waldbestand – meist direkt am oder links vom Kamm – zum **Gipfelkreuz** auf der freien Gipfelkuppe.

Abfahrt: Zuerst am Grat etwas zurück in Richtung Sattel und dann rechts durch den Wald abwärts. Nachdem die Almwiese erreicht wird, weiter im Bereich des Aufstiegsweges zurück zur Hütte und in weiterer Folge zum **Ausgangspunkt**.

↗ 1450 m | ↘ 1450 m | 14,1 km

34 Scheiblingstein, 2197 m

5.00 h

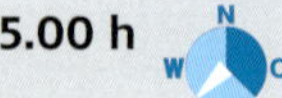

Herrlicher Klassiker, traumhafte Landschaft

Bereits am Ausgangspunkt dieser Tour zeigt sich der Scheiblingstein von seiner wildesten Seite. Über die Lange Gasse erreicht man den Gipfel jedoch in wesentlich sanfterem Gelände. Diese landschaftlich besonders reizvolle Tour lockt obendrein mit einer herrlichen Abfahrt und ist wohl eine der beliebtesten und auch schönsten Touren in den Haller Mauern.

Talort: Hall bei Admont (682 m).
Ausgangspunkt: Parkplatz Mühlau (749 m). Anfahrt entweder von der A 9, Abfahrt Ardning, über die B 146 oder von St. Gallen/Altenmarkt über die B 117 nach Hall. Am Kreisverkehr nördlich der Ennsbrücke zwischen Admont und Hall in nördlicher Richtung durch den Ortsteil Oberhall, nach ca. 1,2 km links Richtung Mühlau abbiegen und ca. 4 km bis zum Parkplatz Mühlau (Langlaufzentrum) auf der rechten Seite.
Aufstiegszeiten: Parkplatz – Pyhrgashütte (Jagdhütte) 1¾ Std., Pyhrgashütte – Scheiblingstein 3¼ Std.
Anforderungen: Insgesamt eine relativ

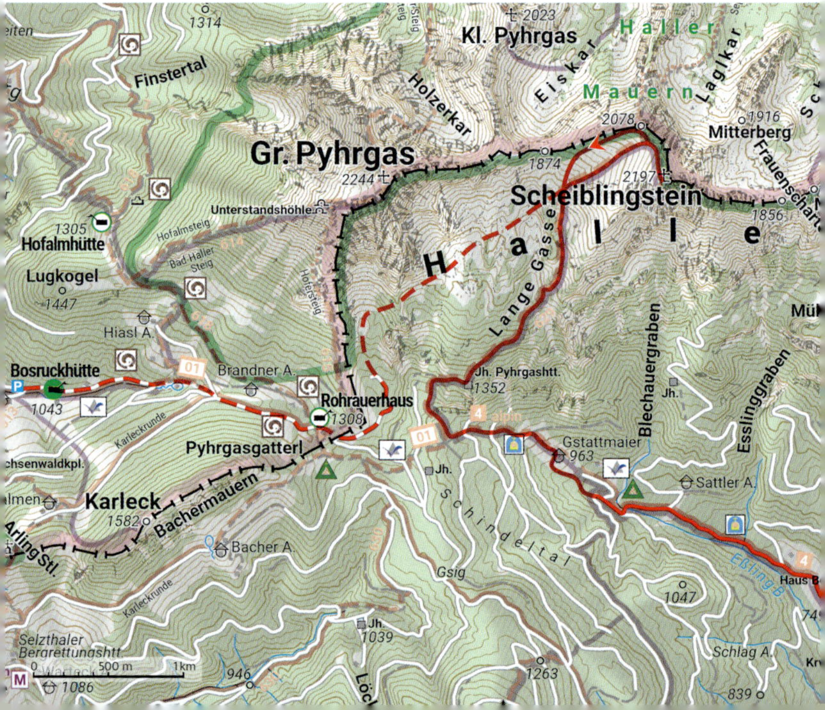

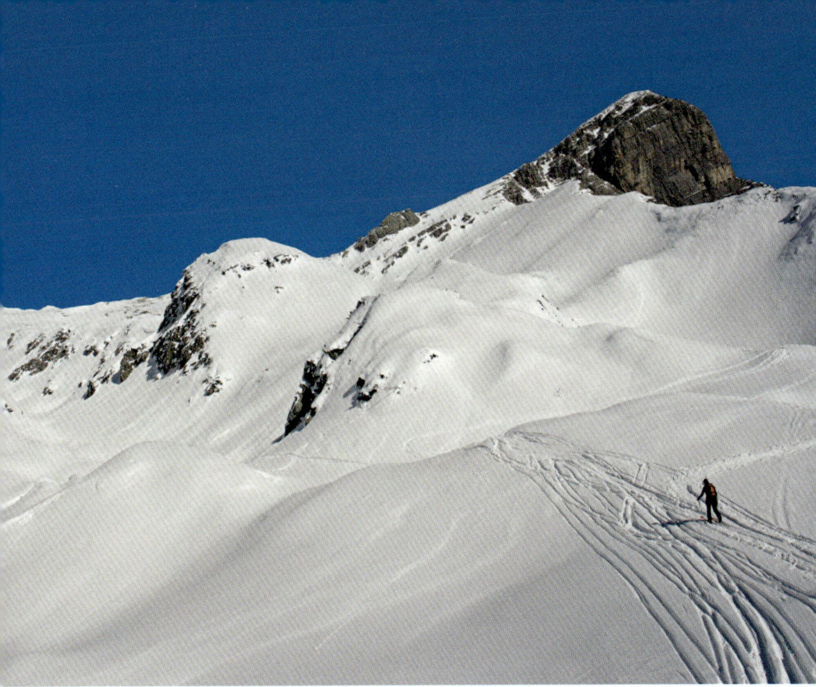

Ein Hauch vom Engadin – am Beginn der Langen Gasse, rechts der Gipfel.

einfache Tour, aber Spitzkehrentechnik obligat. Konditionsstarken Skitourengehern vorbehalten!
Hangrichtung: Nord über West bis Südost.
Lawinengefährdung: Bei geschickter Nutzung des Geländes ist die Gefährdung gering. Vorsicht beim Aufstieg und bei der Abfahrt über die kurzen Steilstufen am Beginn der Langen Gasse.
Günstige Zeit: Hochwinter – Frühjahr.
Einkehr: Unterwegs keine. Gasthöfe in Hall und Admont.
Variante: Aufstieg und Abfahrt über die Bosruckhütte (Anfahrt siehe Tour 33). Hierbei spart man ca. 300 Hm, doch muss im kritischen Einflussbereich unterhalb der Pyhrgas-Südostkare vom Pyhrgasgatterl über das Wegkreuz ans obere Ende der Langen Gasse gequert werden. Zudem erscheint die nachfolgend beschriebene Tour landschaftlich reizvoller.
Tipp: Unter der Woche lässt sich die Einsamkeit in vollen Zügen und bei Schwüngen in frischem Schnee besser genießen.
Hinweise: Im Bereich des Parkplatzes führt der Weg entlang einer Loipe. Achtung auf Langläufer!
Die in manchen Führerwerken angegebene Abfahrt von oberhalb der Pyhrgashütte direkt zur Gstattmaieralm sollte aufgrund der Steilheit nur von sicheren Abfahrern bei optimalen Bedingungen gewählt werden. Empfohlen wird die Abfahrt über den nicht minder schönen Aufstiegsweg.

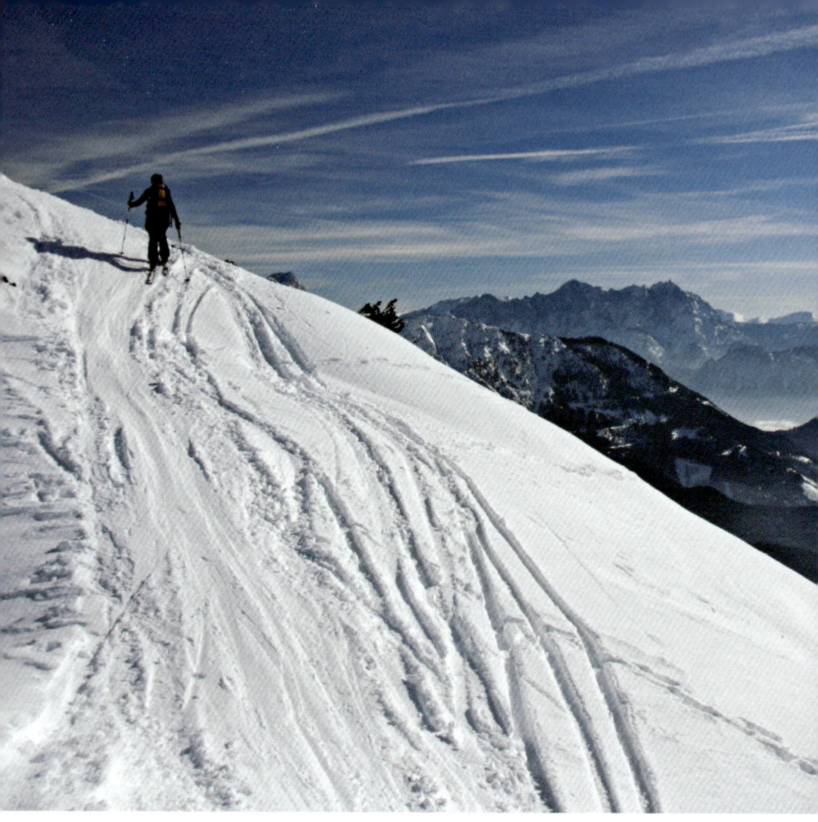

Aussichtsreicher Aufstieg – Blick nach Hall und Admont. Darüber die Hochtor- (links) und Reichentsteingruppe (rechts) im Gesäuse.

Aufstieg: Vom Parkplatz entlang der Loipe und der Straße nach links Richtung Nordwesten ins Esslingbachtal. Nachdem der Bach nach einer Linkskurve auf einer Brücke überquert wurde, nach rechts bis zu einer Kehre der Straße, wo man diese in nordwestlicher Richtung verlässt. In gleicher Richtung über die Wiese der **Gstattmaieralm** aufwärts, am Wirtschaftsgebäude links vorbei bis zum Wald. Über mehrere Forststraßen hinweg und entlang des Sommerweges Richtung Pyhrgasgatterl weiter, bis die Route zum Scheiblingstein nach rechts abbiegt. In einem Rechtsbogen etwas steiler in Spitzkehren bergauf bis zur **Pyhrgashütte** (Jagdhütte, 1357 m).
An der Hütte vorbei und in lichtem Wald weiter in nordöstlicher Richtung. In flacherem Gelände (ca. 1530 m) überquert man einen breiten Rücken bis

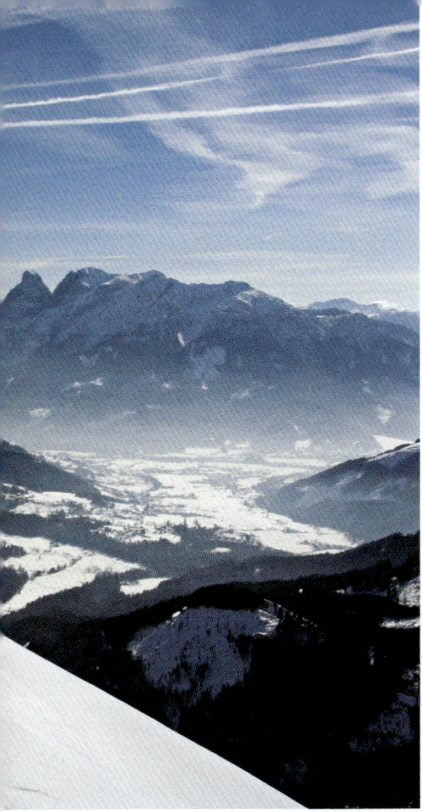

zum Beginn des östlichsten der grabenähnlichen Kare, der **Langen Gasse** (ca. 1600 m). Dieser mittig nordwärts bis ans Ende folgen und auf einer Höhe von ca. 1800 m nach rechts über die Westflanke in zahlreichen Kehren empor bis zu einer Einsattelung am **Gipfelgrat**.

Das Gelände würde die Begehung bis zum höchsten Punkt mit Skiern erlauben, jedoch sorgt der Wind meist für einen fast aperen Gipfelgrat. Somit wird meist, je nach Schneelage, an geeigneter Stelle ein Skidepot eingerichtet. Die letzten Meter geht es dann in leichtem Gelände zu Fuß auf den **Gipfel**.

Abfahrt: Zurück zum Skidepot und über den Grat bis zur Einsattelung. Von dort kann bei guten Bedingungen am rechten Begrenzungsrücken bis zur Langen Gasse abgefahren werden. Weiter wie Aufstieg.

Unten: Grenzenlos – von links nach rechts: Niedere Tauern, Bosruck, Grimming, Dachstein, Hochmölbing, Großer Pyhrgas, Spitzmauer.

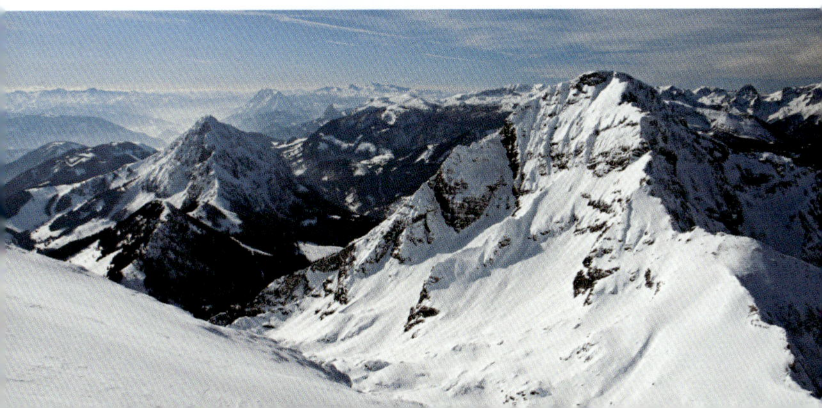

TOP

35 Kreuzmauer, 2091 m

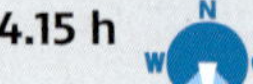

4.15 h

Ein gut verstecktes Firn-Schmankerl

Mittlerweile sind viele Bergbegeisterte auf den Geschmack des Skitourens gekommen und somit ist es nicht weiter verwunderlich, dass immer mehr Mitglieder der Neigungsgruppe »Winterwonderland« wissen, wo man die größten Rosinen findet. Durch den »verwickelten« Zugang waren das dolomitenartige Südkar und die weiten Firnhänge der Kreuzmauer einst nur Wenigen vorbehalten. Im Zeitalter von Touren-Apps und bildgewaltigen Social Media ist diese Tour nur mehr im geografischen Sinne versteckt. Dennoch sollten nur komplette Skibergsteiger das Gipfelfinale in Angriff nehmen.

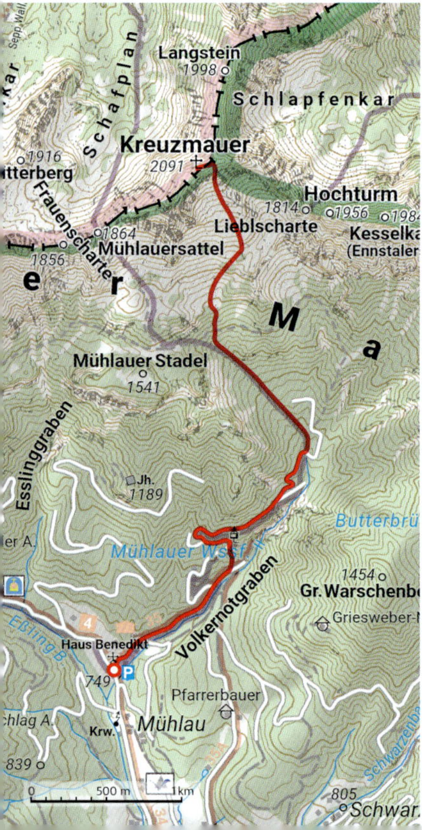

Talort: Hall bei Admont (682 m).
Ausgangspunkt: Parkplatz Mühlau (749 m). Anfahrt siehe Tour 34.
Aufstiegszeiten: Parkplatz – Kochalm 1½ Std., Kochalm – Skidepot 2 Std., Skidepot – Kreuzmauer ¾ Std.
Anforderungen: Der komplette Skibergsteiger ist gefordert. Mögliche Tragepassagen, Beurteilung des Geländes und Wahl der Spur abseits der ausgetretenen Wege, das sichere Fortbewegen mit Steigeisen. Für den Gipfelaufbau werden neben Steigeisen auch Pickel oder Eisgeräte empfohlen. Trittsicherheit ab dem Skidepot unerlässlich sowie zusätzlich Schwindelfreiheit für den exponierten und schmalen Gipfelgrat.
Hangrichtung: Hauptsächlich Südost bis Süd.
Lawinengefährdung: Der Gipfelaufbau ist extrem steil und sollte ob der Exposition zeitig am Tag begangen werden (wie die gesamte Tour). Geländenutzung hilft im Bewältigen der zwei relevanten Steilstufen. Im Bereich der Tunnel sind die extrem steilen Südosthänge oberhalb der Straße zu beurteilen.
Günstige Zeit: Spätwinter bis Frühjahr.
Einkehr: Unterwegs keine. Gasthöfe in Hall und Admont.
Hinweis: Das Wildgehege mit Fütterung im unteren Bereich der Forststraße über die markierte Skiroute im Wald umgehen.

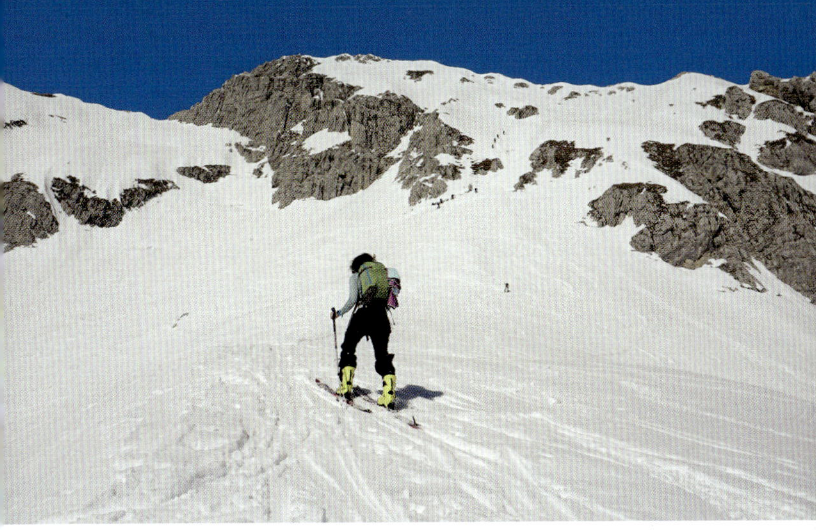

Kurz vor dem Skidepot. An schönen Tagen herrscht mitunter reges Treiben.

Aufstieg: Am Parkplatz beginnt auch die Tour auf den Scheiblingstein (siehe Tour 34). Auf der flachen Wiese sich rechts halten und der Straße nach Nordosten in den Volkernotgraben folgen. Nach den Gebäuden ist noch ein zweiter, kleinerer Parkplatz vorhanden. Im Frühjahr, wenn das Wildgehege nicht mehr geschlossen ist, ist der Aufstieg über die Forststraße möglich (und meist auch schneereicher). Bei genügend Schneelage bei der ersten Kehre gerade dem Bach entlang weiter. Nach ca. 100 m beginnt der Anstieg links (Schilder) hinauf durch den Wald, wo nach ca. 120 Hm eine Kehre erreicht wird. Dort, beim Bildbaum, entweder erneut durch den Wald hinauf zur Straße. Oder bereits hier der Straße nach links folgen und so bis zu den Tunnels (Vorsicht, diese sind teilweise vereist und davor und dazwischen müssen meist alte Lawinenkegel überquert werden!). Nach den Tunnels der oberen Straße bis zum Bachbett folgen. Je nach Schneelage links oder rechts am breiten Bachbett entlang nach Norden oder über die Straße weiter. In einem weiten Bogen Richtung Nordwesten erreicht man den rinnenartigen Graben westlich des Bachs unterhalb der alten **Kochalm** (ca. 1100 m). Wo sich der Graben verzweigt, folgt die frequentierte Aufstiegsroute meist dem rechten Graben. Sinnvoller in Bezug auf Sicherheit und Gehkomfort ist folgende Variante: Etwa 20–40 Hm dem linken Graben folgen und bei guter Gelegenheit rechts auf den Rücken hinauf, der zwischen den beiden Gräben verläuft. Die Steilstufe ins obere Kar überwindet man am besten mit einer Querung zur rechten (Aufstiegs-) Rinne oder gar noch etwas weiter östlich (ca. 1380 Hm). Auf einer Höhe

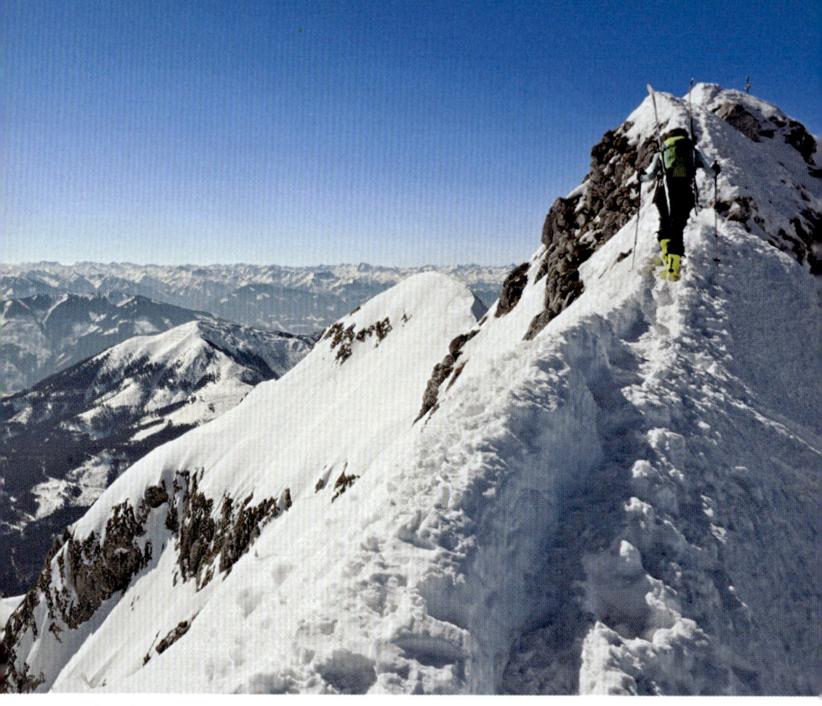

Schmales und wunderschönes Finale einer großartigen Tour: Der Gipfelgrat.

von ca. 1460 Hm nach links hinüberqueren und noch kurz aufwärts zum flachen Absatz beim Karboden. So erspart man sich die unnötig steil angelegten (und meist auch rutschigen) Passagen in der Rinne bzw. am oberen und steileren Rücken. Flach nach rechts in den Karboden und rechts in der Mulde hinauf. Oben, links an der Felswand vorbei und nicht zu früh in die steilen Hänge nach links hinausqueren, sondern lieber noch gerade weiter und nach links (ca. 1630 m) auf den markanten Rücken und diesem nördlich entlang bis zum **Skidepot** am Wandfuß folgen. Von dort zu Fuß über die schmale Einstiegsrinne (> 45°) und oberhalb der Felsen kurz nach rechts hinausqueren. Wieder etwas flacher bis zum letzten Aufschwung vor dem Gipfelgrat. Dem Grat nach links bis zum **Gipfelkreuz** folgen.
Abfahrt: Eine Abfahrt über die Gipfelflanke ist nur ausgezeichneten Steilwandfahrern vorbehalten. Die weitere Abfahrt im Sinne des Aufstiegs: am markanten Rücken bzw. rechts (westlich) davon entlang und über die Mulde bis in den Karboden. Nun über die östliche Aufstiegsrinne hinab und weiter bis zur Straße und durch die Tunnels zurück zum **Parkplatz**.

↗ 1150 m | ↘ 1150 m | 11 km

3.45 h

Kleiner Pyhrgas, 2023 m

36

Knackig nach oben und zackig ins Tal

Einen der ganz großen Frühjahrsklassiker findet man etwas versteckt an einem nicht ganz so typischen Skiberg der Haller Mauern. Bei genauerer Betrachtung bietet sich dort allerdings alles, was das Herz eines Skitourenroutiniers begehrt: steile Flanken, leichte Kletterei und eine fantastische Gipfelschau.

Talort: Spital am Pyhrn (640 m).
Ausgangspunkt: Winkltal (ca. 880 m). Anfahrt nach Spital über die A 9 oder die B 138. Vom Ortskern auf der Bundesstraße nach Nordosten und nach der Bahnunterführung nach rechts Richtung Oberweng (Schild) abzweigen. Stets der Straße in Richtung Jausenstation Singerskogel folgen. In einer markanten Linkskurve unmittelbar vor dem Bach nach rechts abzweigen und sofort wieder nach links (ca. 50 m vor der Jausenstation Singerskogel) über den Bach auf die Straße ins Winklertal. Nach ca. 1 km Parkgelegenheit am Beginn des Fahrverbots.
Anforderungen: Anspruchsvolle Skitour für vielseitige Skibergsteiger, die neben entsprechender Ausdauer auch das nötige Können für den Aufstieg durch die Gipfelschlucht mitbringen. Absolute Trittsicherheit und Schwindelfreiheit obligat; die Verwendung von Pickel und Steigeisen wird empfohlen.
Aufstiegszeiten: Parkplatz – Winkler Kar 1 Std., Winkler Kar – Eiskar 1 Std., Eiskar – Kleiner Pyhrgas 1¾ Std.
Hangrichtung: Nordwest über Nord bis Südost.
Lawinengefährdung: Der Gipfelhang und der Bereich oberhalb des Winkler Kars sind kritisch zu beurteilen. Vor allem die von der Laglmauer ins Winkler Kar nach Nordwesten exponierten und zur Abfahrt einladenden Rinnen sind bei Triebschnee zu meiden. Im Frühjahr gilt es aufgrund der Südost-Exposition des Gipfelhangs bereits zeitig aufzubrechen.
Günstige Zeit: Frühjahr.
Einkehr: Unterwegs keine. In der Umgebung siehe Tour 30 und 32.

Aufstieg: Vom Ausgangspunkt folgen wir dem Straßenverlauf taleinwärts. Nach ca. 1,5 km erreichen wir eine markante Kurve, wo wir die Straße verlassen und nach rechts (Südosten) direkt entlang des Grabens im Wald emporsteigen. Wir passieren eine Almwiese und steuern nun etwas flacher, stets im Graben, auf das **Winkler Kar** zu. Vor uns sind bereits deutlich die unteren Felsabbrüche des Eiskars sichtbar.

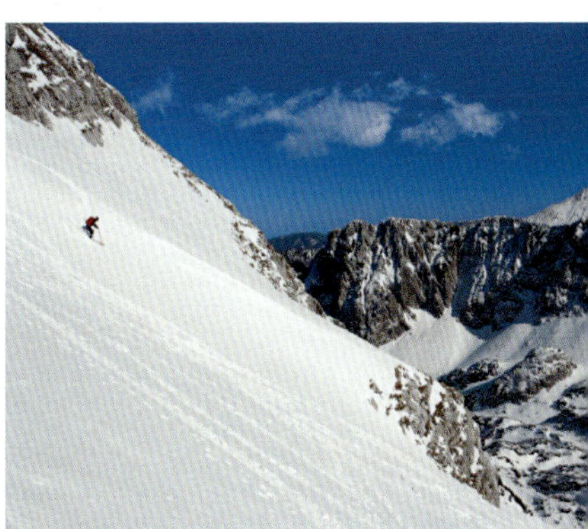

Perfekt – grandiose Steilabfahrt ins Eiskar.

Im unteren Teil der Gipfelrinne, weit unten liegt das Eiskar.

Wir steigen links in der Nordwestflanke der Laglmauer in zahlreichen Kehren empor, bis wir auf ca. 1400 m Höhe nach rechts oberhalb der Abbrüche queren können.

Unter dem Nordwestsporn der **Laglmauer** vorbei, in wenigen Serpentinen höher ins relativ flache Eiskar. Einige Meter abfahren und sich rechts haltend (Südwesten) bis zu den Ausläufern der eindrucksvollen Ostwand des Kleinen Pyhrgas, die von extremen Skibergsteigern auch befahren werden kann. Nachdem eine Kuppe überschritten wird, kann der Gipfelhang schließlich ganz eingesehen werden. Am oberen Ende ist bereits die Südschlucht sichtbar, über die man später zum Gipfel aufsteigt. Vorerst heißt es allerdings noch der Flanke in etlichen Spitzkehren Höhe abzuringen. Im oberen Teil rechts in Richtung Gipfelschlucht und auf ca. 1900 m an deren unterem Ende das **Skidepot** errichten.

Ab dort ist es erfahrenen, trittsicheren und schwindelfreien Bergsteigern vorbehalten, den Weg fortzusetzen (Steigeisen und Pickel sind zu empfehlen). Die Schlucht ist bis zu 40 Grad steil und verengt sich nach oben hin. Der Ausstieg zum Gipfelkamm muss in leichter Kletterei überwunden werden. Von dort in wenigen Minuten in leichtem Gelände nach rechts zum **Gipfel**.

Abfahrt wie Aufstieg.

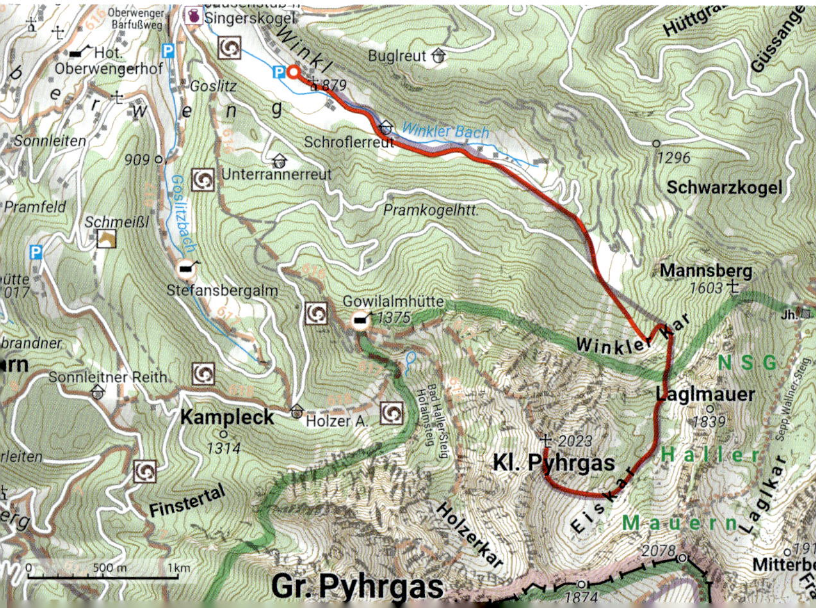

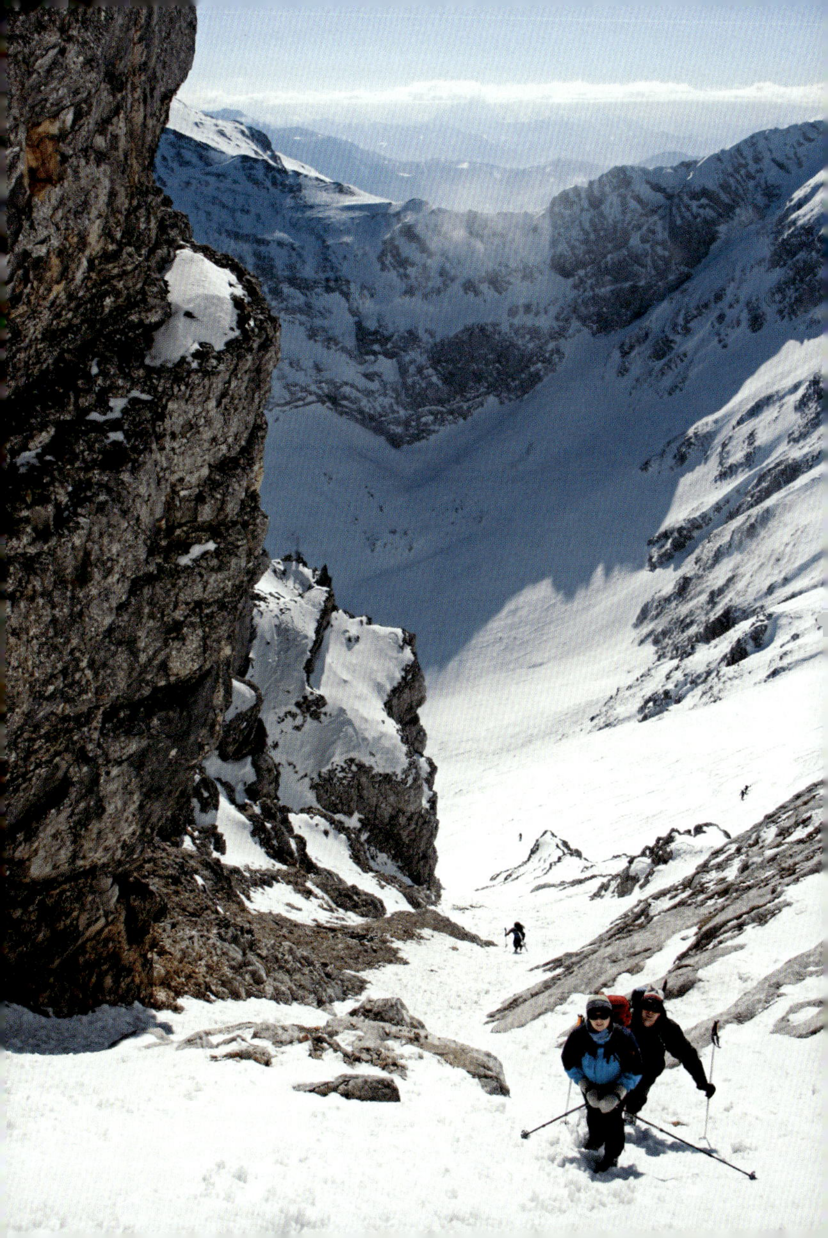

↗ 700 m | ↘ 700 m | 6,1 km

37 Schafkogel, 1550 m

2.00 h

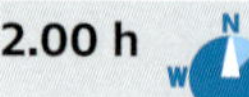

Populärer Tiefschneehit am Hengstpass

Die Tour auf den »Hochsur«, wie der Gipfel von Einheimischen bezeichnet wird, gehört zu den klassischen Touren der Region. Relativ einfaches Gelände, geringer Höhenunterschied, schneesichere Lage und fantastische Ausblicke in die finsteren Kare der Haller Mauern machen diesen Berg für Genuss- und sportliche Geher gleichermaßen zum Vergnügen.

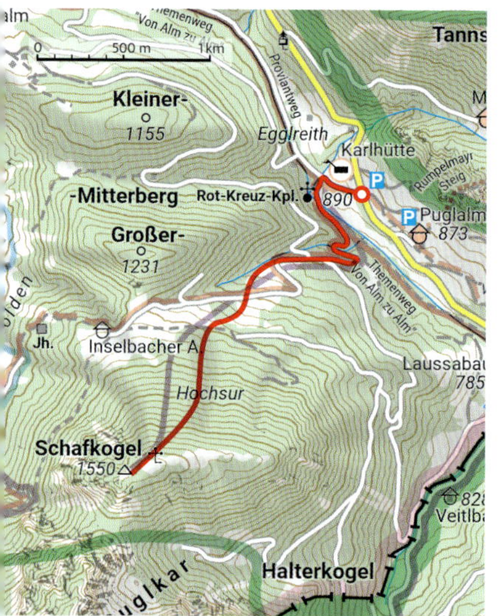

Talort: Rosenau am Hengstpass (690 m) bzw. Altenmarkt (467 m).

Ausgangspunkt: Parkplatz unterhalb der Karlhütte (ca. 880 m). Anfahrt zum Hengstpass siehe Tour 31. Von der Passhöhe ca. 1,5 km in südöstlicher Richtung bis zum ausgewiesenen Parkplatz ca. 100 m unterhalb der Karlhütte (Zugang Rot-Kreuz-Kapelle; Schild).

Aufstiegszeiten: Parkplatz – Schafkogel 2½ Std.

Anforderungen: Grundsätzlich einfache Tour mit einfacher Orientierung. Für den Aufstieg im Wald wird Spitzkehrentechnik verlangt.

Hangrichtung: Nord bis Nordost.

Lawinengefährdung: Im Allgemeinen geringe Lawinengefahr. Diese Modetour wird häufig und bei (fast) jeder Schnee- und Wetterlage begangen. Aufgrund der Exposition und der Steilheit im Wald gilt bei hoher Lawinengefahr dennoch erhöhte Vorsicht.

Günstige Zeit: Gesamter Winter.

Einkehr: Unterwegs keine. Gasthaus Sagwirt in Altenmarkt, Tel. +43/3631/40055, www.sagwirt.com; weitere Einkehrmöglichkeiten siehe Tour 30.

Hinweis: Der Bach ist nicht immer zugefroren oder zugeschneit. Daher unbedingt die Brücke an der Rot-Kreuz-Kapelle für die Überquerung nutzen.

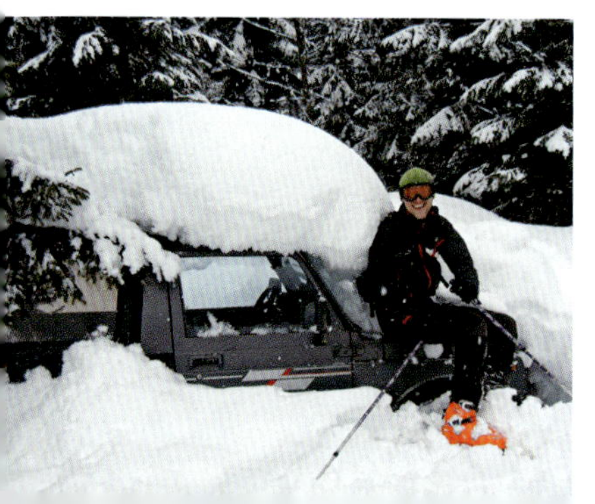

Schneeloch Hengstpass – die Touren dort werden während des ganzen Winters über gut besucht. Im Hochwinter bieten sich vor allem Wasserklotz (Tour 31) und Schafkogel als relativ sichere Ziele an.

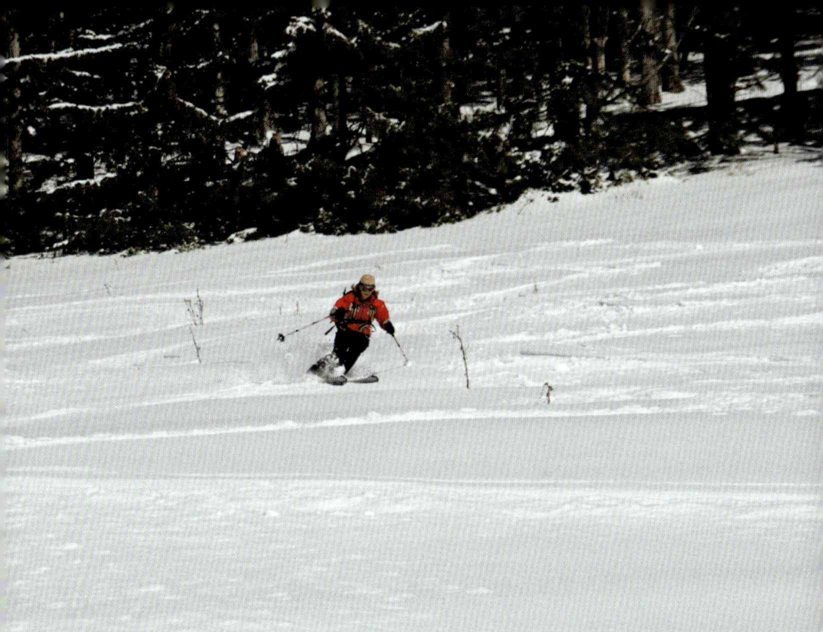

Pulverträume werden wahr.

Aufstieg: Vom Parkplatz auf einer Straße in nordwestlicher Richtung kurz bergab, noch vor dem Bach der Straße nach Südwesten folgen, östlich an der **Rot-Kreuz-Kapelle** vorbei und über eine Brücke auf die andere Seite des Baches queren. Diesem folgen wir auf der Straße noch ca. 100 m in Fließrichtung. Dann halten wir uns rechts und nehmen die Forststraße, die uns in zwei Kehren rechts bergauf nach Südwesten führt. Auf einer Höhe von ca. 900 m, bei einer Kreuzung mehrerer Straßen, folgen wir in westlicher Richtung der Straße bergauf, um vor einem Graben eine **Wiese** zu erreichen. Über die Wiese nach links (Südwesten) und in direkter Linie leicht bergauf, die Forststraße jetzt zweimal überquerend, bis zum südlichen Ende der Wiese. Noch etwas nach rechts (westlich) entlang des Waldrandes und erst dort nach links in den **Wald** (ca. 1100 m), wo rechts (nördlich) eine Waldzunge die zuvor begangene Wiese verschmälert.
Die Aufstiegsspur dem kleinräumigen Gelände im Wald anpassend und in etlichen Kehren den Höhenunterschied von über 400 m überwindend geht es bis zur Gipfelwiese. Zuletzt etwas flacher und nach Südwesten im freien Gelände bis zum **Gipfelkreuz**, das dem tatsächlichen Gipfel nach Nordosten etwas vorgelagert ist.
Abfahrt wie Aufstieg.

↗ 1240 m | ↘ 1240 m | 12,7 km

38 Im Schafkar, ca. 1970 m

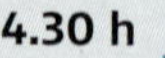

4.30 h

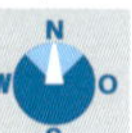

Auf rasanter Abfahrt – Firnflanke mit Steilrinnenfinale

Diese Tour führt in eines der wohl stillsten Kare der ohnehin schon ihrer Einsamkeit wegen vielgeschätzten Haller Mauern, wo man im Winter ganz besondere Skitourenjuwele findet. So eintönig sich der Zustieg entlang der Forststraßen präsentieren mag, so atemberaubend ist die Szenerie im Schafkar. Kurzum: Prachtvolle Flanke, prachtvolle Tour.

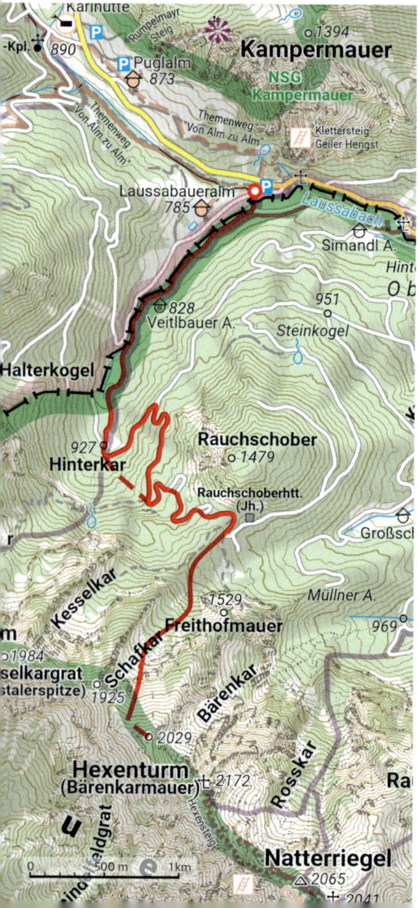

Talort: Rosenau am Hengstpass (690 m) bzw. Altenmarkt (467 m).
Ausgangspunkt: Parkplatz Laussabauernalm (ca. 770 m). Von Altenmarkt (Anfahrt siehe Tour 31) oder von Rosenau auf die Hengstpassstraße. Über diese zum Eingang ins Karbachtal ca. 3 km südöstlich der Passhöhe. Der Parkplatz befindet sich gegenüber der Kampermauer (Zufahrt Laussabauernalm; Schild).
Aufstiegszeiten: Parkplatz – Rauchschobersattel 1¾ Std., Rauchschobersattel – Hauptkamm 2¾ Std.
Anforderungen: Extreme Firntour für konditionsstarke und versierte Skitourengeher, die das Gehen mit Steigeisen und Pickel beherrschen, trittsicher sind und im steilen Gelände sicher am Ski stehen.
Hangrichtung: Nordwest bis Nordost.
Lawinengefährdung: Aufgrund der Steilheit des Nordhanges – vor allem im Bereich der Rinnen – und der Länge nur bei optimalen und sicheren Verhältnissen im Frühjahr ratsam.
Günstige Zeit: Frühjahr.
Einkehr: Unterwegs keine. In der Umgebung siehe Tour 37.
Variante: Vom Grat kann nach links in wenigen Minuten und relativ einfach ein namenloser Gipfel im Hauptkamm westlich oberhalb des Bärenkars erreicht werden (ca. 2030 m).
Hinweis: Die linke, östliche Rinne ist die steilere der beiden. Erhöhte Vorsicht vor Steinschlag im unteren Bereich der Rinnen bei Erwärmung im Tagesgang.

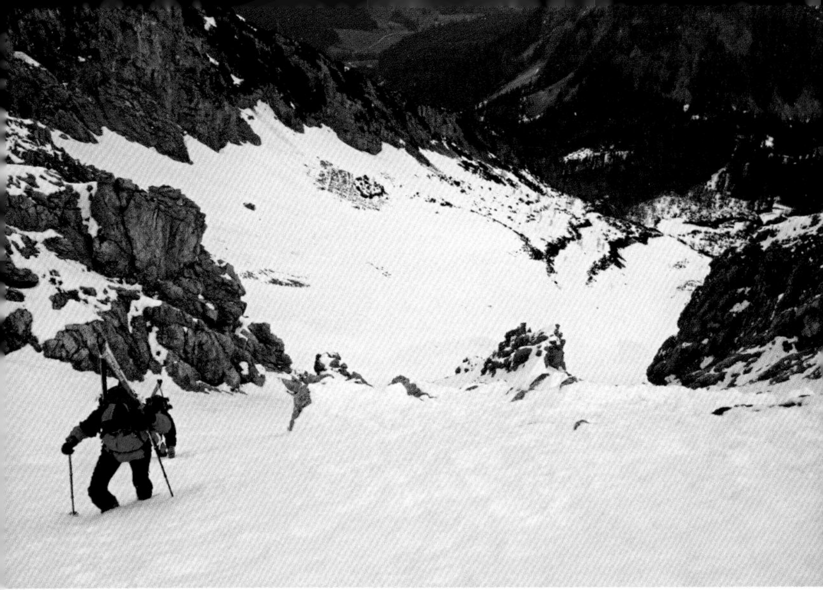

Beim Ausstieg aus der Rinne oberhalb des Schafkars.

Aufstieg: Vom Parkplatz etwa 100 m der Straße Richtung Laussabauernalm folgen und bei der ersten Abzweigungsmöglichkeit der Straße nach links in Richtung Süden folgen. Über das Wildgatter (Holzleiter) und den Bach, dann sich rechts haltend stets auf der Forststraße dem Bach entlang. An der **Veitlbaueralm** vorbei und weiter taleinwärts bis zum Talschluss im **Hinterkar** (ca. 940 m). Dort folgt man der steiler werdenden Forststraße nach links bergauf. In einigen Kehren gelangt man rasch höher und erhält einen fantastischen Einblick ins breite Schlapfenkar. Die Langstein-Ostrinne und die Lieblscharte westlich des Hochturms sind ebenfalls wunderbar einzusehen. Doch unser heutiges Tourenziel liegt zwei Kare weiter östlich. Der Straße folgt man weiter aufwärts, im flacher werdenden Gelände ist es je nach Schneelage mitunter möglich, durch den Wald einige Kehren abzukürzen. Man erreicht schließlich einen breiten **Sattel** südlich des Rauchschobers, die Straße führt in einem Rechtsbogen nach Südwesten. Hier öffnet sich erstmals der Blick ins Schafkar, die zwei Rinnen markieren die spätere Aufstiegs- und Abfahrtsroute. Nachdem man ca. 20 Hm auf der Straße abgefahren ist (dementsprechend später bei der Abfahrt kleiner Gegenanstieg), verlässt man diese in einer flachen Kehre nach Süden.
Zuerst in lichtem Waldbestand und dann in einem Kar anfangs flacher bis zum Beginn der ersten Steilstufe. Diese umgeht man am besten auf der linken Seite – unterhalb des Westpfeilers der Freithofmauer vorbei – und

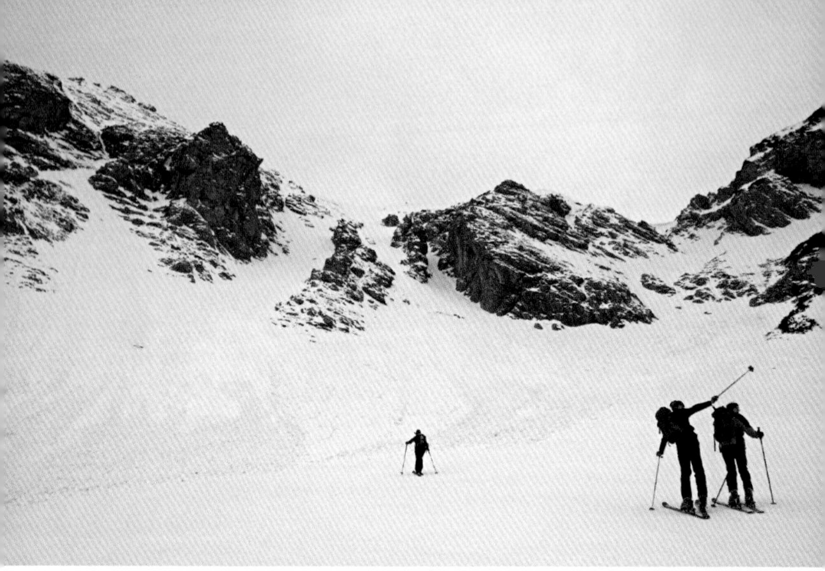

Im Schafkar mit Blick zu den Aufstiegsrinnen.

gelangt schließlich in einem Bogen nach rechts ins eigentliche **Schafkar**. Flacher geht es weiter bis zum unteren Ende der Rinnen, wo die Ski ab- und auf den Rucksack geschnallt werden müssen (ca. 1580 m). Ab hier können, je nach Verhältnissen, Steigeisen, Pickel und Helm benötigt werden. Für den Aufstieg ist die rechte, westliche Rinne zu empfehlen, da sie etwas flacher ist (abgefahren werden kann auch über die von unten gesehen linke Rinne). Nun in Falllinie durch die Steilrinne und in weiterer Folge die Nordflanke aufsteigen, die im oberen Teil etwas flacher wird. Am **Hauptkamm** der Haller Mauern angekommen, kann direkt über den Grat in wenigen Minuten der links liegende, namenlose **Gipfel** erreicht werden.

Abfahrt: Im Grunde wie Aufstieg. Bei der Abfahrt durch die Rinnen kann je nach Verhältnissen und eigenem Können die breitere (westliche) oder die steilere (östliche) Rinne befahren werden. Weiter abgefahren wird entlang der Aufstiegsroute bis zur Forststraße. Dort wartet ein kurzer Gegenanstieg von ca. 20 Hm nach links zum **Sattel**. Bei der Abfahrt ins Hinterkar kann man – je nach Schneelage – die Kehren durch den Wald abkürzen. Bei der ersten Kehre, die den Blick ins Schlapfenkar und aufs Hinterkar freigibt (ca. 1100 m), kann in Falllinie über den breiten Nordwestgraben abgefahren werden. Sonst auf der Forststraße hinunter ins Hinterkar und zuletzt – immer flacher werdend – entlang der Aufstiegsroute mit kräftigen Stockeinsätzen zurück zum **Ausgangspunkt**.

↗ 1400 m | ↘ 1400 m | 15,2 km

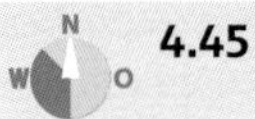

4.45 h

Natterriegel, 2065 m

Schneidige Rundtour fürs Frühjahr

Wenn in den Niederungen der Frühling eingeläutet wird, ist die Zeit reif, dem Rosskar einen Besuch abzustatten. Am Saisonende erfüllt diese stattliche Tour alle im Winter noch nicht ausreichend befriedigten Bedürfnisse des unersättlichen Skibergsteigers.

Talort: Altenmarkt (467 m).
Ausgangspunkt: Parkplatz Vorderzwiesel (ca. 690 m). Anfahrt nach Altenmarkt siehe Tour 31. Über die Hengstpassstraße zum Ausgangspunkt am Beginn des Pölzalmbachtales (ca. 5 km südöstlich der Passhöhe und ca. 300 m westlich einer Kapelle im Ortsteil Oberlaussa).
Anforderungen: Lange Tour, die unterschiedliche Ansprüche an den Skitourengeher stellt: Starke Kondition, sicheres Begehen exponierter Hänge und Rinnen (mit und ohne Steigeisen) und gekonnte Abfahrtstechnik für steiles Gelände.
Aufstiegszeiten: Parkplatz – Kleiner Seeboden 2 Std., Kleiner Seeboden – Großer Seeboden ½ Std., Großer Seeboden – Admonter Haus ¾ Std., Admonter Haus – Natterriegel 1½ Std.
Hangrichtung: Nordwest über Nord bis Süd.
Lawinengefährdung: Das Rosskar gilt grundsätzlich als gefährlich und lawinenreich; erhöhte Schneebrettgefahr im Auf- und Abstieg. Eine Skitour soll dort nur bei optimalen Bedingungen und sicheren Frühjahrsverhältnissen stattfinden. Aufgrund der zu überwindenden Höhendifferenz und Wegstrecke wird ein zeitiger Aufbruch empfohlen (Erwärmung und Durchfeuchtung der Schneedecke im Tagesgang).
Günstige Zeit: Frühjahr.
Einkehr: Unterwegs keine. In der Umgebung siehe Tour 37.
Variante: Aufstieg zum bzw. Abfahrt vom Mittagskogel über das Rauchmauerkar. Vom Kleinen Seeboden (ca. 1320 m) nach rechts ins breite Kar, das von der Südwand der Rauchmauer begrenzt wird. Aufsteigen und am oberen Ende links sich haltend auf den flachen Kamm und über diesen zum Mittagskogel oder kurz in die Mulde nördlich des Mittagskogels abfahren und auf den Natterriegel.
Tipp: Aufgrund des langen und eher flachen Zustiegsweges und der im Frühjahr meist schon fortgeschrittenen Ausaperung wird gehfreundliches (Ski-)Schuhwerk empfohlen.
Hinweis: Die steile Einfahrt ins Rosskar ist nur bei idealen und sicheren Verhältnissen zu empfehlen. Die Abfahrt ins Rauchmauerkar bietet eine etwas gemäßigtere Alternative.

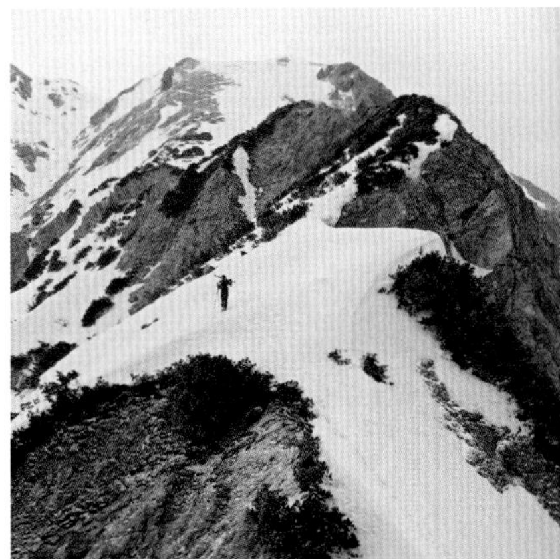

Exponiert geht es im unteren Teil des Grates links an den Felsen vorbei, darüber der Mittagskogel.

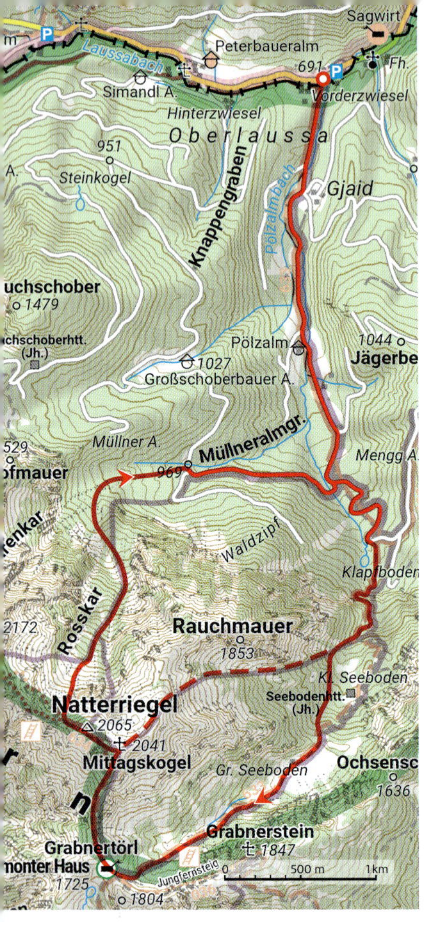

Aufstieg: Vom Parkplatz auf der Straße taleinwärts Richtung Admonter Haus (Schild). Nach einigen Jagdhütten zur Linken erreichen wir bald die **Pölzalm**. An ihr vorbei bis zur ersten Abzweigung (ca. 820 m) im Talschluss, dort rechts. Nach der Menggalm (ca. 840 m) folgen wir gut aufgewärmt entweder der Forststraße bei der nächsten Abzweigung nach links oder dem Sommerweg in südöstlicher Richtung noch relativ sanft aufwärts. Am **Klapfboden** heißt es noch einmal verschnaufen, bevor es ernst wird: Eine Steilstufe wird rechts, dem Sommerweg folgend, in steilen Kehren umgangen. Oberhalb der Steilstufe nach links und wieder etwas flacher weiter nach Süden. Auf ca. 1200 m sich links halten und über die Flanke hinauf zum **Kleinen Seeboden** (ca. 1300 m). Rechts ist der Blick ins Rauchmauerkar frei (Variante). Wir passieren die Jagdhütte, erreichen eine weitere Stufe und fahren von dort ca. 20 Hm auf den **Großen Seeboden** (ca. 1430 m) ab. Weiter über den flachen Boden an der wild zerklüfteten Nordwestflanke des Grabnersteins vorbei und zuletzt in zahlreichen Spitzkehren zum bereits sichtbaren **Admonter Haus** am **Grabnertörl**.

Direkt an der Hütte vorbei und nach rechts (Norden) über den Hang auf den Südgrat des Mittagskogels. Zuerst flach und direkt am noch breiten Rücken, geht es dort, wo dieser in einen zackigen Grat übergeht, links an den Felszacken vorbei (ca. 1820 m – Vorsicht vor Wechten). In der linken Gratflanke eine steile Rinne queren (bei Vereisung im Frühjahr Steigeisen obligat) und über eine Flanke nach rechts steil empor auf den Südgrat. Nun wieder auf Skiern weiter und steil in vielen Spitzkehren bis zum flachen Gipfelkamm. Von dort in wenigen Minuten nach rechts zum Kreuz am **Mittagskogel** oder gleich direkt nach links kurz abfahren und leicht bergauf zur breiten Kuppe des **Natterriegels**.

Abfahrt: Grundsätzlich kann auch über den Aufstiegsweg oder über das Rauchmauerkar (siehe Variante) abgefahren werden. Doch die Abfahrt durchs Rosskar ist in vielerlei Hinsicht die Königsvariante: eine rassige Einfahrt, landschaftlich einmalige Umgebung und eine feine Abfahrt von mehr als 1000 Höhenmetern warten auf uns.
Vom Gipfel in nordwestlicher Richtung direkt am oder leicht rechts (nördlich) vom Kamm entlang, bis links große, markante Felszacken den Weg versperren. Dort führt nach Norden (rechts bergab) eine kurze Engstelle ins obere **Rosskar**. Nun kann im breiten Kar abgefahren werden. Stets rechts halten, bis man den unteren Teil des Nordwestrückens der Rauchmauer erreicht (ca. 1300 m). Auf diesem bergab, nach ca. 100 Hm nach Westen in den Graben und diesem nach Norden folgen. Links oberhalb werden die Abbrüche des Bärenkars sichtbar und der Graben ändert die Richtung nach rechts in nordöstlicher Richtung. Wir folgen dem Graben in flacheres Gelände, bis beim **Müllneralmgrabenbach** die Forststraße erreicht wird.
Auf dieser nach rechts (bei der folgenden Abzweigung nach links) abfahren, bis wir nach einer Brücke wieder den Talschluss des Pölzalmbachtals und somit den Aufstiegsweg erreichen. Von dort nach links talauswärts zurück zum **Parkplatz**.

Auf den letzten Metern zum Mittagskogel mit Blick auf Grabnerstein und ins Gesäuse.

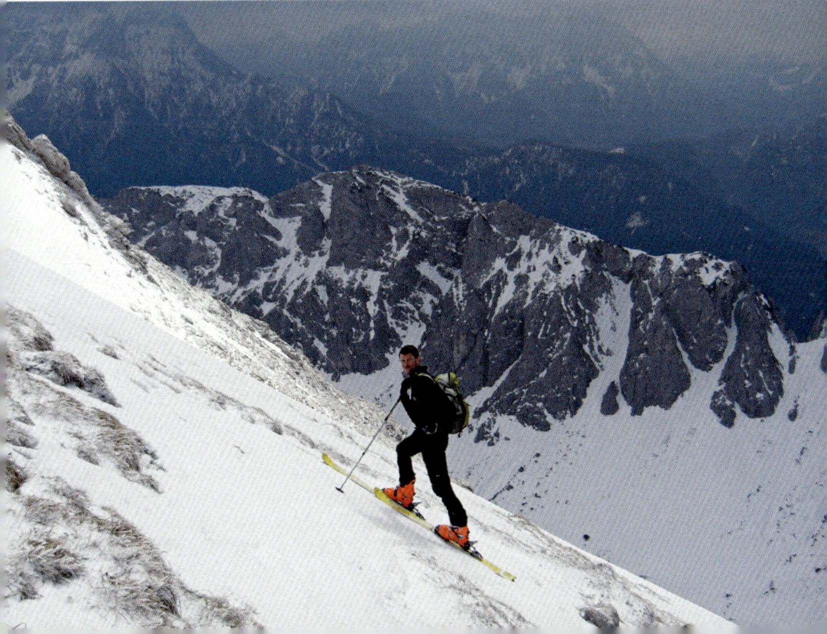

↗ 980 m | ↘ 980 m | 9,7 km

40 Grabnerstein, 1847 m

3.15 h

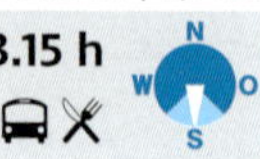

Im Angesicht des Gesäuses

Klein und doch ganz groß: Aufgrund der sportlichen Route und der einzigartigen Aussicht erfreut sich der Grabnerstein weithin großer Bekanntheit als genussreicher Skiberg.

Talort: Weng im Gesäuse (653 m).
Ausgangspunkt: Parkplatz Buchauer Sattel (ca. 870 m). Anfahrt bis zum Kreisverkehr bei Admont siehe Tour 34. Von dort nach Nordosten Richtung Weng und auf der Straße bleibend weiter auf den Buchauer Sattel (ca. 6,5 km). Oder über die B 115 nach Altenmarkt und durch den Ort nach Südwesten zur Ennsbrücke. Über diese nach Weißenbach und weiter nach St. Gallen. Von dort ca. 13 km bis zur Passhöhe. Ausreichend Parkmöglichkeiten auf der nach Nordwesten abzweigenden Straße. Öffentlich: Vom Bahnhof Liezen mit dem Bus zur Passhöhe am Buchauer Sattel.
Aufstiegszeiten: Parkplatz – Grabneralm 1¾ Std., Grabneralm – Grabnerstein 1½ Std.
Anforderungen: Einfache Genusstour, einige Spitzkehren sind dennoch zu bewältigen und auf den letzten 150 Hm vor dem Gipfel präsentiert sich das kupierte Gelände etwas unübersichtlich. Vorsicht bei Nebel.
Hangrichtung: Südost bis Südwest.
Lawinengefährdung: Grundsätzlich ist die Gefährdung als gering einzuschätzen. Nach ergiebigen Neuschneefällen bzw. bei Schneebrettgefahr ist der Abschnitt zwischen Grabneralm und Zilmkogelsattel aufgrund der zu querenden Rinnen kritisch zu bewerten.
Günstige Zeit: Hochwinter – Frühjahr.
Einkehr: Grabneralm, Tel. +43/664/8615474, www.grabneralm.at; Gasthöfe in Admont und St. Gallen.
Variante: Die direkte Abfahrt vom Gipfel über die Südrinne ist steil – nur bei stabilen Verhältnissen befahren!

Aufstieg: Vom Parkplatz direkt nach Norden über die flache Wiese bis zum Waldrand. Dort beginnt der Sommerweg, dem wir bis zur Grabneralm folgen werden. In einigen Kehren auf dem Karrenweg aufwärts, bis dieser nach rechts in eine Forststraße einmündet. Weiter nach links und zuletzt noch eine Kehre abkürzend bis auf einen breiten Rücken. Die Straße wird wieder überquert und es geht durch den Wald bis zur nächsten Kehre. Von dort, den Rücken verlassend, nach rechts auf dem Wanderweg bergwärts, bis die Straße wieder erreicht wird. Dieser ca. 150 m nach rechts folgen und

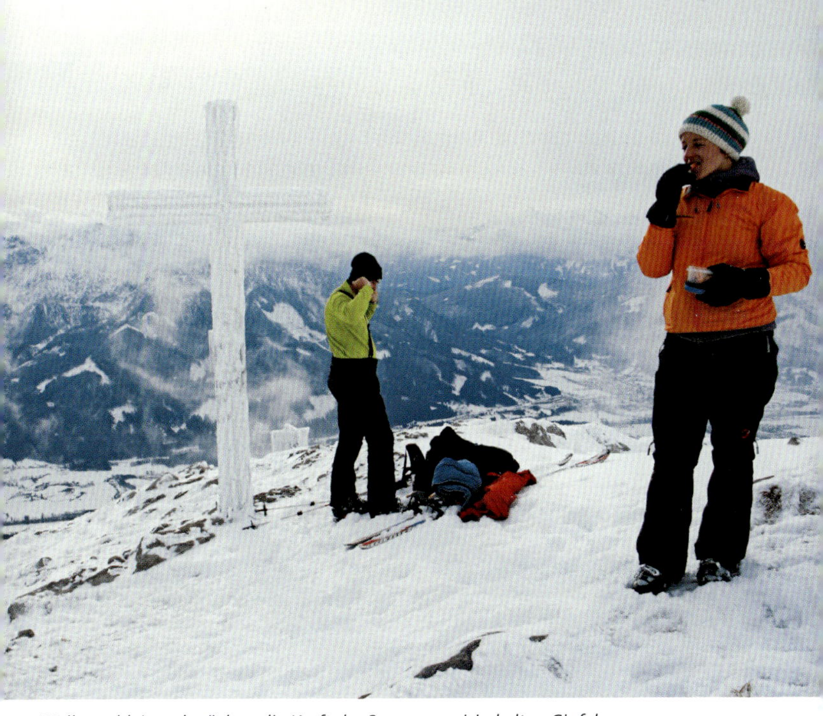

Wolkenschleier schwächen die Kraft der Sonne am eisig kalten Gipfel.

dann nach links über den Karrenweg. Bevor der Rücken abermals erreicht wird (ca. 1220 m), rechts in den Wald und über ein kurzes Wegstück abermals auf die Straße. Von dort nach links und in einem Bogen auf den Boden der **Grabneralm**. Nach Überquerung eines markanten Grabens folgt rechts eine freie Fläche, an der wir weiter aufsteigen.
Dort sich rechts halten und mehrere steile Gräben in leichtem Bergauf und Bergab queren. Schließlich führt uns die Route mäßig steil aufwärts, bis wir in freiem Gelände unterhalb der Südrinne stehen. Hier leicht bergwärts weiter in einem Bogen in östlicher Richtung in die **Einsattelung** (ca. 1570 m) nördlich des Zilmkogels. Von dort nach links in ein kleines Kar. Bevor es steiler wird, nach rechts aus dem Kar auf einen flachen **Rücken** aufsteigen. Diesem nach oben (Norden, dann Nordwesten) folgen; zuletzt (ab ca. 1700 m) nach Nordwesten in einigen Kurven über unübersichtliches Gelände zum **höchsten Punkt**.
Abfahrt wie Aufstieg.

↗ 1450 m | ↘ 1450 m | 14,7 km

41 Tamischbachturm, 2035 m

4.45 h

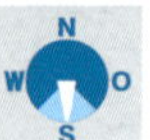

Der letzte Geheimtipp im Reigen der Gesäuseberge?

Wenn man schon etwas Müdigkeit verspürt stets anderen Skitourengehern hinterher zu wackeln und man einmal die Ameisenstraßen im Johnsbachtal verlassen möchte, dann bietet der Tamischbachturm eine gute und nahe Alternative. Bei näherem Blick entpuppt sich vor allem die lässige Abfahrt durchs Große Kühtal als Wedel- oder Firntraum mit fantastischem Panorama. So fragen sich die Autoren, was daran »damisch« sein soll?

Talort: Gstatterboden (ca. 580 m).
Ausgangspunkt: Parkplatz Ennstaler Hütte/Nationalpark Pavillon (ca. 580 m). Zwischen Admont und Hieflau durchs Gesäuse und östlich vom Bhf. Gstatterboden nach Norden abzweigen (Schilder Nationalpark Pavillon). Weiter nach rechts zum Parkplatz am Waldrand (Infotafeln zu Wildruhezonen).
Aufstiegszeiten: Parkplatz – Hörantalm 1½ Std., Hörantalm – Ennstaler Hütte 1¾ Std., Ennstaler Hütte – Gipfel 1½ Std.
Anforderungen: Ausgedehnte Tour mit einfacher Orientierung im Aufstieg. Für die Abfahrt etwas Orientierung erforderlich. Bis auf die steilen, aber kurzen Rinnen zwischen den Felsabbrüchen im Auf- bzw. Abstieg ist die Tour von der Schwierigkeit als rot einzustufen.
Hangrichtung: Im oberen Teil Süd bis Südwest.
Lawinengefährdung: Steilstufe beim Butterbründl und vor allem die Hänge ab der Hütte bis in die Abfahrt unterhalb der Steilstufe im Großen Kühtal im Auge behalten.
Günstige Zeit: Hochwinter bis zeitiges Frühjahr.
Einkehr: Unterwegs keine. Gasthäuser in Johnsbach, Admont oder Hieflau.
Hinweis: Bitte die Wildschutzgebiete in den Steinmäuern, im Kleinen Kühtal und auch an den Jahrlingböden beachten.

Tiefblick nach Gstatterboden im Ennstal, inmitten der Gesäuseberge.

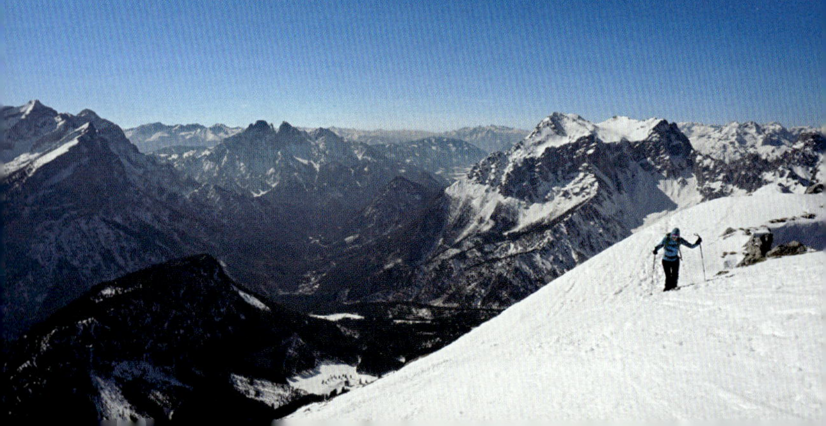

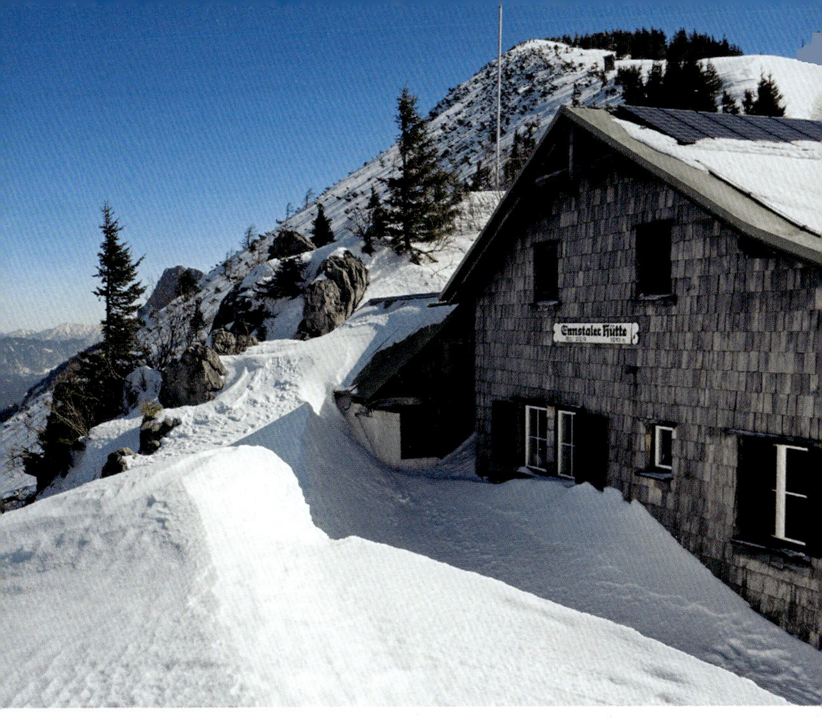

Bei der Ennstaler Hütte eröffnet sich der Blick ins nördliche Alpenvorland.

Aufstieg: Der gesamte Aufstiegsweg folgt dem Sommerweg und ist zusätzlich mit Skimarkierungen versehen. Vom Parkplatz dem Wanderweg folgen, über den Weißenbach nach Osten und weiter nach oben bis zur Straße westlich vom Gstatterbodenbauer. Am Waldrand entlang und weiter, hinein in den Graben und im Wald abermals über einen Bach. Der dritte Graben wird nicht überquert, sondern an der Abzweigung weiter aufwärts und erst in der Kehre über den Bach zur **Hörantalm** (934 m). Links an den Almhütten vorbei und am linken oberen Almrand in den Wald hinein. Über den Bach auf einen Rücken und hinauf auf eine Forststraße. Dieser nach rechts folgen bis zur Talstation der Materialseilbahn. Dort links hinauf, erneut über den Bach auf einen Rücken und weiter empor zu einem kleinen Sattel, wo der Weg einen Fahrweg kreuzt. Dem Rücken weiter folgen und zuletzt etwas steiler bis unter die Felswände. Nach rechts hinüberqueren bis zu einer steilen und engen Rinne. Diese Steilstufe bewältigt man in mühsamen und kurzen Serpentinen oder eventuell sogar zu Fuß. Die letzten 160 Hm bis zur **Ennstaler Hütte** (1433 m) verlaufen wieder angenehm und flacher. Ab der Hütte stets südlich des Rückens in östlicher Richtung bis zum **Gipfel** (2035 m). Gelegentlich muss man am abgeblasenen Rücken, kurz unterhalb, das **Skidepot** einrichten.

Abfahrt: Grundsätzlich kann die Abfahrt (bei unsicherer Schneelage) auch über den Aufstiegsweg erfolgen. Skifahrerisch ist die Abfahrt durchs Große Kühtal wesentlich lohnender. Dazu fährt man vom Gipfelaufbau wieder zurück zur ersten kleinen Mulde und noch weiter 300 m am Aufstiegsweg entlang. Dann nach links in südwestlicher Richtung die feinen Hänge hinunter in das sich allmählich formende **Kühtal**. Dort, wo es wieder flacher wird (vor der Engstelle – ca. 1500 m) muss man unbedingt im Graben bleiben, damit man nicht in die Felsabbrüche links und rechts gerät. Die Einfahrt nimmt man am besten mittig und dann nach rechts in die Rinne. Unterhalb leiten die Markierungsstangen durch die Waldschneisen und den Wald bis zur **Hörantalm**. Von dort weiter über die Aufstiegsroute zurück.

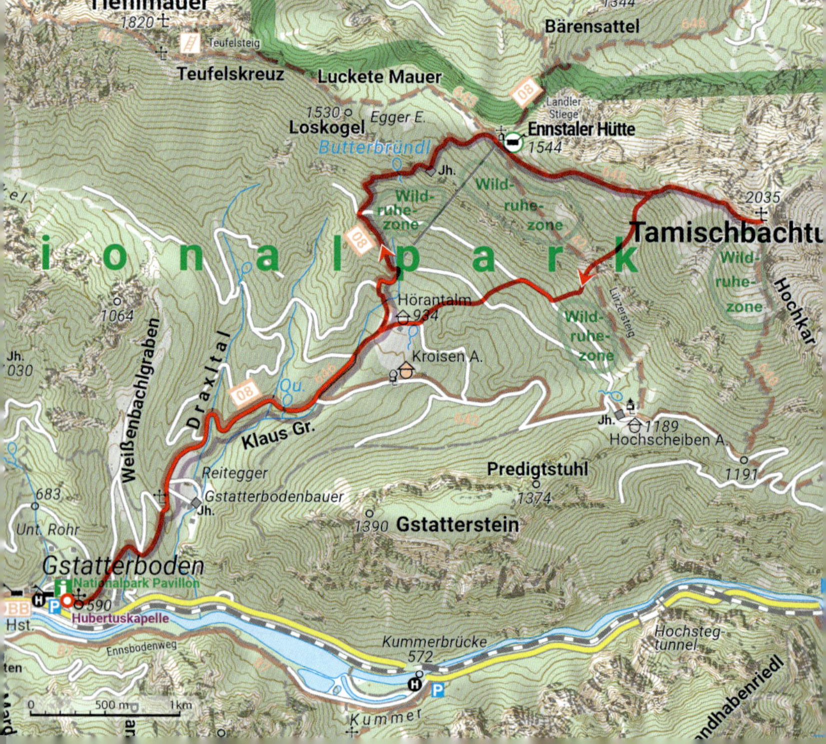

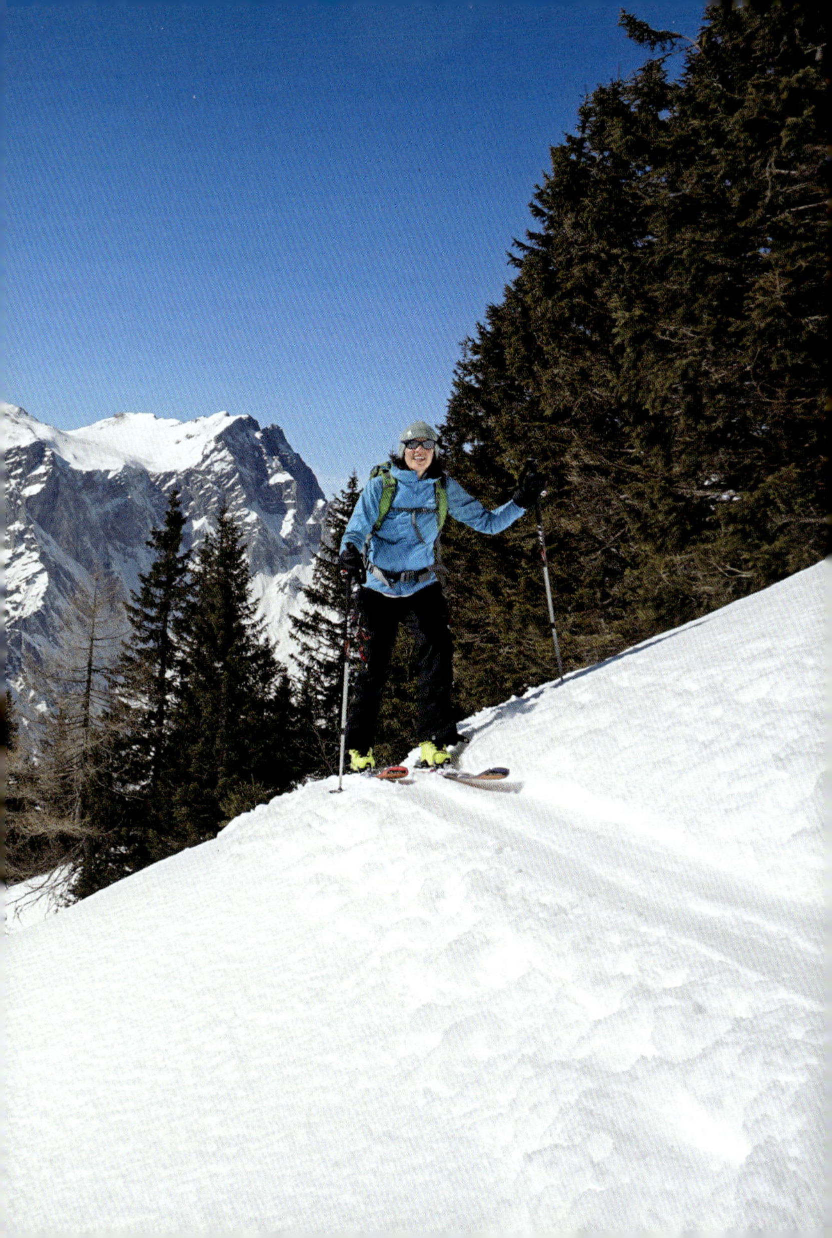

↗ 690 m | ↘ 690 m | 9 km

42 Lahngangkogel, 1778 m

3.00 h

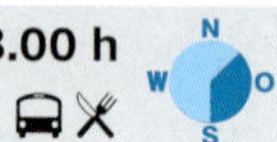

Im Schatten der Gesäuseprominenz

Diese gemütliche Tour beschert schon im Aufstieg informative Ausblicke auf Rottenmanner Tauern, Dachstein und Grimming. Wer sich aber für die Überschreitung des Lahngangkogels zur Oberst-Klinke-Hütte entscheidet, wandelt auf einem wahren Panorama-Laufsteg direkt auf die imposanten Felswände von Kalbling, Sparafeld und Reichenstein zu – und erntet außerdem mehr Abfahrtsspaß! Durch das gutmütige Gelände, die Kürze der Tour und die recht hohe Schneesicherheit (hoher Ausgangspunkt) ein ideales Ziel auch für etwas schlechtere Bedingungen oder für den Saisonstart.

Talort: Admont (640 m) bzw. Trieben (709 m).
Ausgangspunkt: Talstation Skigebiet Kaiserau, gebührenpflichtiger Parkplatz, ca. 1140 m. Anfahrt aus Admont: Im Ort knapp südlich des Stiftes über die Bahngleise (Schild »Kaiseraulifte«) und über die Bergstraße aufwärts (evtl. Schneeketten nötig!). Nach dem Gasthof Nagelschmiede links abbiegen (Schild »Kaiserau«), ca. 1,5 km zum Skigebiet. Oder über die A 9, Abfahrt Trieben, nördlich nach Dietmannsdorf, dort links über die Brücke (Wegweiser »Kaiserau«) und vom Ortsende-Schild 5 km bergauf in einen Sattel. Rechts abbiegen (Schild »Kaiserau«) und zum Skigebiet.
Öffentlich: Bahn bis Admont, dann mit Ski-Shuttlebus zu den Kaiserau-Liften (nur an Wochenenden und in den steirischen Schulferien.)
Aufstiegszeiten: Kaiserau – Lahngang-

Schaumrolle: Am Gipfelkamm bilden sich fast immer eindrucksvolle Wechten

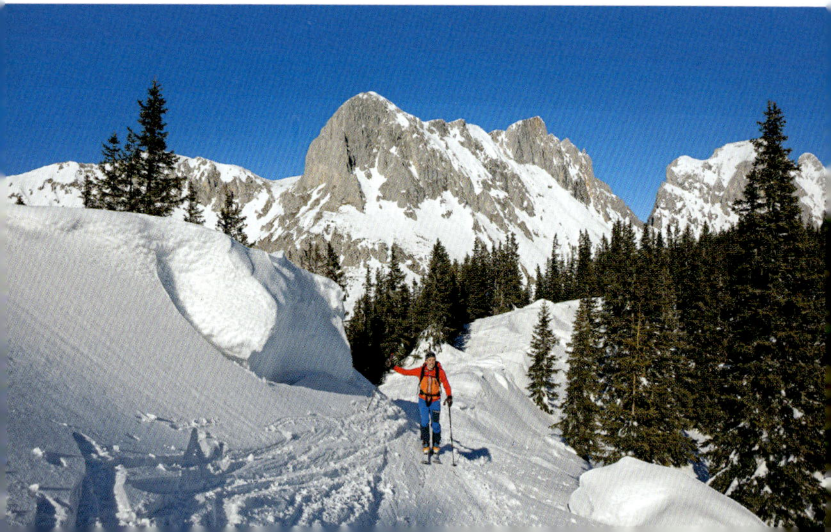

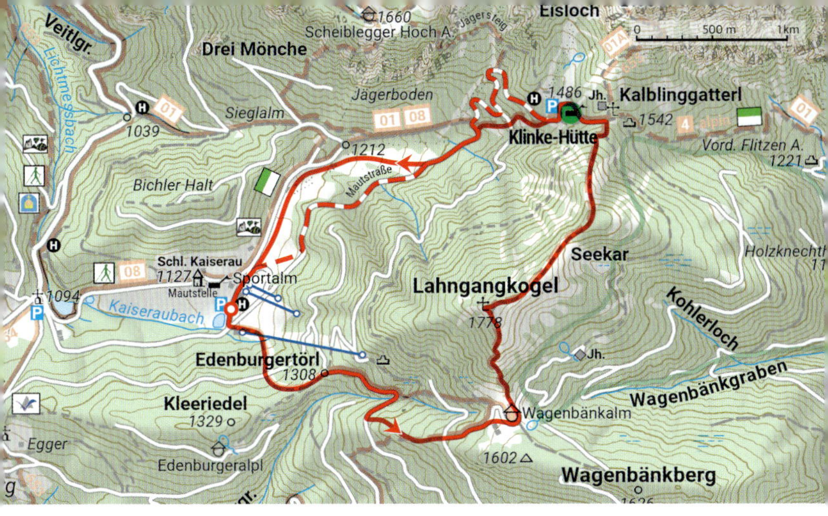

kogel 2¼ Std., Lahngangkogel – Nordostkuppe ¾ Std.
Höhenunterschied: Zum Gipfel 640 m, Gipfelkamm zur Nordostkuppe 50 m.
Anforderungen: Einfache, eher kurze Skitour. Mit grünen Skitourenrouten-Tafeln beschildert. Auch für Einsteiger geeignet.
Hangrichtung: Aufstieg v. a. Nordwest, West, Süd; Abfahrt Nordost, Nord, West.
Lawinengefährdung: Bei vernünftiger Spuranlage meist gering. Bei der Überschreitung Achtung auf Wechten am Gipfelkamm!
Günstige Zeit: Hochwinter.
Einkehr: Beim Liftparkplatz: Panoramarestaurant Kaiserau, Tel. +43/3613/28242, www.panorama-restaurant-kaiserau.at. Oberst-Klinke-Hütte ist im Winter geschlossen!
Hinweis: Zwischen Wagenbänkalm und Kalblinggatterl das Wildruhegebiet östlich unterhalb des Kammes respektieren (Seekar, Flitzengraben)!

Aufstieg: Von der Schranke des **Liftparkplatzes Kaiserau** die kurze Zufahrt hinauf zum Brunntallift (Schild »Tourengehereinstieg«). Rechts an der Talstation vorbei und neben dem **Schlepplift** sanft bergauf (er bleibt links), bis die grünen Tafeln der neuen Skitourenroute beginnen. Sie leiten nach rechts über einen Graben und führen einen kurzen Hang hinauf. Dann eher am rechten Rand einer Wiese zu einem Skitourenrouten-Schild am Waldrand. Nun nach Süden, zuerst durch dichten, dann durch lichteren Wald. Über eine Forststraße, kurz weiter südlich hinauf, schließlich nach links (Osten) drehen und auf den Lahngangkogel zu. Bald darauf verläuft die Skitourenroute auf einem Rücken parallel zur **Piste** (letztere bleibt links unterhalb). Danach geht es etwas steiler rechts außerhalb der Piste bergauf (entlang eines Trennzaunes). Vor Erreichen des Waldes rechts auf eine Forststraße (Skiroutenschild, Wegweiser »Wagenbänkalm«). Auf ihr mit nur wenig Steigung dahin, im Rechtsbogen durch einen Graben und auf der

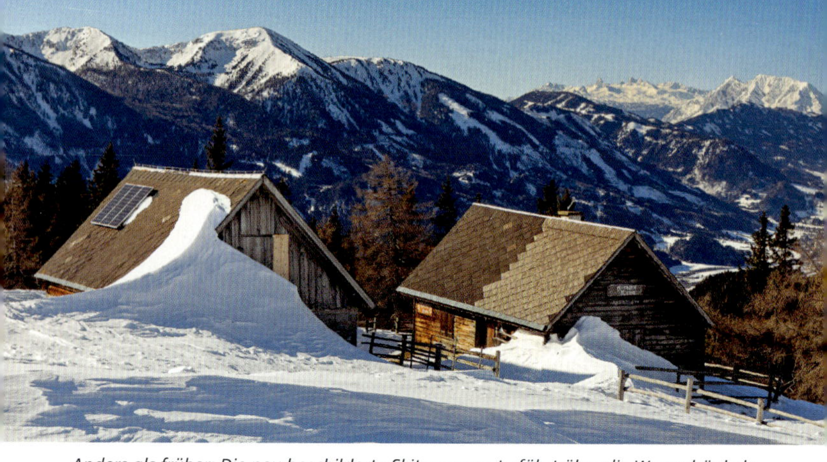

Anders als früher: Die neu beschilderte Skitourenroute führt über die Wagenbänkalm.

Straße ziemlich flach weiter. Vor einer Linkskurve weist ein Skiroutenschild nach links. Über einen Waldrücken sanft hinauf, zwischendurch unterbrochen von einer freien Fläche mit großem Masten, bis zu einer Forststraßenkehre. Hier links einen Fahrweg hinauf (Skitourenrouten-Tafel) und in Kürze zum kleinen Almdorf der **Wagenbänkalm** (ca. 1565 m). Dort sich links haltend in den breiten Sattel und nördlich aufwärts in den Wald (Wegweiser »Lahngang«, Skitourenrouten-Tafel). Einen Waldhang etwas steiler nach Norden hinauf. Weiter oben wird er zum breiten, freien Rücken. Zuletzt nach links zum Gipfelkreuz, das nicht am höchsten Punkt steht. Vom Kreuz dem Klinkehütte-Wegweiser noch ca. 20 Höhenmeter auf den **Südwestgipfel des Lahngangkogels** (1778 m) folgen.

Überschreitung und Abfahrt: Am breiten Gipfelkamm im Auf und Ab zum **Nordostgipfel** (insgesamt ca. 50 Hm Gegenanstieg, Abfellen zahlt sich kaum aus). Dort beim Skiroutenschild links hinunter. Zuerst rechts unterhalb eines Rückens mit möglichst wenig Höhenverlust nach Norden. Dann über freie, steilere Wiesen rechts (nordöstlich) runter, bis einen Skitourenschilder nach links zum **Kalblinggatterl** (1542 m) leiten. Hier einer Forststraße nach links (Westen) hinunter zur **Oberst-Klinke-Hütte** (1486 m) folgen. Nun gibt es zwei Möglichkeiten: 1. Waagrecht nach Osten zu einer einzelnen Hütte, danach auf die Hütten-Zufahrtsstraße und über sie hinunter. 2. Oder kurz nach der einzelnen Hütte (noch vor der Rechtskurve der Straße) links bergab auf einen Karrenweg und über ihn zu einer Wiesenschneise. Durch sie hinunter zur Straße. Hier links halten und entweder stets auf der Straße zurück in die Kaiserau. Oder die Straße zuvor verlassen, rechts (westlich) über eine breite, sanfte Wiese runter und im Linksbogen zum **Liftparkplatz**.

↗ 1410 m | ↘ 1410 m | 10,1 km

TOP

4.30 h

Festkogel, 2269 m

43

Alpiner Frühjahrshit

Anspruchsvolle Skitourengeher kommen bei diesem Ausdauertraining ganz auf ihre Kosten. Dort, wo im Sommer Kletterer den Pfad als Abstieg nutzen, raubt es einem im Winter den Atem – nicht alleine der schroffen Felsgiganten wegen.

Talort: Johnsbach (769 m).
Ausgangspunkt: Parkplatz beim Gasthof Kölblwirt (ca. 860 m). Anfahrt über die A 9 (Abfahrt Ardning), dann auf der B 146 nach Osten bis nach Admont. Durch den Ort zum Bahnhof. Von dort ca. 10 km nach Osten bis zum Weidendom beim Gasthof Bachbrücke im Gesäuse. Oder über die B 115 nach Hieflau, bei der Bahnunterführung Richtung Westen, am Bahnhof vorbei, ins Gesäuse bis zum Gasthof Bachbrücke. Von dort in südlicher Richtung nach Johnsbach. An der Kirche vorbei durch den unteren Ort, in zwei Kehren ins Hochtal und in wenigen Minuten zum Gh. Kölblwirt.
Aufstiegszeiten: Parkplatz – Untere Koderalm 1½ Std., Untere Koderalm – Festkogel 3 Std.
Anforderungen: Anspruchsvolle Firntour für ausdauernde Skibergsteiger. Der obere Teil präsentiert sich steil und bedarf sicherer Spitzkehrentechnik. Der ausgesetzte Grat ist nur bei optimalen Verhältnissen mit Skiern zu bewältigen, unter Umständen sind hier auch Steigeisen für den Aufstieg nötig.
Hangrichtung: Ost bis Süd.
Lawinengefährdung: Im Allgemeinen erhöhte Gefährdung, vor allem im sehr steilen Gipfelbereich. Nur bei sicheren und optimalen Frühjahrsverhältnissen zu empfehlen.
Günstige Zeit: Frühjahr.
Einkehr: Unterwegs keine. Am Ausgangspunkt Gasthof Kölblwirt, Tel. +43/3611/216, www.koelblwirt.at; etwas westlich davon Gasthof Ödsteinblick, Tel. +43/3611/2150, www.oedsteinblick.at; im Ortszentrum von Johnsbach Gasthof zum Donner, Tel. +43/3611/218, www.donnerwirt.at.

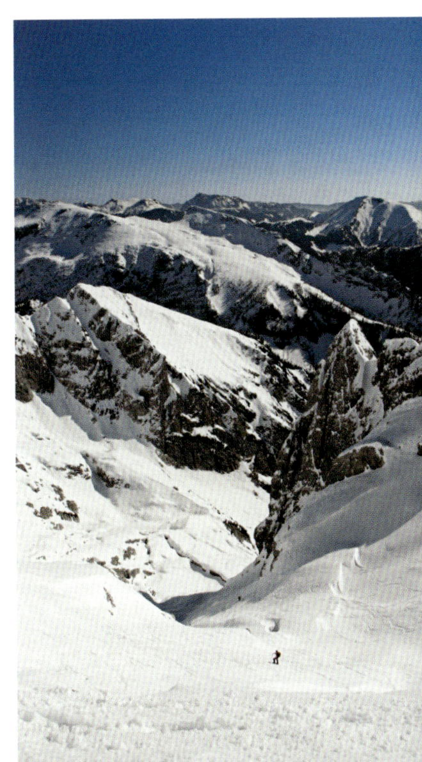

Alpines Gustostück der Tour ist die Abfahrt ins Festkogelkar.

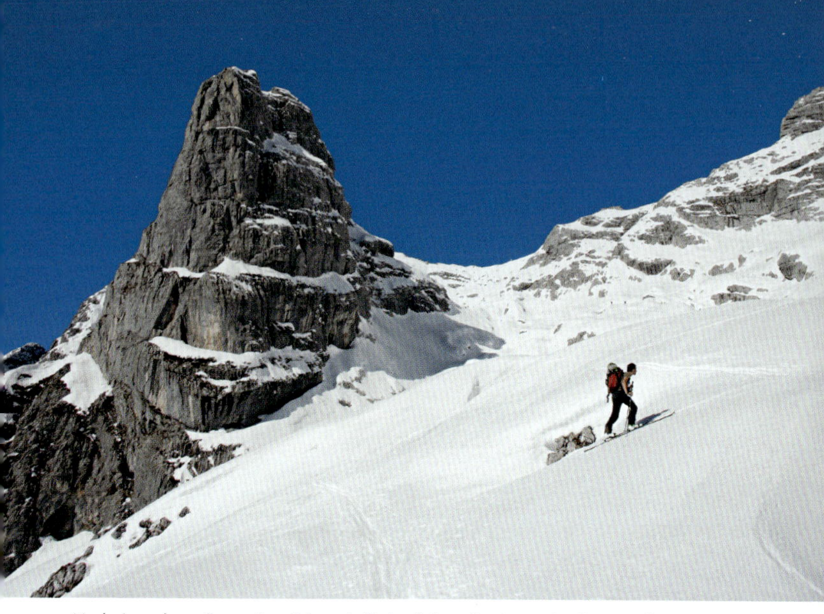

Vorbei an der prägnanten Felsgestalt des Schneekarturms in einem weiten Bogen ins Festkogelkar in der Mitte.

Aufstieg: Östlich des Gasthofs beginnt der Sommerweg Richtung Heßhütte (Trafostation, Wegkreuz). Wir folgen diesem Weg, der im Frühjahr normalerweise bereits ausgeapert ist, bergauf bis zu einer Straße, fahren auf dieser wenige Meter ab und zweigen links auf einen Weg ab. Diesem folgen wir in einigen Kehren empor. Bis hierher ist der Weg mit Schneestangen gekennzeichnet. In diesem Bereich bei Aufstieg und Abfahrt die Markierung nicht verlassen (Winterruhezonen). Im flacheren Gelände oberhalb des Wasserfalls in nördlicher Richtung weiter, bis wir den Almboden der **Unteren Koderalm** erreichen (Wegweiser), wo meist die Skier angeschnallt werden können.
Weiter geht es nach links Richtung Hochtor/Schneeloch (Wegweiser) in einen Graben. In diesem steigen wir höher, eine kurze Steilstufe (links halten) wird überwunden und relativ flaches Gelände erreicht. Jetzt sich rechts halten, bald auf den vom Rinnerstein nach Südwesten ziehenden Rücken aufsteigen und auf diesem bis zum unteren Ende des Festkogelkars am Fuß des **Schneekarturms** bleiben. Von dort nach Norden am rechten Rand des Kars auf einem Rücken aufwärts. In einem weiten Bogen queren wir am oberen Ende das Kar in westlicher Richtung (links) in den breiten **Sattel** nördlich des Schneekarturms.

Aus dem Sattel direkt nach rechts in nördlicher Richtung aufsteigen und zuletzt steil bis zum Grat. Von dort nach links, knapp unterhalb des Grates, in Richtung Gipfel. Diese Querung ist bei Vereisung mitunter heikel, unterhalb befinden sich Felsabbrüche. Eine kleine Scharte am Grat zwingt uns einmal kurz abzurutschen. Unterhalb des Grates und zuletzt direkt auf ihm geht's etwas flacher zum **Gipfelkreuz**.

Abfahrt: Vom Gipfel über den Aufstiegsweg rechts unterhalb des Grates queren, bis nach rechts in den sichtbaren, breiten **Sattel** abgefahren werden kann. Von dort nach links direkt ins Kar abfahren. Sobald der Aufstiegsweg am unteren Ende erreicht wird, über diesen zurück zum **Ausgangspunkt**.

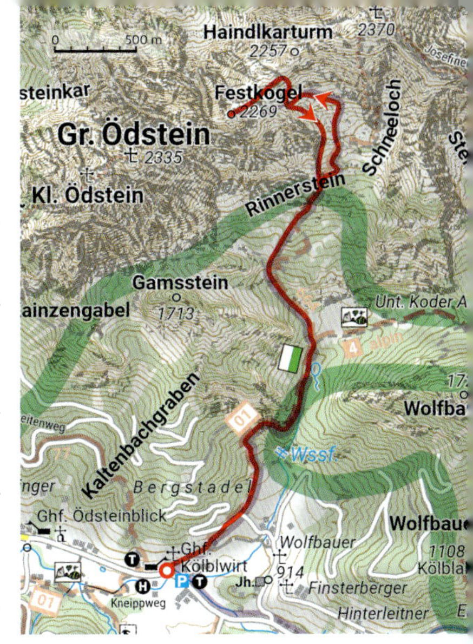

Traumtag – perfekte Bedingungen knapp unterhalb des exponierten Gipfelgrates.

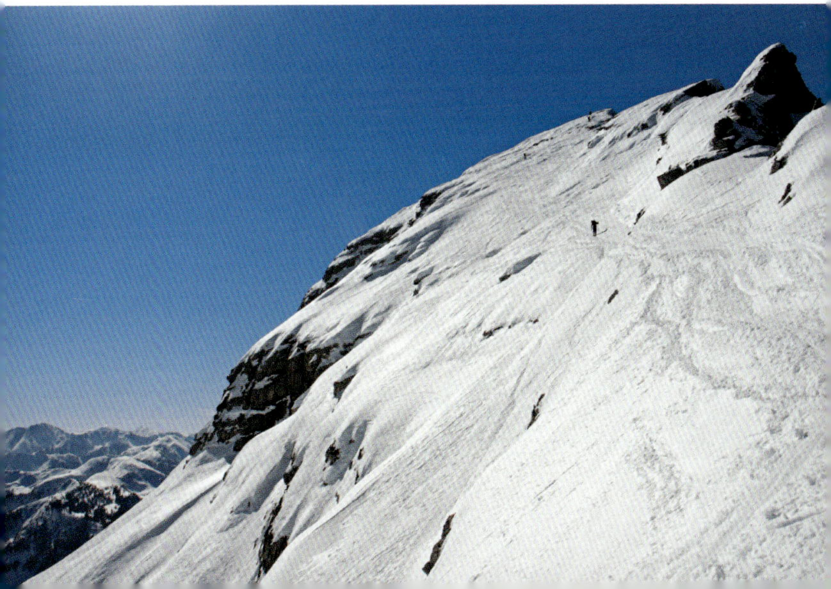

TOP

44 Lugauer, 2217 m

↗ 1910 m | ↘ 1910 m | 22,4 km

5.45 h

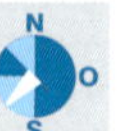

Diese Königstour sollte man bei den Hörnern packen

Wer den Lugauer, das »Matterhorn der Steiermark« und insbesondere seine formschöne »Plan«, einmal von den südwestlichen Skitourenzielen in diesem Buch aus betrachten konnte, den lässt der Wunsch nicht mehr so schnell los, einmal mit den Skiern dort hinunterfahren zu wollen. Zu Recht! Es ist wohl eine der schönsten Skiabfahrten in diesem Buch, wenn nicht überhaupt der ganzen Steiermark. Nur verdienen muss man sich das Wedeln am steirische »Horu« ganz gewaltig, denn der Zustieg ist weit und langwierig.

Relativ einfach am Gipfelgrat unterwegs, mit Blick ins Alpenvorland.

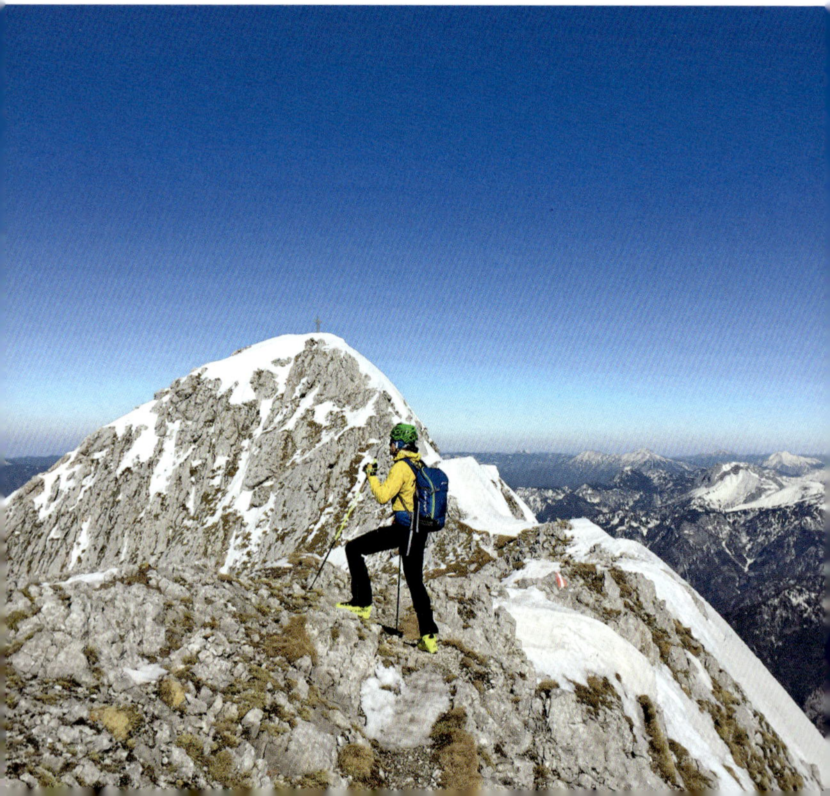

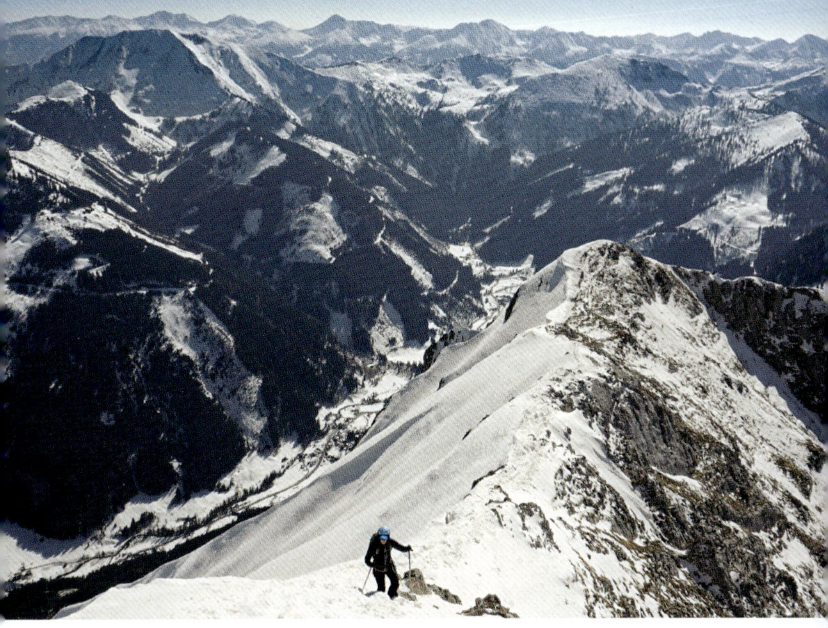

Tiefblick in die Radmer, ein kleines Bergdorf, das früher vom Kupferbergbau lebte.

Talort: Johnsbach (769 m).
Ausgangspunkt: Parkplatz Ebner/Klamm (ca. 970 m). Anfahrt bis Gasthof Kölblwirt siehe Tour 43. Von dort weiter taleinwärts, am Skilift vorbei in den enger werdenden Graben. Nach einer markanten Rechtskurve bei der nächsten Möglichkeit links zum Parkplatz (Schild).
Aufstiegszeiten: Parkplatz – Foitlbaueralm 1½ Std., Foitlbaueralm – Hüpflingerhals 1 Std., Hüpflingerhals – Haselkar 1 Std., Haselkar – Vorgipfel 1¾ Std., Vorgipfel – Hauptgipfel ½ Std.
Höhenunterschied: Bis zum Hüpflingerhals 730 Hm bergauf und nach Norden rund 330 Hm abfahren. Bis zum Gipfel weiter 850 Hm bergauf und wieder abfahren. Gegenanstieg von 330 Hm zum Hüpflingerhals und 730 Hm zum Parkplatz abfahren.
Anforderungen: Anspruchsvolle und langwierige Tour für ausdauernde Skibergsteiger. Auch für den langen Gegenanstieg muss man konditionell gewappnet sein. Der Gipfelgrat ist nicht allzu schwer. Steigeisen sind ratsam. Weit genug von den südöstlichen Steilabbrüchen fernhalten (Achtung auf Wechten!).
Hangrichtung: Lugauerplan Südwest, zwischen Hüpflingerhals und Haselkar Nord bis Nordwest, ansonsten allgemein Süd.
Lawinengefährdung: In erster Linie auf der Lugauerplan und den kurzen nordseitigen Steilstufen.
Günstige Zeit: Frühjahr.
Einkehr: Unterwegs keine. Gasthöfe in Johnsbach siehe Tour 43
Hinweise: Im Straßenabschnitt, der durch die Ebner Klamm führt, ist die Straße oftmals mit einer dicken Eisschicht überzogen oder es ist sogar Splitt gestreut. Wildruhezonen am Haselkogel respektieren.

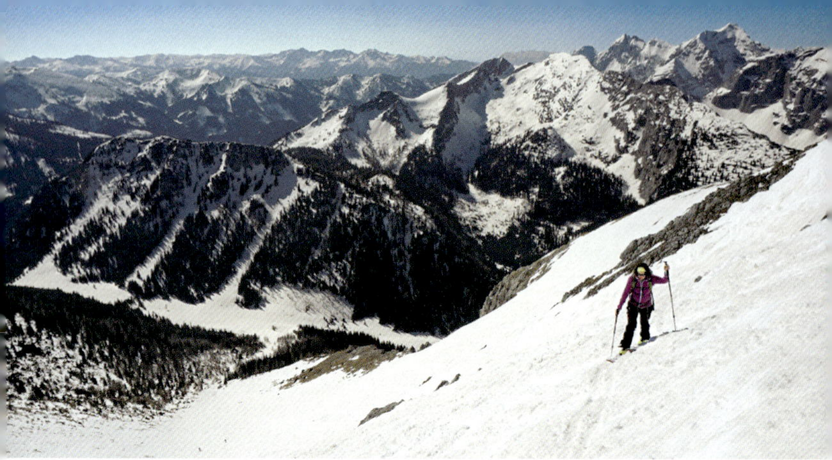

In der Lugauerplan – Später geht es bis ins Haselkar hinab.

Aufstieg: Der Weg führt vom Parkplatz der Straße nach Norden folgend bergauf und nach ca. 100 m nach links über eine Brücke. In einer Schleife am Bauernhof vorbei und nach Norden in die enge **Ebner Klamm**. Die Straße führt uns durch einen Tunnel und dann nach rechts bis zu einer Kehre. Dort wird der einmündenden Straße nach rechts gefolgt. Nach ca. 100 m verlassen wir in einer Kehre die Straße wieder und folgen der Skimarkierung nach links in den Wald hinauf. Langsam und gemächlich steigen wir in einem Bogen nach Südosten bis unterhalb einer Forststraße. Auf einer Höhe von ca. 1240 m dann links hinauf. Oben der Forststraße nach rechts folgen, ehe wir neben einer Mulde zur Linken bereits die Pfarralm sehen (1304 m; Wegkreuzung). Geradeaus und relativ flach bis zur **Humlechneralm** weiter. Nach links auf den Almwiesen an der **Foitlbaueralm** (ca. 1410 m) vorbei hinauf zum Waldrand. Dort nach rechts in den Graben hinüberquerend (Lawinenkegel), in dessen Bereich man den Markierungsstangen folgt und so bis zum **Hüpflin-**

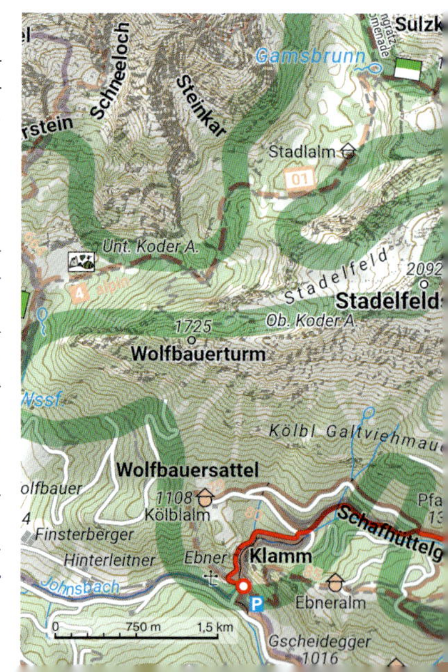

gerhals (1703 m) aufsteigt. Nach Norden dem kleinen Graben folgen und in einem Bogen nach links hinab. Weiter – sich rechts haltend – zur **Wirtsalm** (Hüpflingeralm). Auf der Straße östlich des Bachs hinab bis zu einer großen Wegkreuzung »Bei der Waag« (ca. 1370 m). Vor der Kreuzung bereits zweigen einige Spuren nach rechts ab, denen man besser nicht folgen sollte. »Bei der Waag« nach rechts aufwärts und entweder den kurzen Abschneider nehmen oder über die Straßenkehre nach bis auf den flachen Boden der **Haselkaralm** (1482 m). Am linken Almrand kann man auf der Höhe von ca. 1520 m bereits leicht nach links in den Wald hinein zur Rinne hin abkürzen. Stets durch die Rinne empor, eine kurze Engstelle ist schnell bewältigt und die großartige Lugauerplan öffnet sich oberhalb. Meist im mittleren Bereich bergauf und ab ca. 1950 m auf die rechte Flanke wechseln und dort unterhalb des Südwestrückens zur Gipfelpyramide (Vorsicht auch hier auf Wechten nach Osten). Kurz unterhalb des **Vorgipfels** (2166 m) **Skidepot** einrichten und in ein paar Schritten hinauf. Weiter über den meist breiten Gipfelgrat zum **Hauptgipfel** (2217 m). Zwei steilere Aufschwünge bilden die Schlüsselstellen. Auch hier sollte man sich eher westlich der Gratschneide halten und die Abstürze nach rechts meiden (Wechten!).
Abfahrt: Entlang der Aufstiegsspur. Nach der Abfahrt vom Gipfel übers Haselkar am Ende des Fahrwegs bei der Kreuzung »In der Waag« noch einmal auffellen und zum Hüpflingerhals aufsteigen. Weiter wie Aufstieg zurück zum Parkplatz.

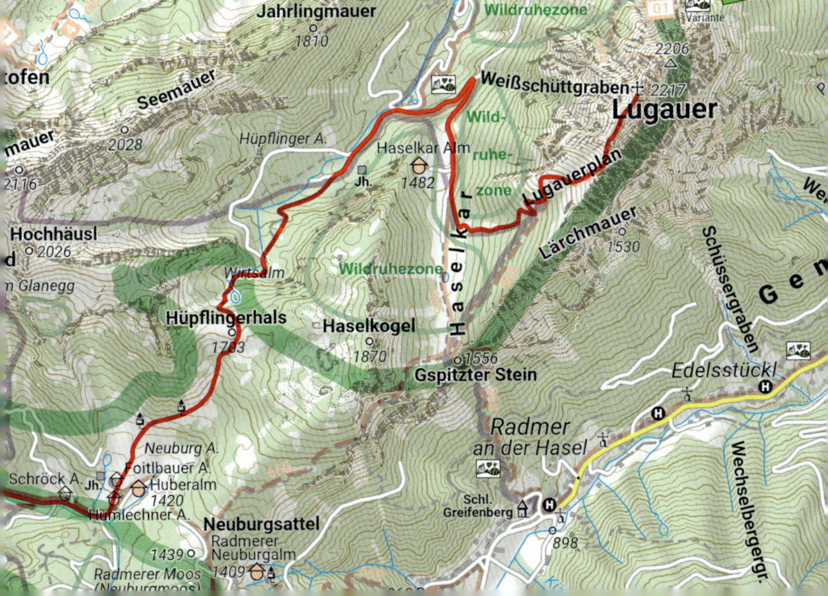

↗ 720 m | ↘ 720 m | 9,6 km

45 Gscheideggkogel, 1788 m

2.30 h

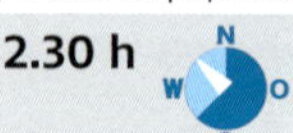

Klassische Einsteigertour für (fast) jedes Wetter

Eine der leichtesten Touren im hinteren Johnsbachtal führt auf den Gipfel des Gscheideggkogels. Ein für Anfänger und Genussgeher gutmütiges Gelände und die hervorragende Gipfelschau machen den Berg zu einem beliebten Tourenziel.

Talort: Johnsbach (769 m).
Ausgangspunkt: Parkplatz oberhalb des Gscheidegger Hofs (ca. 1070 m). Anfahrt wie Tour 44, dann kurz weiter taleinwärts, bis der großzügige Parkplatz unterhalb des Gscheidegger Hofs zur Rechten sichtbar wird. Zum oberen Parkplatz gelangt man mit dem Auto (Schneekettenpflicht!) oder zu Fuß (ca. 10 Min.): Weiter der Straße folgen, beim Gscheidegger über die Brücke nach rechts und steil bergauf zum Ausgangspunkt.
Aufstiegszeiten: Parkplatz – Gscheideggkogel 2½ Std.
Anforderungen: Einfache Einsteigerskitour für fast alle Bedingungen.
Hangrichtung: Nord über West bis Südwest.
Lawinengefährdung: Geringe Gefährdung, daher auch für Anfänger hervorragend geeignet. Der Umgang mit LVS-Gerät, Schaufel und Sonde sollte aber – wie bei jeder Tour – bereits geübt worden sein. Die sanft ansteigende Wiese im unteren Bereich der Route eignet sich dafür bestens.
Günstige Zeit: Gesamter Winter.
Einkehr: Unterwegs keine. Gasthöfe in Johnsbach siehe Tour 43.
Tipp: Gerade im Hochwinter und nach Neuschneefällen entzückt die traumhafte Winterlandschaft.

Kurz vor dem Gipfel, der Sonne entgegen.

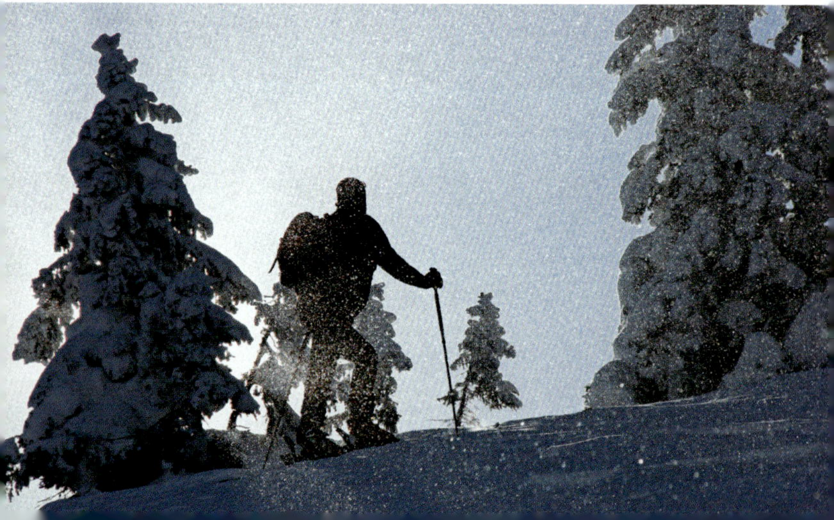

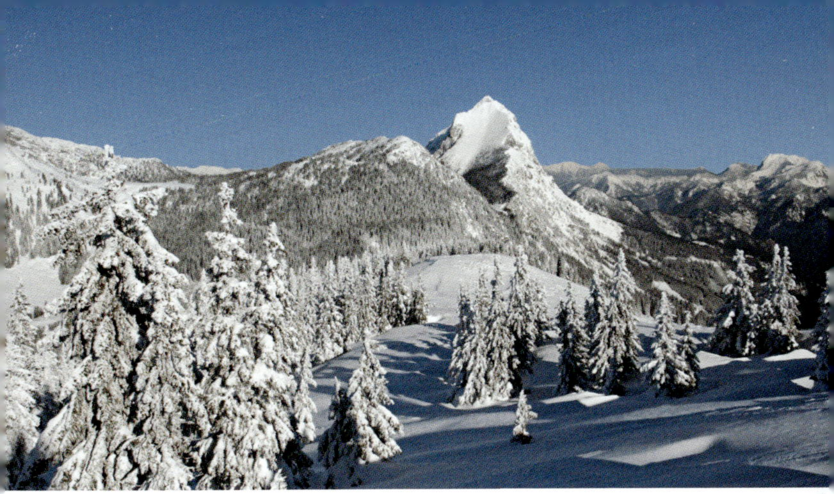

Blick vom Gipfel zum »Steirischen Matterhorn«, dem Lugauer (Tour 44), mit seiner herrlichen Steilflanke, der Lugauerplan.

Aufstieg: Vom Parkplatz oberhalb des Gscheidegger Hofs weiter der Straße aufwärts folgen; bei der erstmöglichen Abzweigung nach links. Unmittelbar danach rechts auf die Wiese und über diese sanft nach Südosten ansteigend bis an das obere Ende. Im Wald zuerst noch etwas flacher aufwärts und vor Beginn des steilen Geländes nach links entlang des Sommerwegs den Hang nach Norden queren. Über einen kleinen Graben hinweg, bis wir schließlich einen **Rücken** erreichen (Wegkreuzung).

Nach Osten deutlich flacher den Rücken entlang (Markierungsstangen) und diesem weiter in einem Bogen nach rechts bis zu einer Forststraße folgen, auf dieser nach rechts in südwestlicher Richtung. Nach einer markanten Linkskurve (1490 m) abermals gerade und sehr flach, bis wir in einer weiteren Kurve die Straße nach rechts verlassen und der gerade in den Wald führenden Markierung folgen. Nach ca. 400 m treffen wir wieder auf die Forststraße und folgen ihr bis zu einer Kreuzung. Von dort bergauf und sich rechts haltend in südlicher Richtung auf die flache **Gipfelkuppe**. Im Kammbereich und in den lichten Waldbeständen im oberen Teil stets an der Wintermarkierung orientieren (Winterruhezonen)!

Abfahrt wie Aufstieg.

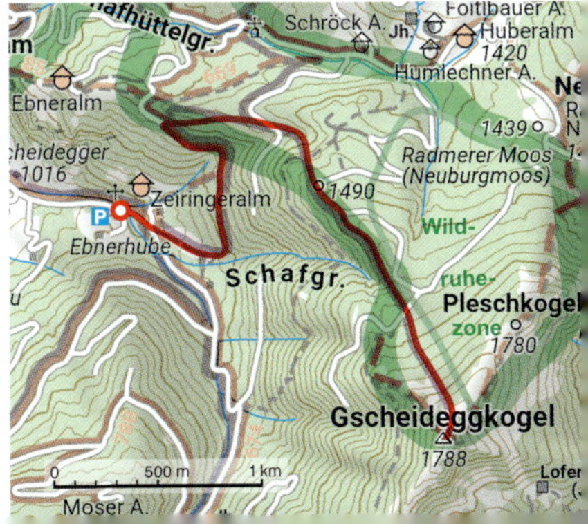

↗ 900 m | ↘ 900 m | 11,4 km

46 Blaseneck – Vorgipfel, ca. 1965 m

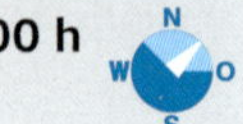

Die stillere Alternative

Etwas abseits vom Skitourentrubel liegt diese genussvolle Tour. Ist einmal der lange Zustieg über die Forststraße geschafft, eröffnen traumhafte Hänge den Auftakt zu einer grandiosen Tour.

Talort: Johnsbach (769 m).
Ausgangspunkt: Parkplatz oberhalb des Gscheidegger Hofs (ca. 1070 m), siehe Tour 45.
Aufstiegszeiten: Parkplatz – Breitenbergeralm 1 Std., Breitenbergeralm – Blaseneck 2 Std.
Anforderungen: Relativ einfache Tour für ausdauernde und erfahrene Genießer.
Hangrichtung: Nordwest bis Ost.
Lawinengefährdung: Im unteren Teil verläuft der Weg auf Forststraßen. Ab der Breitenbergeralm und vor allem im freien Gelände und besonders im kammnahen Bereich wird Erfahrung vorausgesetzt, um die aktuelle Situation profund einschätzen zu können.
Günstige Zeit: Hochwinter – Frühjahr.
Einkehr: Unterwegs keine. Gasthöfe in Johnsbach siehe Tour 43.
Tipp: Die gut frequentierten Parkplätze im hinteren Johnsbachtal dienen als Ausgangspunkt für ebenso gut frequentierte Touren wie Gscheideggkogel (Tour 45) und Leobner (Tour 47). Noch am Parkplatz kann man sich umentscheiden und mit der Route auf das Blaseneck dem Trubel dieser beiden Modetouren entkommen.

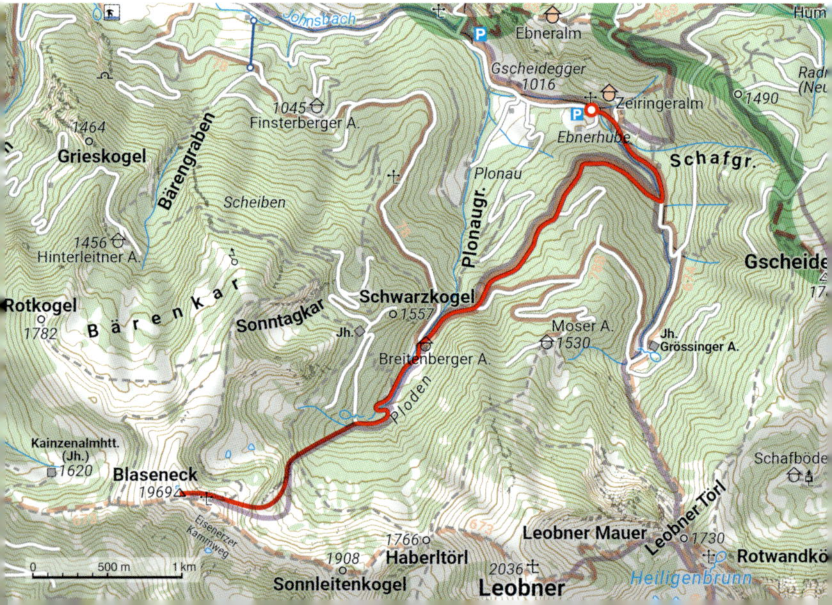

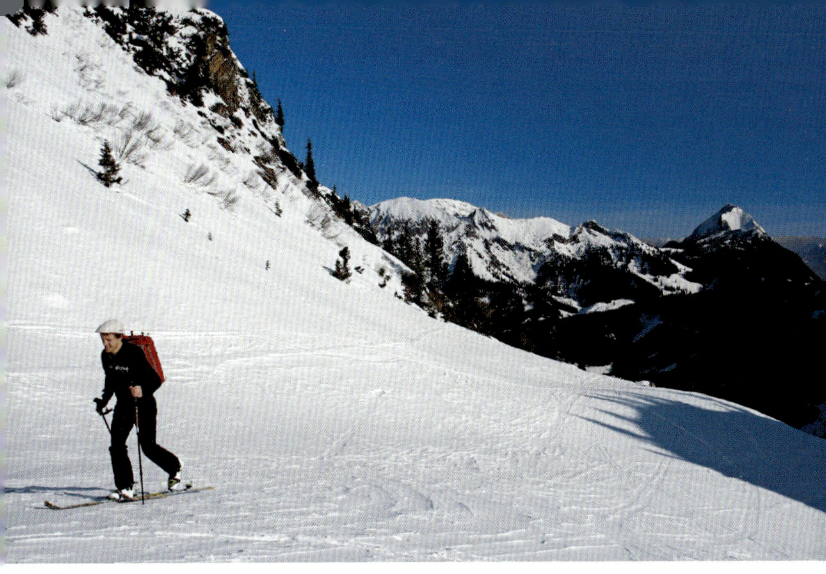

Über der Breitenbergeralm erspäht man den Lugauer (Tour 44) sowie die Gsuchmauer und das Glanegg links.

Aufstieg: Vom oberen Parkplatz der Straße taleinwärts folgen. Auf einer Höhe von 1168 m wird der Bach über eine Brücke gequert (Straßenkreuzung, Wegweiser). Links geht es zum Leobner (Tour 47), wir halten uns rechts und folgen der Straße mäßig ansteigend um einen Rücken herum. In dieser sanften Tonart geht es fortan weiter; die Straße bringt uns zunächst direkt bis in den oberen Plonaugraben am unteren Beginn der Breitenbergeralm. In einer Kehre folgen wir der Straße nach Südwesten entlang des Baches in den Graben hinein. Nach den freien Flächen der **Breitenbergeralm** überqueren wir auf der Straße am Waldrand den Bach. Wo die Straße denselben Bach ca. 40 Hm oberhalb erneut quert (ca. 1440 m), verlassen wir sie und zweigen nach links ab, um weiter entlang des Grabens in südwestlicher Richtung aufzusteigen. Bevor uns eine Steilstufe den Weg versperrt, halten wir uns links (ca. 1550 m) und erreichen eine kleine Rippe, über die wir weiter aufwärts kommen.

Über sanfte Hänge mit etwas Abstand zu den Wänden zur Rechten empor in den karartigen Boden vorm Gipfelhang. Dort nach rechts zum Osthang und abermals flacher zum Südostgrat. Zuletzt direkt am Grat oder leicht links davon zum **Gipfelkreuz**. Der **Gipfel** selbst liegt noch etwas weiter nordwestlich auf der benachbarten Kuppe und trägt kein Kreuz (ca. 5 Min.).

Abfahrt wie Aufstieg und im unteren Teil die Forststraße keinesfalls verlassen (Wiederbewaldungsflächen).

↗ 970 m | ↘ 970 m | 9,9 km

47 Leobner, 2036 m

3.30 h

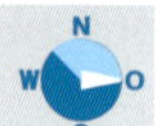

Der Klassiker im Johnsbachtal

Wohl einer der bekanntesten und meistbesuchten Berge im Gesäuse und weit darüber hinaus. Eine tolle Abfahrt, abwechslungsreiche Landschaft und ein traumhafter Rundblick machen diese Tour so beliebt.

Talort: Johnsbach (769 m).
Ausgangspunkt: Parkplatz oberhalb des Gscheidegger Hofs (ca. 1070 m), siehe Tour 45.
Aufstiegszeiten: Parkplatz – Grössingeralm ¾ Std., Grössingeralm – Leobner Törl 1¼ Std., Leobner Törl – Leobner 1½ Std.
Anforderungen: Relativ einfache Tour mit sanftem Gipfel. Lediglich der Anstieg durch den »Sautrog« zum Leobner Törl ist etwas mühsam. Spitzkehrentechnik ist Voraussetzung.
Hangrichtung: Nordwest bis Ost.
Lawinengefährdung: Im Bereich des »Sautrogs« und bei der Abfahrt über den Osthang (Vorsicht auf Wechten bei der Einfahrt) ist eine besonders gute Beurteilung der Lawinensituation gefragt: Im Sautrog verläuft die Route direkt im Graben. Die Flanke zur Rechten, nördlich der Leobner Mauer, ist sehr steil und birgt Gefahren.
Günstige Zeit: Hochwinter – Frühjahr.
Einkehr: Unterwegs keine. Gasthöfe in Johnsbach siehe Tour 43.
Variante: Abfahrt vom Gipfel über den Ostrücken entlang des Aufstiegswegs.

Im eisigen Schatten kurz vorm Leobner Törl.

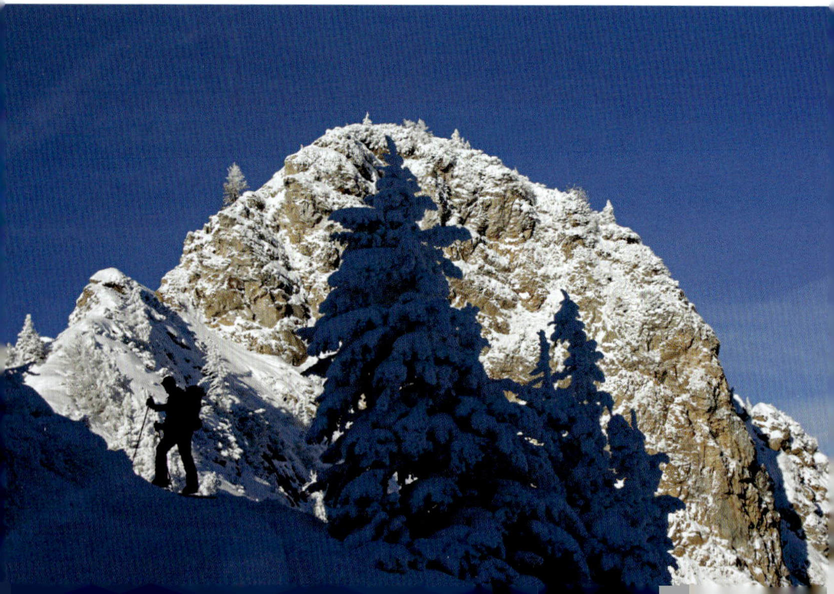

Aufstieg: Vom Parkplatz folgt man der Straße bergauf weiter. Über eine Brücke überquert man den Bach (rechts gelangt man zum Blaseneck, Tour 46) und bewegt sich sogleich parallel zum Bach weiter bergauf. Nach der nächsten Kurve wird der Bach abermals überquert, auf der anderen Seite geht es rechts entlang der Straße bis zu einer weiteren Kehre. In dieser geradeaus durch den Wald und gleich wieder auf die Forststraße, der man nach rechts (südlich) bergauf bis zur **Grössingeralm** folgt. Direkt rechts an der Hütte vorbei, kurz danach ein kleines Stück abfahren und über den Wiesenhang nach links oben, zum Beginn des vom Leobner Törl zur Alm reichenden Grabens – dem sogenannten **Sautrog**. Stets in vielen Kehren direkt im Graben, der im oberen Bereich etwas breiter wird, aufwärts. Zuletzt steigt man links des Grabens höher und quert nach rechts ins **Leobner Törl**. Hier bietet sich ein erster Ausblick auf das großzügige Kar und den weiteren Aufstiegsweg.

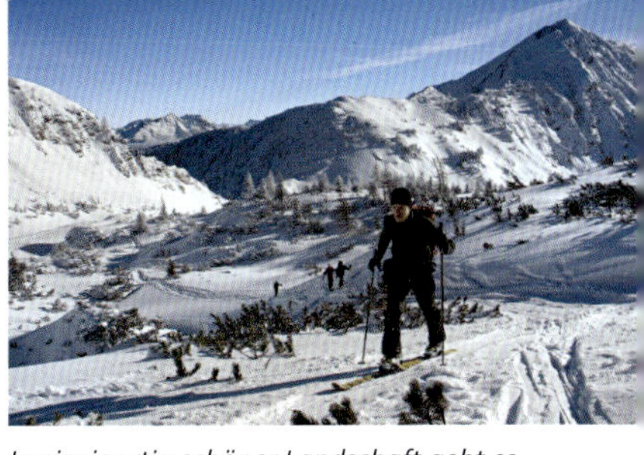

In einzigartig schöner Landschaft geht es gemütlich aus dem Kar auf den Ostgrat.

Am Törl hält man sich rechts, leicht bergab, und gelangt so schließlich auf den Karboden. Dort am rechten Rand mit genügend Abstand zur Südwand der rechts liegenden Leobner Mauer weiter bergan bis vor eine Mulde unterhalb des vor uns sichtbaren **Osthangs** (ca. 1820 m). Nun nach links über den Hang, kleine Geländerücken ausnützend, auf den flachen Ostrücken des Leobners. Dieser ist meist abgeblasen, wodurch es gilt, einen Weg zwischen den aperen Flecken – meist sich etwas links (südlich) haltend – zu finden. Vorsicht am letzten Aufschwung, die Südhänge links unter uns sind sehr steil!

Abfahrt: Bei optimalen Bedingungen nach Nordwesten abfahren, bis der Kamm flach wird und an geeigneter Stelle (Wechten!) nach rechts über den Osthang zurück ins Kar. Von dort weiter zum **Ausgangspunkt** entlang der Aufstiegsroute. Bei kritischen Verhältnissen wird die Abfahrt über den Aufstiegsweg empfohlen.

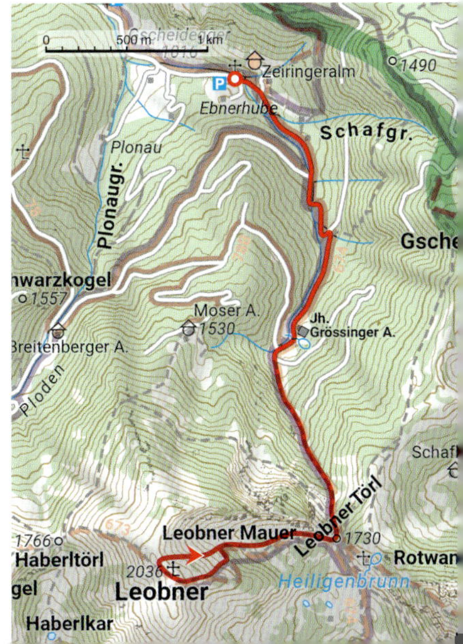

↗ 930 m | ↘ 930 m | 8 km

48 Kragelschinken, 1845 m, und Plöschkogel, 1668 m

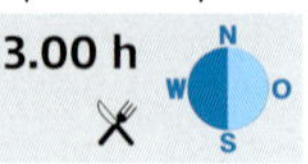

Schneesichere Tour für (fast) alle Fälle

Zwei der niedrigeren Skiberge der Eisenerzer Ramsau können mit einer charmanten Alm- und Waldabfahrt aufwarten und obendrein bei fast jedem Wetter besucht werden – Pulverträume werden wahr.

Talort: Eisenerz (736 m).
Ausgangspunkt: Parkplatz Eisenerzer Ramsau (ca. 1015 m). Anfahrt von Norden entweder über die B 115 oder über die A 9 (Abfahrt Ardning) nach Admont und über die B 146 nach Hieflau. Von dort nach Eisenerz; von der Bundesstraße ins Ortszentrum und durch dieses nach Süden, dem Hinweisschild in die Eisenerzer Ramsau folgend, bis zum großen, geräumten Parkplatz. Anfahrt von Süden über die A 9 bzw. S 6 nach Leoben. Von dort auf der B 115a nach Trofaiach und über den Präbichl (Vorsicht auf Wintersperre) nach Eisenerz. Weiter zum Ausgangspunkt siehe oben.
Aufstiegszeiten: Parkplatz – Teicheneggalm 1¾ Std., Teicheneggalm – Kragelschinken ¾ Std., Kragelschinken – Plöschkogel ½ Std. (plus Zwischenabfahrt).
Höhenunterschied: Ca. 830 m zum Kragelschinken, 280 m Zwischenabfahrt, 100 m Anstieg zum Plöschkogel.
Anforderungen: Einfache Tour, die sich auch für Einsteiger gut eignet. Der Aufstieg zur Teicheneggalm ist steil und mühsam (vereinzelt Spitzkehren nötig). Durch Verzicht auf den Plöschkogel kann die Tour um ca. 100 Hm verkürzt werden.
Hangrichtung: Nord über Ost bis Süd.
Lawinengefährdung: Grundsätzlich ist die Gefahr als gering zu bewerten und die Begehung fast den gesamten Winter über möglich.
Günstige Zeit: Hochwinter – Frühjahr.
Einkehr: Unterwegs keine. Am Ausgangspunkt Gasthof Pichlerhof, Tel. +43/3848/3414, www.pichlerhof.at; etwas westlich davon Alpengasthaus Ramsau (Gemeindealm), Tel. +43/3848/60290, www.gemeindealm.at.
Varianten: Abfahrt vom Kragelschinken über die Teicheneggalm und den Aufstiegsweg retour.
Abfahrt vom Plöschkogel über den Nordostrücken und im weiteren Verlauf über die Nordostflanke bis zur öffentlichen Straße westlich des Ausgangspunktes.
Tipp: Direkt südlich des Parkplatzes befindet sich ein von den Naturfreunden eingerichtetes Übungsfeld für die Verschüttetensuche, auf dem Einsteiger wie Routiniers mit der eigenen Ausrüstung suchen, verschiedene Szenarien bei der Teststation simulieren und das Ergebnis der Suche elektronisch auswerten können.

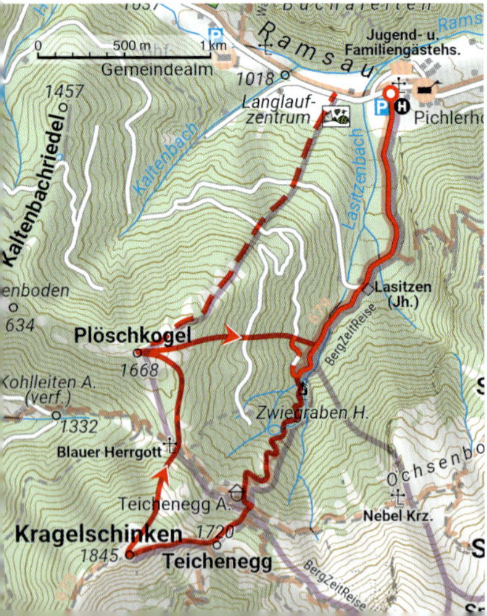

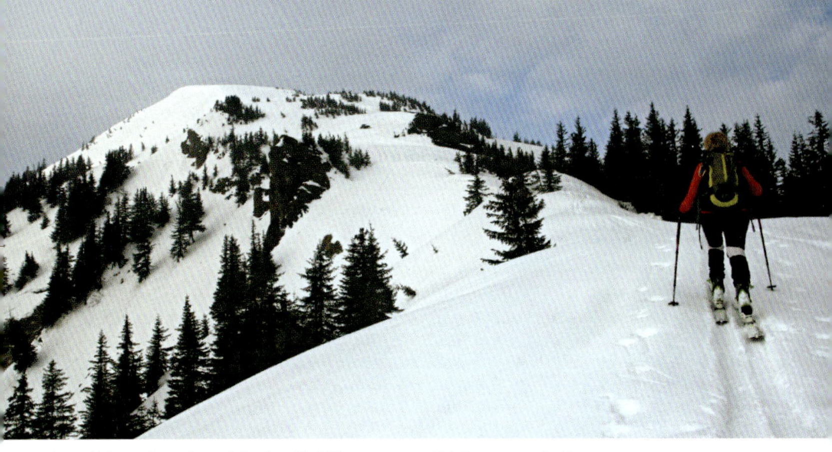

Gutmütig präsentiert sich der Gipfelkamm vom Teicheneggsattel.

Aufstieg: Unmittelbar südlich des Parkplatzes befindet sich ein LVS-Geräte-Übungsfeld. An diesem links vorbei in südlicher Richtung der Straße entlang taleinwärts. Stets am Talboden bleibend, bis man vor einer Brücke nach links der Straße folgt. Weiter entlang des Grabens, bis die Straße in einer markanten Kehre nach Süden verlassen wird. Nach Überquerung eines Baches über eine kleine Brücke steigt man im Bereich des ausgeprägten Rückens, entlang des Sommerwegs, im Wald eher mühsam nach oben, bis sich dieser zu lichten beginnt. Auf ca. 1480 m hält man sich leicht rechts und erreicht mäßig ansteigend die **Teicheneggalm**; zwischen den Gebäuden hindurch und gerade oberhalb zum Wald. Ein kurzes Stück, dann steht man in freiem Gelände und erreicht über den letzten Hang den Teicheneggsattel. Nach rechts über den Gipfelkamm zum Gipfelkreuz des **Kragelschinkens**.
Die **Abfahrt** zum **Blauen Herrgott**, einem Wegkreuz im Sattel zwischen den beiden Tageszielen, beginnt vom Gipfel sehr flach in Richtung Nordosten. Kurz durch den Wald und darauf achten, dass man sich nicht zu weit nach rechts hin orientiert. Geradewegs über den Rücken, durch freies Gelände und zuletzt durch einen steilen Waldabschnitt zum Sattel. Von dort wieder bergauf über den flachen Südrücken in freiem Gelände und am Schluss leicht links zum **Plöschkogel**.
Abfahrt vom Plöschkogel über die Ostflanke. Zuerst im freien Gelände flach nach Osten, bis am östlichen Waldrand ein Rücken zu erkennen ist. Über diesen weiter bergab in den Wald, bis zu einer Forststraße. Diese überquert man in Falllinie und trifft bald auf eine zweite Forststraße. Dieser entweder nach rechts folgen oder die Straße überqueren und – zuletzt sehr steil – zurück zum Aufstiegsweg und über diesen zurück zum **Parkplatz**.

↗ 1100 m | ↘ 1100 m | 9,6 km

49 Stadelstein, 2070 m

3.45 h

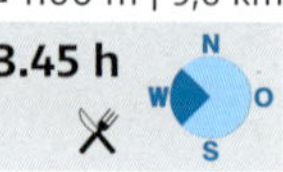

Herrliche Tour in Eisenerz

Fordernd und nicht überfordernd präsentiert sich der Aufstieg, herrlich die Hänge bei der Abfahrt und prachtvoll das Panorama über der Eisenerzer Ramsau. Tourentipp!

Talort: Eisenerz (736 m).
Ausgangspunkt: Parkmöglichkeit Galleiten (ca. 980 m). Wie bei Tour 48 nach Eisenerz und Richtung Eisenerzer Ramsau. Nach der Bahnunterführung und der engen Kurve bergauf sowie einem weiten Bogen geht es in der Kurve nach links auf einen Fahrweg (Schild »Stadelstein«). An einer Häusergruppe vorbei, sich links halten und zum Parkplatz (evtl. Schneeketten).
Aufstiegszeiten: Parkplatz – Schafferalm ½ Std., Schafferalm – Hochtörl 1¾ Std., Hochtörl – Stadelstein 1½ Std.
Anforderungen: Für den gesamten und meist vereisten Gipfelgrat sind Trittsicherheit und sicheres Gehen mit Steigeisen erforderlich. Der unmittelbare Bereich rund um das Gipfelkreuz ist ausgesetzt.
Hangrichtung: Nordwest über Ost bis Südwest.
Lawinengefährdung: Im unteren Bereich gering, der letzte Hang zum Gipfelkamm verlangt eine kritische Beurteilung (Schneebrettgefahr).
Günstige Zeit: Hochwinter – Frühjahr.
Einkehr: Schafferalm (Naturfreunde Ortsgruppe Eisenerz; nur an Wochenenden), www.naturfreundeeisenerz.at; Gemeindealm siehe Tour 48; Gasthöfe in Eisenerz.

Rechts: Stimmungsvoll ins Hochtörl.
Unten: Rasant zu Tal über die wunderbaren Hänge des Ostkars.

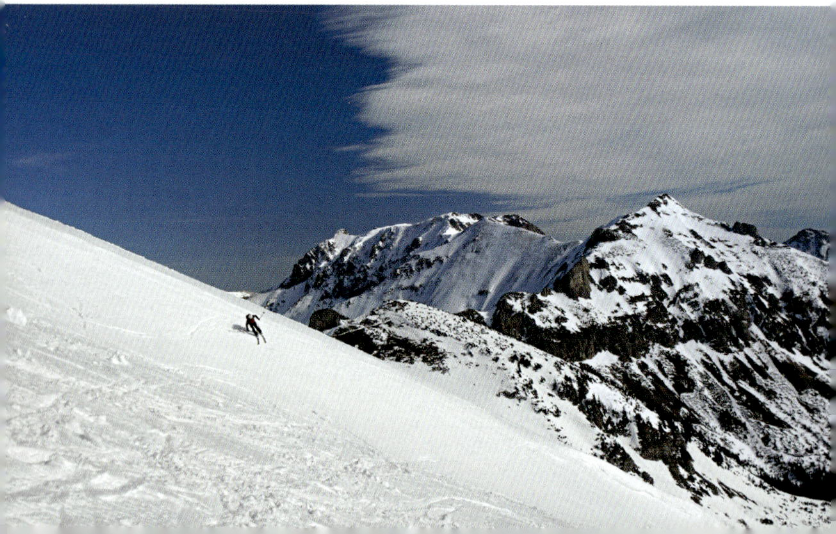

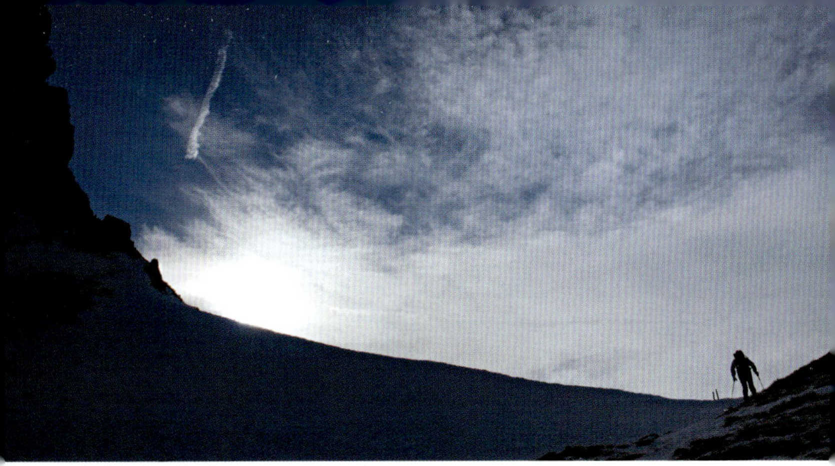

Aufstieg: Vom Parkplatz nach Süden der Straße taleinwärts folgen. Der Weg zeigt sich sanft ansteigend und ist perfekt, um in die Gänge zu kommen. An mehreren Abzweigungen vorbei in einem Bogen nach rechts auf die **Schafferalm**. Flach am linken Rand der Talsohle an der Almhütte vorbei und weiter bis zum Talschluss. Von dort über die freien Hänge hinauf, bis die ersten Spitzkehren notwendig werden. Auf einer Höhe von ca. 1560 m quert man nach links und über den Sommerweg (Markierungen auch im Winter sichtbar) bis ins **Hochtörl**, von wo aus man auf einem meist abgeblasenen Hang nach rechts ins bereits sichtbare Kar quert. Im breiten Kar geht es empor und zuletzt in einigen Spitzkehren auf den Kamm zwischen Speikkogel und Stadelstein. Von dort nach rechts, entweder über die Nordwestflanke oder meist zu Fuß **(Skidepot)** über den abgeblasenen Grat, zum **Gipfel**.
Abfahrt wie Aufstieg. Bei guten Verhältnissen kann vom Hochtörl auch direkt nach rechts über die Nordostrinne abgefahren werden. Auf ca. 1500 m, wo das Gelände flacher wird, nach links (Norden) zum Aufstiegsweg und zurück zum **Parkplatz**.

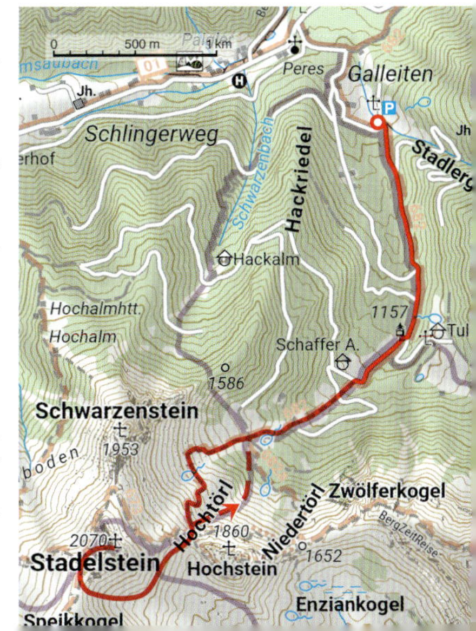

↗ 1910 m | ↘ 1910 m | 12,6 km

50 Kaiserschild, 2084 m, und Hochkogel, 2105 m

5.30 h

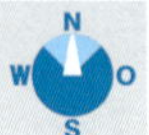

Kaiserliche Skitour hoch über Eisenerz

So unzugänglich dieser Gebirgsstock von Eisenerz aus wirken mag: Von Norden lässt sich das Kaiserschild zwar mühsam, aber doch besteigen und oben angekommen, findet man erstklassiges Skigelände und fantastische Gipfel vor.

Gewagter Sprung über die Abrisskante eines alten Schneebretts.

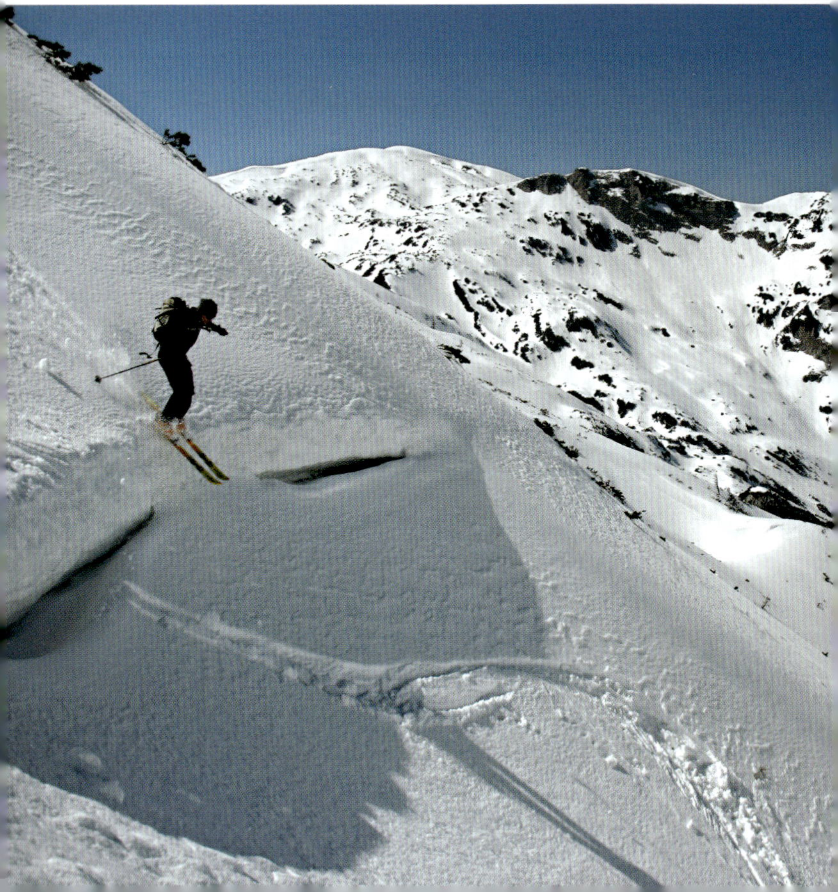

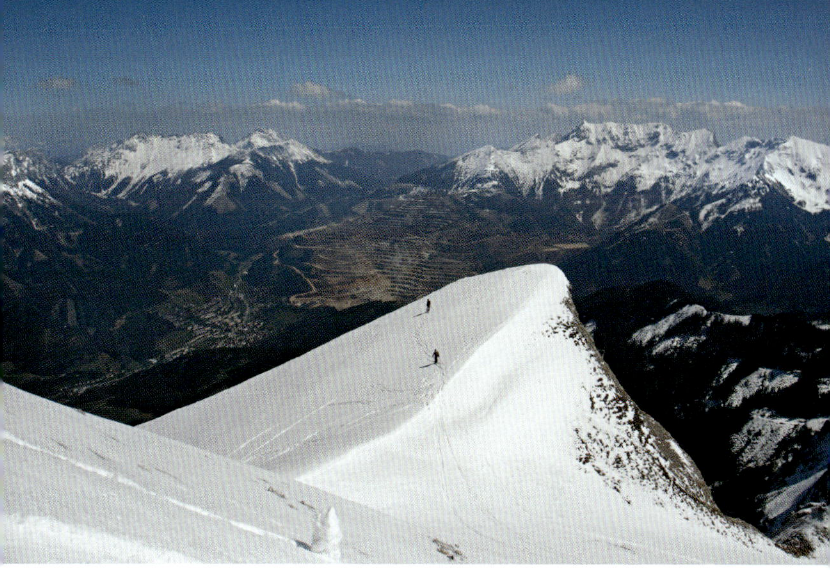

Kontrast beim Tiefblick zum Erzberg in Eisenerz.

Talort: Eisenerz (736 m).
Ausgangspunkt: Parkplatz Kalte Fölz (601 m). Wie bei Tour 48 Richtung Eisenerz. Auf der Straße zwischen Hieflau und Eisenerz sieht man bei einer markanten Zugunterführung bereits nach Norden in die Kalte Fölz. Direkt davor, an einer nach Süden abzweigenden Forststraße, gibt es eine Parkmöglichkeit.
Aufstiegszeiten: Parkplatz – Kar 3 Std., Kar – Kaiserschild 1½ Std. – Abfahrt – Hochkogel ½ Std. – Abfahrt – Kaiserwart ½ Std.
Höhenunterschied: Aufstieg Kaiserschild ca. 1500 m, dann ca. 220 Hm Abfahrt. Hochkogel ca. 240 Hm Aufstieg und Abfahrt; ca. 170 Hm Aufstieg zum Kaiserwart; Abfahrt zum Ausgangspunkt ca. 1450 Hm.
Anforderungen: Anspruchsvolle Tour für ausdauernde Tourengeher, die auch dem etwas ungemütlichen Zugang durch das Bachbett etwas abgewinnen können. Kurz vor dem Gipfel des Hochkogels ist der Grat nach Westen stark ausgesetzt!
Hangrichtung: Nordwest bis Nordost.
Lawinengefährdung: Frühjahrsskitour, die nur bei sicheren und stabilen Verhältnissen begangen werden soll. Steilflanken links und rechts der Kalten Fölz stellen eine erhebliche Bedrohung dar.
Günstige Zeit: Frühjahr.
Einkehr: Unterwegs keine. Gasthöfe in Eisenerz und Hieflau.
Variante: Wer nur dem skifahrerisch lohnenderen Hochkogel einen Besuch abstatten möchte, kann direkt aus der Kalten Fölz unterhalb der Hochtürme auf ca. 1300 m Höhe nach rechts (südwestlich) über die Kaiserkuchl aufsteigen. Vom Sattel zwischen Tonkogel und Kaiserwart nach Südosten weiter auf den Boden zwischen Kaiserwart und Hochkogel, dort nach rechts zum markanten Gipfel. Abfahrt wie Aufstieg oder über die beschriebene Abfahrtsroute der Haupttour (ca. 170 Hm Gegenanstieg zum Kaiserwart).

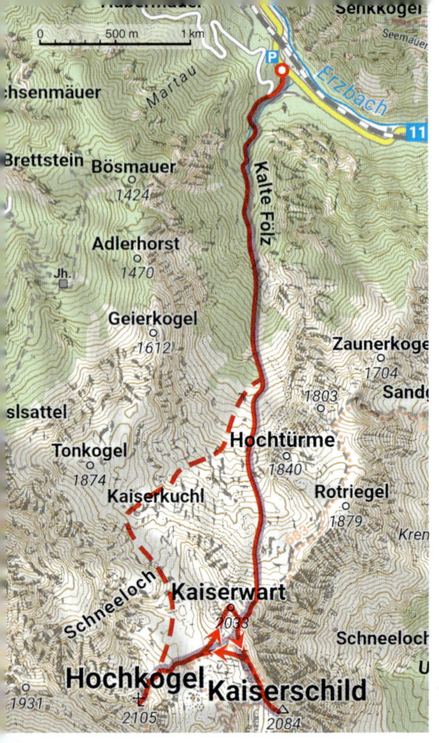

Aufstieg: Vom Parkplatz der Straße taleinwärts folgen, über eine Brücke und einen kleinen Steig entlang. Abermals über den Bach und auf seiner westlichen Seite nach Süden weiter. Der Steig ist zu Beginn noch leichter zu finden und führt etwas höher in die Flanke westlich des Baches. Um im Frühjahr bei Ausaperung oder wenig Schnee nicht durch unangenehmes Gestrüpp gehen zu müssen, erneut ins Bachbett queren, dort stets weiter aufwärts in südlicher Richtung. Beim Zusammenfluss von zwei Bächen kann die Steilstufe im rechten Bachbett relativ einfach durch das linke, östliche überwunden werden. Nach ca. 20 m, bevor der östliche Graben extrem steil wird, queren wir zurück ins westliche Bachbett (ca. 910 m). An dessen Ende am Nordhang höher, unter den Mauern der Hochtürme vorbei, ins breite Kar. Dort nach Süden und zuletzt über den gestuften Nordhang in den **Sattel** zwischen Kaiserwart und Kaiserschild (ca.

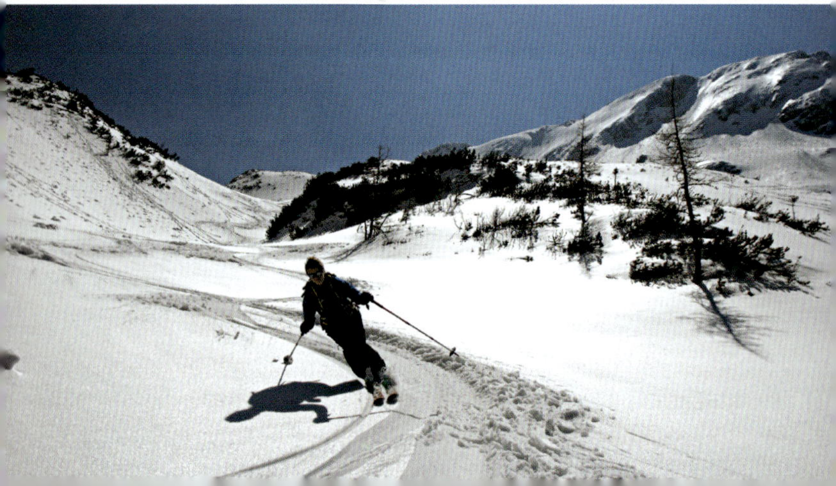

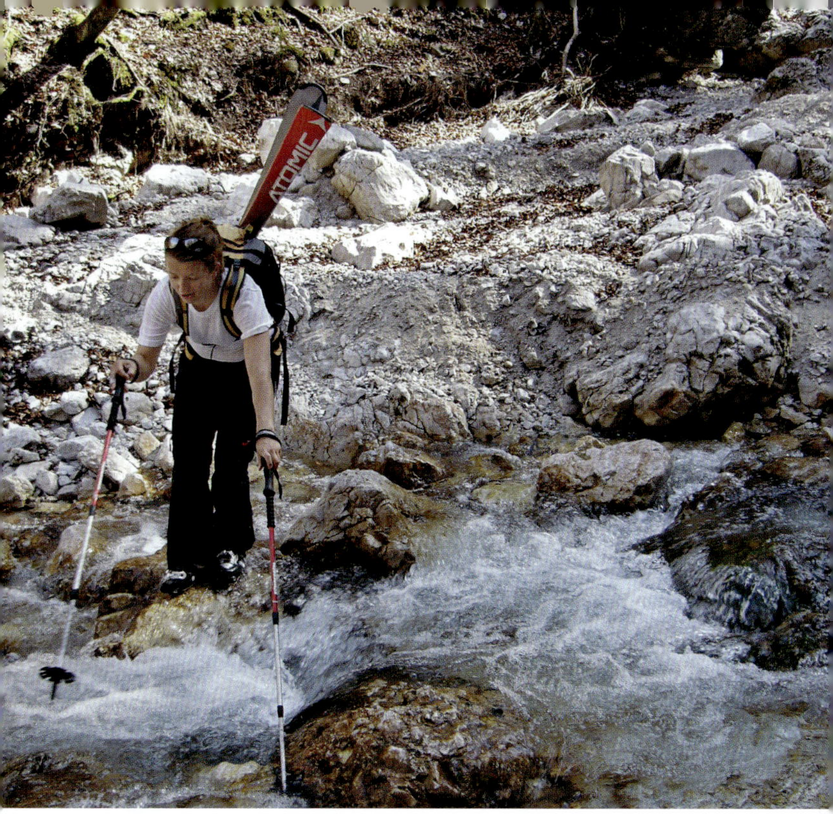

Oben: Im späten Frühjahr in der Kalten Fölz über die letzten Hindernisse.
Links: Eine firnige Angelegenheit ist die Abfahrt in die Kalte Fölz.

1990 m). Von dort, je nach Verhältnissen, zu Fuß oder mit Skiern über den Nordwestgrat zum **Kaiserschild**.
Wieder zurück zum Sattel und kurz nach links in den breiten **Boden** (ca. 1865 m) abfahren. Erneut anfellen und über den markanten pyramidenartigen Aufbau des Hochkogels höhersteigen. Im oberen Bereich sich rechts halten und zuletzt über den schmalen Grat zur breiten Gipfelkuppe.
Abfahrt zum **Boden** wie Aufstieg. Von dort erneut nach Osten in Richtung Sattel zwischen Kaiserwart und Kaiserschild aufsteigen und zuletzt direkt über den Südwesthang zum Gipfel des **Kaiserwarts**.
Von dort kurz nach Südosten zum **Sattel** abfahren. Weitere **Abfahrt** über den Aufstiegsweg durch die Kalte Fölz zurück zum **Parkplatz**.

STICHWORTVERZEICHNIS

Umschlagbild: Lohn der Bettflucht: Wer früh aufsteht, kann noch eine frische Spur zum Gumpeneck (hinten) legen (Tour 19).

Bild im Innentitel: Ein klirrend kalter Wintertag auf der Wurzeralm, während die Südwand des Stubwieswipfels bereits frühmorgens in der Sonne glänzt (Tour 20).

Alle Fotos von den Autoren, mit Ausnahme der Bilder auf Seite 25 oben (Veronika Grünschachner-Berger), auf den Seiten 96 und 97 (Carsten Becker), 134 (Kurt Radinger), 141 (Johannes Brösenhuber), 145 (Patrizia Sattler).

Kartografie:
50 Wanderkärtchen im Maßstab 1:50.000 und 1:75.000
sowie 2 Übersichtskärtchen im Maßstab 1:500.000 und 1:1.250.000

Werk-Nr.: 5929

Die Ausarbeitung aller in diesem Führer beschriebenen Skitouren erfolgte nach bestem Wissen und Gewissen der Autoren. Die Benützung dieses Führers geschieht auf eigenes Risiko. Soweit gesetzlich zulässig, wird eine Haftung für etwaige Unfälle und Schäden jeder Art aus keinem Rechtsgrund übernommen.

3., vollständig neu bearbeitete Auflage 2024

ISBN 978-3-7633-5933-2

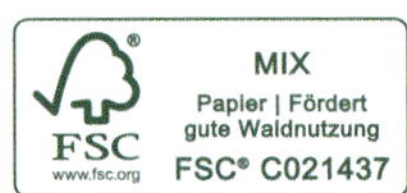

Wir freuen uns über jeden Korrekturhinweis zu diesem Skitourenführer!
Bitte per E-Mail an: leserzuschrift@rother.de

ROTHER BERGVERLAG · Keltenring 17 · D-82041 Oberhaching
Tel. +49 89 608669-0 · www.rother.de